水軍の日本史 上

古代から源平合戦まで

佐藤和夫
Kazuo Sato

原書房

水軍の日本史

上巻

水軍の日本史・上巻　目次

下巻　目　次

水軍の日本史

上巻

序章　水軍と海賊

水軍は近代的・現代的名称で、古来海賊と呼びならわされてきた。最近は一時ほど海賊という表現はさかんではなく、「〇〇水軍」という呼称に変わってきているように、私には思われる。観光的な水軍太鼓・水軍料理・水軍の島・水軍の里等のいい方はともかく、海上を生活基盤とする軍事専門集団としての客観的な認識と理解が、私たちの間に深まってきていることのあらわれであり、たいへん結構なことである。

言葉は「言《こと》の刃《は》」でもある。海賊《かいぞく》という表現にはマイナス・イメージがある。かつて『瀬戸内海水軍史』[*1]という大著を世に問われた大三島《おおみしま》の松岡進氏は、水軍史研究の動機を私に次のように語られたことがある。

長い間瀬戸内海の島々の学校で教壇に立ったが、海賊の子孫という興味本位の視線にさらされている子供たちに、正しい水軍の姿を教えておかねばならないと思ったからです。

また、淡路の沼島《ぬしま》神宮寺[*2]の中川宜昭住職は、子供の頃、沼島の古老から、「私たちの祖先は昔、海賊で暴れていたから、あの世では極楽に往生できないかもしれないよ」と語り聞かされてきたと、私に語られたことがある。松岡・中川両氏の何気ない言葉の中に海賊のイメージがどのようなものであ

＊1　松岡進著『瀬戸内海水軍史』瀬戸内海文化研究所、1971 年。　＊2　梶原氏の菩提寺。

ったかが映しだされている。

しかし、一方で作家の村松梢風《しょうふう》は『海賊』という作品の中で、次のように述べている。

> 海賊というと、現代では何となく聞えが悪いが、往古《むかし》は大威張《おおいばり》で使った名称だ。海賊の首領は自分から海賊大将軍と名乗った。
>
> 大昔の海賊は早く云うと現今の海軍で、舟戦《ふないくさ》は全部海賊の領分だった。
>
> これらの海賊軍団は、国内に戦争がある時は海軍となって働いたが、平時は外国へ出かけて貿易に従事した。この貿易船のことを勘合船《かんごうせん》といった。足利時代には九州の諸大名も盛んに勘合船を支那《（ママ）》や朝鮮に出した。
>
> 処《ところ》が、彼等は全部根が海賊だから、貿易が順調に行けばよし、うまくゆかぬ時は忽《たちま》ち居直《いなお》り、強盗式に海賊に早変りして、掠奪《りゃくだつ》、放火あらゆる暴行を働いて猛威を振った。支那ではこの船のことを倭寇《わこう》又は八幡船《ばはんせん》といった。

ゲーテの『ファウスト』の中では「戦争・貿易・海賊、これは神聖な三位一体で、分けられるものじゃない」とも語られている。呼子丈太郎《よぶこじょうたろう》は「海賊の名にこだわるからいけないのである。水軍もしくは私設の海軍と考えたらよいのである」と、その著『倭寇史考』*の中で述べている。

梢風のいう八幡船《ばはんせん》は、「八幡大菩薩《はちまんだいぼさつ》」と書いた幟《のぼり》を立てていた海賊船として、昔から私たちには海の荒くれ男の勇壮な活躍のイメージとして植えつけられてきた。ファウストのいうことと大差はない。もっとも八幡大菩薩の幟云々という八幡船の呼称は、江戸時代中期以降からいわれ出したものである。

＊　呼子丈太郎著『倭寇史考』新人物往来社、1973年。

奪販・番舶・破帆等の複数の語源説があり、はっきりしたことはわかっていない。倭寇とかかわることだけは確かである。江戸時代は密貿易（抜け荷）船のことをいうようになった。

1　海賊と山賊

小田原の北条氏政に仕え、後に出家した江戸初期の仮名草子作者の三浦浄心《じょうしん》（茂正）の見聞集である『北条五代記』の、海賊・山賊論の、有名な次のエピソードがある。

ある人いくさ舟の侍衆を海賊の者と云ければ、その中に一人この言葉をとがめていわく、「むかしより山賊海賊という事、山に有て盗をなし、舟にてぬすみするを名付たり。文字よみもしかなり。侍《さむらい》たるものの盗をする者やある。海賊とは言語道断曲事《ごんごどうだんくせごと》かな、物をしらぬ木石なり」といかる。

叱られた方は、それでは舟乗りの侍をば何と呼べばよろしいか教えてくれ、といえば、怒った方も返答につまったということである。

文字通り解釈すれば、海の賊であるし、また昔から海の侍を海賊と俗称されているのだから、それも道理である、という。

三浦浄心は、舟乗りには、商船人・廻船人・海士人《あまびと》・渡守《わたしもり》・水主《すいしゅ》・梶取《かんどり》など、それぞれのなすわざによって名称がちがうものであるが、「兵船武者共戦船侍」ともいうのかというと、そんな呼び方もおかしい、とコメントしている。賊の字の意味は悪の別義であり、敵方という意味でもある。ぬすみでもある。

それぬすむという詞《ことば》は、やさしき物にたくへて歌にもおおく詠《よ》みたり。すべて弓馬の道は武略を専《もっぱ》らとす。この心をもて了簡するに、盗賊と武略は文字かわり、みちことなれ共心はおなじ。それいかにというに、よく盗みするも武略もみなはかりごとをもて肝要とせり。

と浄心の説は妙なこじつけの方向に展開してゆくが、策略・謀略ということが賊の別義だとすれば、現代流におきかえれば、政（治）賊・商賊・ゼネコン賊・官僚賊もまたしかりとなる。浄心は、ついに

右は海賊の二字に付ての子細なり。字面《じづら》にあう事あり、ちがう事あり、一様に定めがたし

と、けっきょく振り出しに戻している。

2　海賊の定義

ポーランドの評論家J・マホフスキー*は次のようにいう。

海賊行為は・その起源を、隷属《れいぞく》した民族を搾取《さくしゅ》するというきわめて残酷な性格をもった植民地

＊　J・マホフスキー著　木村武雄訳『海賊の歴史』河出書房新社、1975年。

制度にもっていた。ヨーロッパの植民者に抑圧された諸民族は、海賊行為に民族解放運動に寄与する一つの形を見つけ出したのである。

金銭欲によって動かされる血走った残酷な無頼漢《ぶらいかん》たちの群の中から、このような社会正義のために、当時の世界の強者と闘う、夢想的改革者の明るい人物像が浮びあがってくる。

海賊団体の進化には、その発生とはかかわりなく繰り返されているいくつかの法則性を見出すことができる。海賊の発生段階では、ただ反乱を起した乗組員によって乗っ取られたり、あるいは盗まれたりしたそれぞれ孤立した船と、自分自身の責任で行動する人がいるだけである。

それが時とともに、これらの船が、より大きな組織化された単位に統一され、単一の指揮下に置かれる艦隊が編成されていった。そして成長するにつれて、発達の次の段階では、そのような組織は、海賊の支配下にある一定の住民と固有の領土を有する海賊国家へとなったのである。

日本やイギリスは世界諸国の中でも、まれにみる海洋国家である。江戸時代の鎖国政策から解放されてから、一四〇年余を経た今も、日本国民は陸中心の生活圏から離れ難い錯覚におち入りやすい傾向があるが、江戸期を除けば、私たちの祖先は海を主要な舞台としてたくましく生きてきたのである（『海と列島文化』シリーズ全一一巻、小学館刊は、その象徴的集大成）。

四方海に囲まれているということは、遠く海のかなたの世界につらなり、雄飛する窓口が大きく開かれているということである。

海洋国家とは、政治・経済・外交・軍事・文化その他全般にわたって海洋に依存し、利用し、国益の増大をはかってきた体制をいうのである。航路はこれらの交流の通路であり、また、海でへだてられていることは、独立維持の有効な条件ともなった。

海を生活の場とする民族の活動は、その行動が、国家体制の整備されてゆく過程において、あるときは「海賊」といわれ、あるときは「水軍」と称され、現代では「海軍」と称されるようになった。マホスキーのいう海賊国家は、イギリスのように大海軍国家としての栄光さえ与えられるようになった。

海賊から水軍・海軍へと名称の変化とともに、社会的地位が公認されてゆくのは、国家なり権門体制への貢献度・利益不利益にどのようにかかわるのかという問題と相対的な関係においてである。

海賊には行為（piracy）がともなう。「海上における強奪」（ユベール・デシャン[*1]）、「公海上において、船をその合法的所有者の所有あるいは管理から奪う行為」と、国際法概念の確立した一七世紀以降の、ヨーロッパ世界を念頭において与えられた定義である。「商海での盗賊、海上で他人の財産を凶暴な手段によって奪い取る者、強盗と略奪の目的を抱いて巡回する者、海上における盗人、埠頭《ふとう》において盗む者も含む」（フィリップ・ゴス[*2]）、「海賊とは海上に根拠を有し、海上を横行して他の財物を掠める賊」（喜田《きだ》貞吉《さだきち》）と、いろいろ述べられているが、これらは盗賊行為をその基準としている。

3　水軍の定義

海賊の行為は「いかなる政府からも許可されることなく、海上で盗賊行為を働くもの」と、すでに一七世紀初期のドイツ古代学者フィリップ・クリユーバーは『ヨーロッパの国際法』で述べている。つまり・行為の内容よりも、政府の許可があるかどうかによるという、国家に戦争の権利はあるが、

＊1　ユベール・デシャン著、田辺貞之助訳『海賊』白水社（文庫クセジュ）、1965年。
＊2　フィリップ・ゴス著　朝比奈一郎訳『海賊の歴史』リブロポート、1994年。

個人に海賊行為の権利はないというわけで、国家という社会的背景が加味されてくる（小島敦夫『海賊列伝』）。

国家から免許状を与えられて、敵対国の船を掠奪する私掠船《しりゃくせん》は海賊の概念からはずれるが、実際は年代と状況によって、戦争と海賊行為との関連は複雑であり、明白に国家的戦争態勢の中に位置づけられるものを除けば、その行為の実質は、海賊行為の一変種とみてさしつかえない（小島敦夫、前掲書）。

それゆえ、海賊であったものが看板をかけかえる例もある。大海賊ヘンリー・モーガンは、のちにジャマイカ副総督となって海賊鎮圧に努力、ウィリアム・キッドも私掠船という政府公認の船長であった（ただし、のち本物の海賊となり処刑）。喜田貞吉*のように「後世の海賊は即ち海上の大名」（王朝の海賊）といいきる歴史家も登場してくる。

海賊行為が私から公へとその目的を転換することにおいて、海賊は水軍に性格を変える。公＝国家または権門の私益目的に添い、貢献することによって、水軍としての存在は公認され、保証される。公認・保証されるゆえに公権力に忠誠を誓わねばならない。公は征服統一過程において、より上級の公に統合吸収されてゆくから、水軍もまたその情勢の変化についてゆかねばならない。公は独立したエリア（領域）をきめて、利権確保のために侵犯者を制裁又は排除するということがおこってくる。海は国境が陸地のように判然としないから、領海の規定は、その公の解釈によってまちまちであり厄介である。

それゆえ、領海の範囲は島を含む陸地とのかかわりで規定されてくる。

直接的には、陸上の権力と呼応して海賊や敵を鎮圧する側に立つものであり、野戦の重視にともな

＊　喜田貞吉（きた・さだきち）1871～1939年。戦前の歴史学者、文学博士。東大、京大、東北大で講師。

う兵員・武器・食料輸送負担であり、または敵のその輸送の遮断であり、奇襲行動であり、合戦の変化に応じた行動となる。

水軍はそれゆえ「つねに陸上における総合的な国力の反映でしかない」（小島敦夫、前掲書）という評価がなされる。

日本の場合、「海戦や海上警固に必要な軍船や兵員を保有する海上武装勢力」（『愛媛県史』）という定義が妥当なものとして賛同されるようになる。アメリカ海軍士官で歴史家・海洋戦略研究家のマハンは、生産、海運、植民地を連結するシーパワーとして、海上軍事力（海軍）をとらえている。*

海賊は、現代では犯罪者集団という世界共通の認識のもとに、国際条約に規定されている。一九五八年四月、国際連合の会議によって「公海に関する条約」がとりきめられ、スイスのジュネーブで調印された。第一五条に「海賊行為とは次の行為をいう」として次のように表現されている。

1　私有の船舶又は航空機の乗組員又は旅客が私的目的のために行なうすべての不法な暴力行為、抑留又は略奪行為であって次のものに対して行なわれるもの。

(a)　公海における他の船舶若しくは航空機又はこれらの内にある人若しくは財産。

(b)　いずれの国の管轄権にも服さない場所にある船舶、航空機、人又は財産。

2　当該船舶又は航空機を海賊船舶又は海賊航空機とするような事実を知ってその船舶又は航空機の運航に自発的に参加するすべての行為。

3　1又は2に規定する行為を煽動し、又は故意に助長するすべての行為。

＊　アルフレッド・T・マハン著　北村謙一訳『海上権力史論』原書房、1982年。

海賊への対応は大小にかかわらず、どこの国の軍艦にも、攻撃したり逮捕したりする権限が与えられており、水（海）軍は今や国際警察的役割を果たす、国際法規の執行機関の一種となった。*

公海における国際間の合意は以上のように成り立っているが、各国はそれぞれ固有の海軍を有している。そして領海を定めている。公海と領海とのバランスと思惑《おもわく》がどのように展開してゆくかは、今後の注目すべき課題となろう。

水軍はSea force《シーフォース》であり、海賊Pirate《パイレーツ》とは一線を画しておかねばならない。本書は海賊物語でなく、海の軍事史としての水軍の物語の視点で叙述したのも右の理由による。

＊　曽村保信著『海の政治学』中公新書、1988年。

第1章　古典・古代の水軍

1　神武東征——皇師東《みいくさひがし》にゆく

神武《じんむ》天皇東征の物語は、そのまま古代水軍の遠征物語である。太平洋戦争後、日本の教育の世界から神話が姿を消し、戦後教育世代にとって神話は過去の幻影になってしまった。神話が戦前、戦中には史実として歴史教育に大きな影響を与えただけに、神話教育への反動が大きかったのもやむをえないことではあった。

いまその是非に触れるスペースはないが、神話の語りの中から、古代の姿を類推するのも、学問上必要なことである。とくに水軍史にとって大きなヒントを提供してくれる。神話になじみのない若い人のために神話の世界を紹介しながら、東征物語の神武水軍を考えてみよう。

宮崎県日南海岸の岩屋の中に鵜戸《うど》神宮（日南市）があり、青島から足をのばした観光客でにぎわっている。境内には「お乳《ちち》あめ」が名物として売られている。お乳あめの由来は、神武天皇（カムヤマトイワレビコ）の父、鸕茅草葺不合尊《うがやふきあえずのみこと》が赤ん坊の時、玉依姫《たまよりひめ》が乳のかわりに飴で養育したということから伝えられている。神武天皇はこの日向《ひゅうが》の地から東征のスタートをきった。

ある日、天皇は高千穂《たかちほ》の宮で、兄五瀬命《いつせのみこと》と相談をした。「いずこに坐《いま》さば、平《たい》けく天《あめ》の下《した》の政《まつりごと》を聞《きこ》し看《め》さむ。なお東《ひがし》に行《ゆ》かむ」、どこにゆけば平和な政治が行なえるのだろうか、もっと東方に行ってみよう、ということである。

以上は『古事記』の話で、同じことでも『日本書紀』は、「遠くはるかな地域がまだ王威に浴さず、首長どもが境界争いに夢中で、攻め殺し合っている。海の交通を管理している塩土老翁《しおつちのおじ》にはかったところ、東の方に良い地があり、緑豊かな山々に囲まれ、その住む人々の中には、天磐舟《あめのいわふね》に乗ってやってきて飛び下った者もいる、ということである。そのところは私の大業をひろめる場所として、天下の政治の中心としよう」と荘重《そうちょう》な文章となっていて、権威の誇示が前面に出て、恩着せがましいが、記紀ともに、東征の動機としている。

日向美々津《みみつ》の浜から筑紫《つくし》へと船出した天皇は、船師《ふないくさ》をひきいて速吸《はやすい》の瀬戸《せと》（豊予海峡）にさしかかり、珍彦《うずひこ》という漁師の水先案内によって豊予海峡を航行し、宇佐から筑紫の岡の水門《みなと》にいたり、さらに安《あ》芸《き》（広島）の埃宮《えのみや》（多祁理宮《たけりのみや》）から吉備《きび》の高島宮（岡山市）へといたり、三年間ここで東征の船舶・食料などを準備し、出動の機会をうかがった。

「皇師《みいくさ》遂に東にゆく、舳艫《じくろ》相接《あいつ》げり」、船団は、奔《はや》き潮《なみ》の浪花国《なにはやのくに》の難波《なには》の碕《みさき》（大阪湾）を通過して、淀川をさかのぼり、河内の草香《くさか》（枚岡《ひらおか》市）青雲の白肩の津から竜田《たった》（奈良県王寺町辺）にさしかかり、信《し》貴《ぎ》か亀瀬《かめのせ》越えで大和に入ろうとしたが路けわしく越えられないので断念して、ひき返し生駒山から入ろうとした。

それをきいた長髄彦《ながすねひこ》は、侵略されることをおそれ、孔舎衛坂《くさえのさか》（大阪府中河内郡孔舎衛村大字日下）で迎えうち激戦となり、五瀬命《いつせのみこと》は流れ矢にあたり負傷し、皇師は戦闘不能になってしまった。

天皇は日輪の方向にて敵を征つ《う》は天道に逆らうことであった、日神の威光を背に負いて戦うべきであったと反省し、退却し、山城《やまき》の水門《みなと》（大阪府泉南郡樽井町）にいたり、死亡した五瀬命を埋葬し、方向をかえて和歌山市の名草山から、さらに熊野の神邑《みわむら》（新宮市《しんぐうし》）へと進み、山中深く分け入り、八咫《やた》烏《からす》の先導で無事、菟田《うだ》（奈良県宇陀郡）に入り、土蜘蛛《つちぐも》といわれた現地人の反抗をおさえ、大和に都をきずいた。

「畝傍《うねび》の橿原《かしはら》に、宮柱《みやはしら》底磐《したついわ》の根《ね》に大《ふとしき》立《た》て、高天原《たかまのはら》に搏風峻峙《ちぎたかし》りて、始馭天下之天皇《はつくにしらすめらみこと》を、号《なづ》けたてまつりて神日本磐余彦火火出見天皇《かむやまといわれひこほほでみのすめらみこと》」と曰《もう》された。神武天皇と諡《おくりな》された大和の征服者神日本磐余彦火火出見天皇は、九州から大和へ進出し、王朝を創始した。皇紀元年のスタートをきったのである。

神武天皇が皇子や船師をひきいて、なぜ東征しなければならなかったか。一説には部族間の争いに敗れたり、一族からはみ出したり、逃亡、新天地の開拓のためであり、住みなれた土地を捨てるのは、定員外の存在か、敗残者である場合が多いゆえ、神武天皇を中心とする移住者集団も、九州からはみ出した集団といえるのではなかろうか、ともいわれる。* 神武兄弟は大和に定住するまで、数年の歳月をかけている。

筑紫の岡田宮に一年、安芸の多祁理宮《たけりのみや》に七年、吉備の高島宮に八年（紀では三年）滞在している。一つの拠点を固めて次へと転進してゆき、大和が終点となったが、大和が目的地であったのかどうかはわからない。

しかし、その軌跡は豊予海峡――下関海峡―瀬戸内海―紀淡海峡―熊野灘―吉野―大和と一部紀伊の山中をのぞいては、海のルートである。天皇の生母は玉依姫《たまよりひめ》で、姉の豊玉姫《とよたまひめ》とともに海の神の娘である。豊玉姫の夫火遠理命《ほおりのみこと》（彦火火出見命《ひこほほでみのみこと》）は、山の幸を取る男で兄の火照命《ほでりのみこと》の釣針を海中に落とし、

＊　邦光史郎『物語・海の日本史』講談社、1987年。

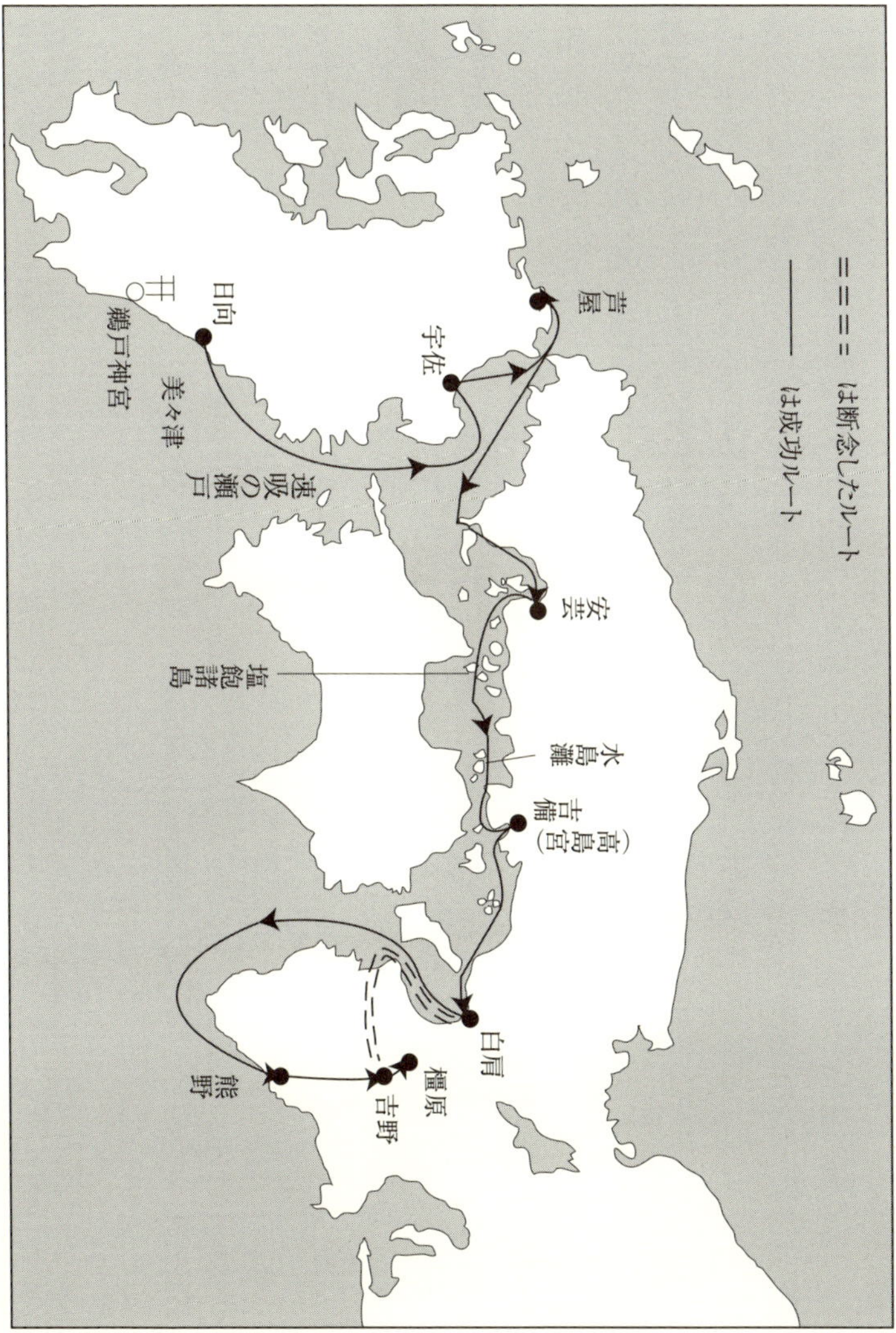
＝＝＝＝＝ は断念したルート
—— は成功ルート
芦屋
宇佐
日向
鵜戸神宮
美々津
速吸の瀬戸
安芸
塩飽諸島
水島灘
吉備（高島宮）
白肩
熊野
橿原
吉野

図1・神武東征ルート

綿津見神《わたつみ》に相談、その結果無事に赤鯛の喉の針を見つけ、意地悪な兄をこらしめるというように、海神（海人族）との関係が深い。熊野で船団が大嵐に会って漂流したとき、神武天皇の兄の稲飯命《いなひのみこと》はなげかれて、

ああ、何としたことだ。わが祖先は天神、母は海神であるというのに、どうして私を陸で苦しめ、また海で苦しめるのだろうか

と仰せちれ、剣を抜いて海に入り鋤持神《さいもちのかみ》となった。もう一人の兄三毛入野命《みけいりののみこと》もまた恨んで、

母（玉依姫）と姨《おば》（豊玉姫）とは、二はしらとも海神である。それなのにどうして、波をたてて私をおぼれさせるのか

と仰せられて、浪の穂をふんで常世郷《とこよのくに》に行ってしまった。右の物語からうかがわれるように、祖先が海洋渡来の海洋民であることはあきらかである。

転進コースには、それぞれの海域の海人が協力した。速吸《はやすい》の瀬戸の水先案内をつとめた珍彦《うずひこ》（槁根津日子《さおねつひこ》）、宇佐の宇沙都比古《うさつひこ》・宇沙津比売《うさつひめ》、熊野の高倉下《たかくらじ》などである。

吉備の高島宮で駐留中に、付近の水島灘《みずしまなだ》・藤戸瀬戸《ふじとのせと》・備讃海峡の確保と塩飽《しあく》諸島の海部の招致に力をつくし「舟檝《しゅうしゅう》」・「兵食《かて》」を整えた。『南海治乱記』という江戸初期に成立した軍記物には、

ある夜老父語っていわく、わが塩飽《しあく》の島は備讃の間にあるといえども、讃州阿野郡（那珂郡＝丸亀市）に所属している。西海の中心にあるため、昔の君主もこの島を見捨てることはしなかった。神武天皇が東征するとき、吉備の高島の宮に三年の間とどまり、中国・南海の兵を集めて東の国へ赴いた。このように長期間滞在したのは塩飽《しあく》の重要な拠点に寄っていたためである。

とあって、海人集団の協力がうかがわれる。今では瀬戸大橋が塩飽の島々をつないでかかっている。眼下に点在する島々は急潮をたくみに生活防衛の手段として、塩飽水軍として時々の中をたくましく生き抜いてきた。塩飽は潮が湧きあがるような、激しい潮流というところからのネーミングであろうといわれる。速吸《はやすい》の瀬戸もそのような激流であり、水先案内をつとめた珍彦《うずひこ》は、その功により倭直部《やまとあたいべ》の始祖となった。「軍機の策」をよくしたという（『新撰姓氏録《しんせんしょうじろく》』）。

大和王権の征服事業の特徴は、はじめに海上交通の要所をおさえ、ここを前進基地として、内陸部に進出するというプロセスである。これは、のちに九州・瀬戸内海の沿岸地域での、直轄領である県《あがた》の成立をみてもあきらかである。

2　日本武尊《やまとたけるのみこと》——吾嬬《あづま》はや

日本武尊の遠征も、海の道の物語である。神武天皇より一二代目の景行《けいこう》天皇の皇子小碓尊《おうすのみこと》が日本武尊である。

九州の熊襲《くまそ》の反抗を鎮めるため、尊は父帝の命令で遠征し、その首領川上梟師《かわかみのたける》を討ち取った。『南

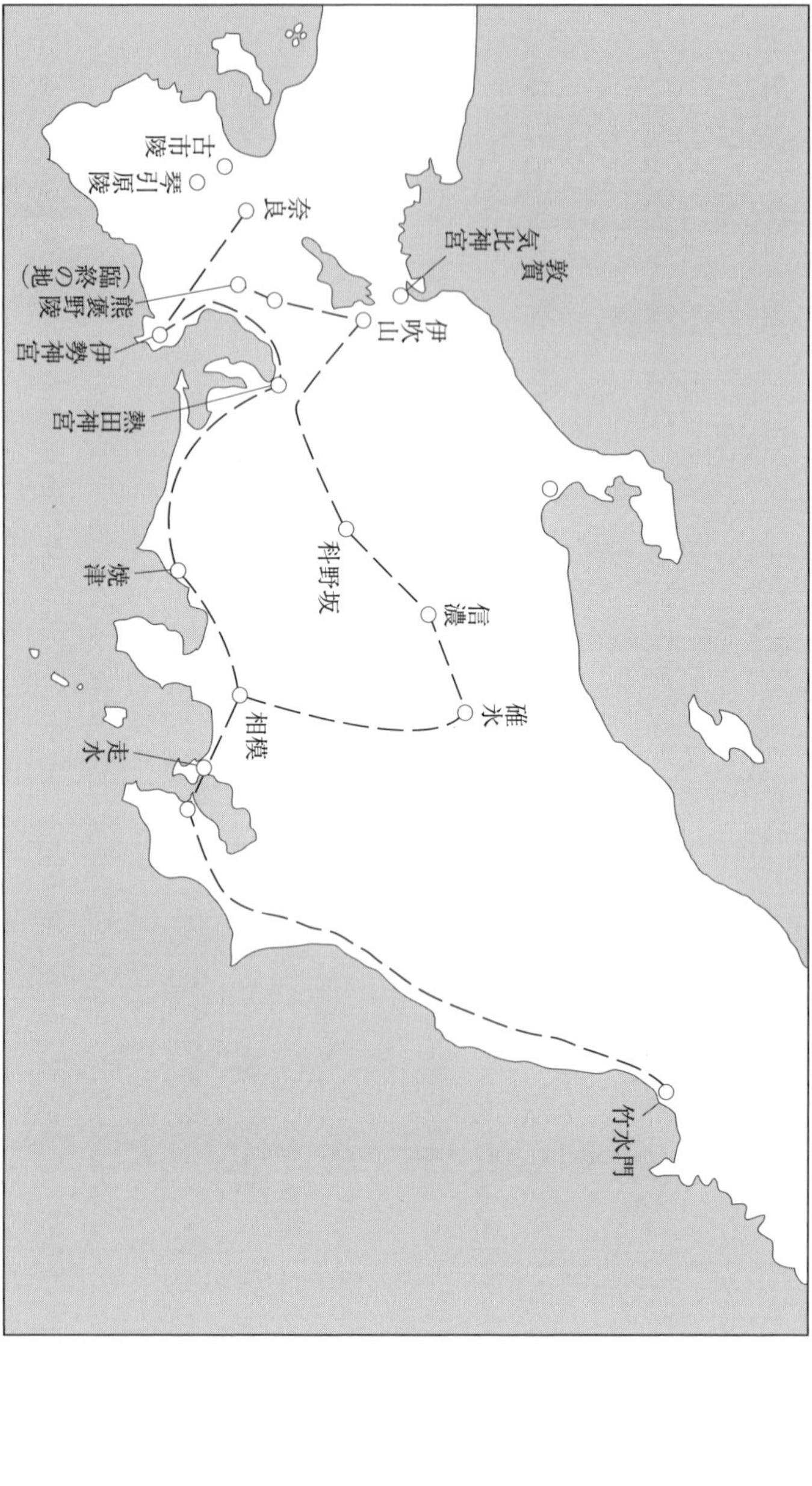

図2・日本武尊遠征推定ルート

海治乱記』には、尊の西征途中塩飽《しあく》の海上には悪神が住み、西国の船を悩まし、海上の往き来もできないようにしていたので、尊はすぐさま吉備の穴戸《あなと》（岡山県児島郡の藤戸辺か）にとどまり、この悪神を退治し、船の往来ができるようになった、と尊の海上安全の働きを伝えている。『日本書紀』では、西征の帰途、

海路をとって倭《やまと》に向かわれ、吉備に到着して穴海《あなのうみ》を渡られた。そこに荒ぶる神がいたので殺し、また難波に到着されたときに、柏済《かしわのわたり》の荒ぶる神を殺した。

穴 済《あなのわたり》の神（広島県福山市、芦田《あしだ》川河口）と柏済の神（淀川河口）は害心を持ち、毒気を放って、路上の人々を苦しめ、禍の原因となっていたが、両悪神を退治したことによって、安全な水陸の路を開くことができた（『景行紀』）。

とある。穴済の場所は芦田川と山口県下関の二説があるが、ともに古来から瀬戸内海の要衝である。要衝にまつわる伝承は日本武尊のかかわることが多い。

『南海通記』巻二の「讃留霊王記《さるれおうき》」に悪魚退治の物語がある。日本武尊が熊襲征伐のときに、南海に大魚がいて舟をくつがえし、人を食べたりするので舟行が止まっていた。尊は天皇の命をうけ、これを槌《つち》の瀬戸に討ってその難をのぞき、その功績をそのとき生まれた皇子の武鼓王《たけかいおう》に譲った。武鼓王は永く讃岐にとどまって讃留王《さるおう》、あるいは讃留霊王《さるれおう》と称し、綾《あや》氏の祖となったという。

塩飽本島の泊《とまり》の木烏《こがらす》神社の小烏伝説に、

走水の海（走水神社より房総をのぞむ）

昔、讃留霊王が、封を受けるの日、部内を巡行しようとしたが、路の行先がわからなかった。たちまち小烏が飛んできて、前を飛んだので、王は喜んでこれに従い迷わず巡行し、数日にして任務を終えた。その烏は、本島《ほんじま》の泊《とまり》をめざして飛び去った。よって祠《ほこら》を泊《とまり》に建てこれをまつり、遥拝所《ようはいじょ》を宇多津《うだつ》（坂出《さかいで》市）に建て時々これを拝した。後にまた祠を宇多津に建て、これを祭り、号して小烏大明神といった。宇夫志那《うぶしな》にあるをもって、世人号して宇夫志邪神という（『全讃史』「宇多津小烏《こがらす》大明神由緒」）。

とある。

真木信夫《さなぎのぶお》氏は、「思うに小烏といったのは、舟夫のことであって、王が悪魚すなわち内海に暴威を振っていた海賊を討ち平げた後、部内を巡察した時、航海不慣れのため困っているのを、塩飽の舟夫がぎょうどう嚮導《きょうどう》して、その任務を果たし、故郷の泊《とまり》島に帰ったのであろう」と説明している*。

小烏伝説は神武東征の八咫烏《やたのからす》と同工異曲であり、日本書紀などからの粉飾《ふんしょく》であろうが、海民との関係によって遠征が成功したことを物語っている。

尊は次に東夷の平定を父帝から命ぜられ、斧《おの》と鉞《まさかり》を授けられ、伊勢神宮に詣でて、伯母の倭姫命《やまとひめのみこと》から草薙剣《くさなぎのつるぎ》を与えられ東へ向かった。静岡焼津《やいづ》で賊のために野火で焼き殺されるところを、剣で草

＊　真木信夫『瀬戸内海における塩飽海賊史』宮脇書店、1934 年。

を薙《な》ぎ払い、迎え火をつけて難を免れ、かえって賊を焼き払ってしまった。

海神投供《かいしんとうぐ》

さらに相模に進み、上総《かずさ》（千葉県）へ渡ろうとした。海を望み大言壮語されて「こんな小《ち》さな海だから、駆けて跳びあがっても渡れるではないか」と言われた。ところが、海の中ほどまで来たとき、突然暴風がおこり尊の船は漂《ただよ》って、渡ることができなかった。そのとき尊に従っておられた后弟橘《おとたちばな》媛《ひめ》が、

いま風が起り、浪が激しく船が沈もうとしているのは、海神《わたつみ》のしわざにちがいありません。どうか賤《いや》しい私の身を尊のお命にかえて海に入らせて下さい

といいおわって、ただちに波をおしわけて入ってしまった。暴風はたちまち止んで船は無事に岸に着くことができた。そこで時の人はその海を名づけて駆水《はしるみず》（走水《はしりみず》＝横須賀市）といった。『古事記』は「菅畳八重《すがたたみやへ》、皮畳八重《かわたたみやへ》、絁畳八重《きぬたたみやへ》を波の上に敷きて、その上に下り坐《いま》しき」とあり、媛《ひめ》は「さねさし、相武《さがむ》の小野に燃ゆる火の、火中《ほなか》に立ちて、問ひし君はも」とうたったとある。七日後、媛の御櫛が海辺に漂着した。その櫛をおさめて御陵を造った、と文学的である。

海神の喜ぶものを供え航海の安全や豊漁を祈り、神の怒りを鎮《しず》めるために神々の好むものを海中に投げ入れる「海神投供《かいしんとうぐ》」の例*は、神武東征の熊野灘《くまのなだ》で大嵐に会い、神武天皇兄の稲飯命《いないのみこと》が剣を抜いて海中に入り、鋤持神《さいもちのかみ》になり、もう一人の兄三毛入野命《みけいりののみこと》もまた浪の穂を踏んで常世郷《とこよのくに》に行ったこと（『神

* 大場磐雄「海神投供考」『祭祀遺跡』角川書店、1970年

武紀』）、神功皇后《じんぐうこうごう》の航海に「真木の灰を瓠《ひさご》に納《い》れ、箸・比羅伝《ひらで》（柏《かしわ》の葉で作った皿）」を多く用意し大海に散らし浮かべたことなどがある（『古事記』仲哀天皇段）。

『土佐日記』には、住吉浜に近づいたとき、急に風が変わり思うように舟が着岸できない、梶取《かじとり》は住吉の神は何か欲しいものがあるのだから、喜ばれるものを捧げよと紀貫之に進言したので、鏡を海中に投じたら急に海面が静かになったという記事をのせている。

浦賀水道の海流の急なことからついた名称が走水である。当時（古代）は東海道の交通路は、旧利根川河口の低湿地帯をさけ、三浦半島から浦賀水道を舟で横切って房総半島へ上陸し、上総《かずさ》・下総《しもふさ》・常陸《ひたち》へ北上するものであったことを示唆《しさ》している、といわれる。

鎌倉時代の挙兵後石橋山で敗れた源頼朝が、真鶴《まなづる》半島から三浦半島の先端をかすめ、安房《あわ》に上陸、捲き返して鎌倉に向かったことなどによっても裏づけられる。

尊は上総より転じて陸奥《むつ》国に入った。大きな鏡を船にかけて海路葦浦《あしのうら》（千葉県江見町吉浦か）をまわり、玉浦（九十九里浜）を横切り渡って、蝦夷の境、竹水門《たかのみなと》（福島県・宮城県・茨城県沿岸諸説あり不明）で嶋津神・国津神の抵抗をおさえ、むしろこれら蝦夷どもは尊の威に服し、浪をかきわけて尊の船を扶けて岸に着ける従順ぶりを示した。

その後は、日高見国《ひたかみのくに》（陸奥国の某所をさし蝦夷の居住区域というが、北上川《きたかみ》をその遺称とする説もあり、流域の広い地域とするのが有力である）の平定をなしとげ、常陸から甲斐国の酒折宮《さかおりのみや》（甲府市酒折）に滞在、さらに武蔵・上野《かみつけの(こうづけ)》をまわって、碓日坂《うすいのさか》（碓氷峠《うすいとうげ》）にいたった。

尊は、しきりに弟橘媛《おとたちばなひめ》を偲ぶ気持になり、碓日嶺《うすいのみね》に登られ、東南の方を望み、三たび歎かれて「吾嬬《あづま》はや」といわれた。そこで東山道諸国を名づけて吾嬬国という。

尊は信濃の山中を進み、尾張に帰還、伊吹山の悪神を討ち、伊勢の尾津から能褒野《のぼの》（三重県鈴鹿《すずか》から亀山の一帯）にいたった。病体をおしてここまで来たがついに亡くなられた。

死後、白鳥となられて、倭国《やまとのくに》をさして飛び立たれた。能褒野陵には、明衣《みそ》（死者が浴後に着る衣）だけが空しく残り、遺骸はなかった。使者を遣わして白鳥を追い求めたら、倭《やまと》の琴弾原《ことひきのはら》（奈良県御所《ごしょ》市か）にとどまっていた。そこで、そこに陵を造ったが、白鳥はまたも飛び去り河内にいたり、旧古邑《ふるいちむら》（大阪府羽曳野《はびきの》市軽里）にとどまっていた。またそこに陵を造った。この三つの陵を名づけて、白鳥陵といった。

そうして、白鳥はついに高く飛んで天に上った。そこで陵にはただ衣冠だけを葬りまつった。そこで日本武尊の功名を伝えようとして武部《たけるべ》を定めた。

日本武尊像には、神武天皇の直線的な剛に対し、哀愁のロマンが感じられるが、生涯を苦難の旅路におくったせいだろうか。白鳥伝説は、そのような記紀成立期の奈良朝初期の人々の思いがこめられているのだろう。

尊の遠征は西征・東征ともに海路の支配があり、水陸の路を開いたところに特徴がある。東国では東海道から東山道へとそのルートを海から陸へとたどっているが、最後は伊勢の海路へといたっている。神武東征物語とセットにして日本地図を眺めれば、九州から陸奥まで広い範囲と長いルートの行動は驚異である。

図3・神功皇后関係図

3　神功皇后——船師《ふないくさ》海に満つ

(1) 仲哀《ちゆうあい》天皇と皇后

もちろん、これで尊の征服事業が完成したわけではない。尊の第二子足 仲彦天皇《たらしなかつひこすめらみこと》は、成務天皇の皇嗣《こうし》となり仲哀天皇となったが、熊襲《くまそ》の反抗は依然続いていた。天皇は討伐しようとして紀伊の徳勒津《ところのつ》（和歌山市新在家《しんざいけ》）を出発、船で穴門《あなと》（山口県豊浦郡〔関門海峡〕）に向かった。角鹿《つぬが》（福井県敦賀）に旅行中の皇后（気長足 姫 尊《おきながたらしひめのみこと》＝神功皇后《じんぐうこうごう》）は穴門で落ち合うため、角鹿から渟田門《ぬたのみなと》（若狭、敦賀湾常神岬と立石崎か）にいたった。鯛が、后の食事中船のぞばに群がったので酒をそそがれたところ、鯛は酒に酔い浮かびあがった。海人が喜んで「皇后様が賜った魚」といった。そこの魚が、六月になると、つねに酒に酔ったように口をパクパク動かして浮かびあがるのはそのためであるという。

広島県三原市幸崎《さいざき》町能地《のうじ》の浮幣《うつぺい》神社の前の海に、毎年立春の四〇日後から、立夏の数日前まで、春先二ヵ月ばかりの間、鯛が波間に浮かんで流れる。これを浮鯛というそうである。能地沖と高根島の間、約六丁（六五〇メートル）ばかりの海峡・青木の迫門《せと》は、潮流が激しく、海底には岩礁があって、西から東へ流れる海流にのってきた鯛が、急に海底の岩礁につきあたり、急上昇させられ、水圧の激変のため浮袋が口の外にはみ出し、一種の昏睡状態におちいり浮遊する。漁民は魚体を横にし波間に浮かび流れる鯛をタモですくいとる。浮鯛漁の漁業権は能地の漁業組合がもっていた＊

河岡武春氏は、神功皇后と浮鯛・漁業権との関係の深いことを、幸崎《さいざき》町に伝えられる「浮鯛抄（浮

＊　河岡武春『海の民』平凡社、1987年

対馬鰐浦（神功皇后船出の港）

鯛系図）」の分析から示唆している。場所も淳田門《ぬたのみなと》は、能地青木迫門《せと》の『倭名抄《わみようしよう》』に出る淳田《ぬた》郡安貞《あち》郷に比定されるし、『日本書紀』の六月という季節は、四月末までという能地の実際の漁期とは合わないところがあるが、浮幣《うつぺい》神社の祭神が神功皇后であることも興味深いものがある。

　仲哀天皇は穴門豊浦宮を建て、さらに筑紫に歩をすすめた。福岡県芦屋の岡県主《おかのあがたぬし》の祖である熊鰐《わに》は、天皇の行幸を聞いて、あらかじめ五百枝《いおえ》の賢木《さかき》を抜き取って、九尋《ここのひろ》の船の舳《へさき》に立て、上の枝には白銅鏡《ますみのかがみ》をかけ、中の枝には十握剣《とつかのつるぎ》をかけ、下の枝には八尺瓊《やさかに》（玉）をかけて、周芳《すわ》の沙麼《さば》（防府市佐波か）の浦にお迎えし、魚塩（の御料地）を献上した。そして奏して、

　穴門より向津野《むかつの》（大分県山香町）の大済《おおわたり》（港）に至るまでを東門《ひがしのみと》とし、名籠屋《なごや》（北九州市戸畑区）の大済を西門とし、没利嶋《もとりしま》（下関市六連島か）・阿閉嶋《あへのしま》（藍島か）を限って御筥《みはこ》（穀物生産地か）とし、柴嶋（洞海湾の中島か葛嶋）を割いて御甗《みなへ》（供御の魚を漁る地か）とし、逆見海《さかみのうみ》（北九州市若松区岩屋崎の逆水か）をもって塩地《しおどころ》としたい

と申し上げた。こうして熊鰐《わに》を先導として熊襲討伐に向かった。熊鰐は海神を象徴する存在である。

(2) いわゆる三韓征伐

神功皇后は仲哀天皇と橿日宮《かしい》（香椎宮）にいたとき、神がかりとなり神託をたれ、天皇が熊襲《くまそ》不服従を心配するのに対し、熊襲のような不毛の地の征服よりも、日本の港に向いている、海のかなたの金銀や美しい色彩の衣類などの豊かな国が従うことに意をつくすべきです、とのたもうた。

天皇は高いところに登ってみたところ、海しか見えないので神託に疑いをもって、強引に熊襲を討った。しかし帰還後すぐに病気になり亡くなってしまう。神託を信用しなかったためという。

皇后は託宣の神を知りたいと思い、その名をたずねお祀りした。皇后には斎女的役割も負わされていたのだろうか。

財土《たからのくに》（新羅《しらぎ》）を求めるため、諸国に命じて船舶を集め、戦争の準備に入った。思うように兵士が集まらないので、筑前に大三輪社《おおみわのやしろ》を立てて、刀矛を奉納したところ「軍衆《いくさびと》」が多く集まった。

皇后は、肥前松浦県の玉島里で、釣針をつくり、「朕《われ》、西《にしのかた》、財《たから》の国を求めんと欲す、若し事を成すこと有らば、河の魚鉤《ちく》飲え」とのたもうて、竿をあげると細鱗魚《あゆ》を得た、という。森浩一氏は、支配者みずからのこの行為を「釣り占い」と仮称している。*1

皇后は妊娠（応神天皇）中という異常なからだで出陣。出産の穢《けが》れ、血の穢《けが》れという不浄観からすれば死の穢《けが》れ以上に強いタブーを背負いながら、強烈な力を発揮して戦争に行った。つまり、非常時の異常な事態に、異常なからだで出陣したことによって、「スピリチュアルな力」を発揮した。そのことは、沖縄のオナリ神のように、船の舳先に立つ霊的な力をもつ巫女の姿を想像させるという。*2

師船《みいくさぶね》は和魂《にぎたま》を集め、王船《みふね》の鎮めとして進軍、新羅にいたった。「船師《ふないくさ》は海に満ちて、旌旗日に耀《かがや》き」、新羅王を怖《お》じまどわせた。

＊1　大林太良編『海人の伝統』［日本の古代８］、中央公論社、1987年、　＊2　網野善彦「中世の海上交通と北九州」『中世の海人と東アジア』海鳥社、1994年。

金銀財宝を満載した師船をひきつれ皇后は帰還してまもなく応神天皇（誉田別《ほんだわけ》）を出産した。出征前、帰国まで出産を延ばしてくれるよう石をとって腰にはさみ願ったというその場所を宇瀰《うみ》（福岡県粕屋郡宇美町）と名づけた。

住吉三神（表筒男《うわつつのを》・中筒男《なかつつのを》・底筒男《そこつつのを》）も征討軍に加わったが、皇后に、「わが荒魂《あらみたま》をば、穴門《あなと》の山田邑に祭らしめよ」と仰せられたので、祠を建てた。皇后は諸群臣をひきいて、穴門豊浦宮に移り、仲哀天皇の喪を収めて、海路都に向かった。

天皇崩御を知った応神の異母兄忍熊王《おしくまのみこ》らが反乱をおこしたとの報を得て、紀水門《きのみなと》から難波をめざしたが、皇后の船が途中で進むことができず、務古水門《むこのみなと》（尼崎・西宮の武庫川河口）にひき返した。そこでうらなったところ、天照大神・稚日女尊《わかひるめのみこと》・事代主尊《ことしろぬしのみこと》・三筒男の神の託宣で、それぞれの神をまつったところ、平和のうちに進むことができた。武内宿禰《たけうちのすくね》・和珥臣《わにのおみ》の祖武振熊《たけふるくま》に命じて、山城から宇治にいたって数万の兵にて、忍熊王《おしくまのみこ》を瀬田に敗死させた。

皇后記事には朝鮮半島との交渉を物語るものが多い。『古事記』より『日本書紀』の方が海洋性の豊かな性格を付与している。

皇国史観の典型ともいうべき、皇后のいわゆる「三韓征伐」の物語には、いろいろな角度から、古代史の謎を汲みとることができる。

皇后の実在が議論されたことがあった。しかし、皇后の「タラシヒメ」は、七世紀初頭の天皇をさすタラシヒコと同類の普通名詞を語幹としていること、前後の系譜との関係や、その事蹟があまりにも神秘的であることなどからみて、実在性は疑わしく、観念の所産とみるのが妥当というのが現状である。

ただ、皇后と同じように、巫女的で、海外にも名の知られた女王卑弥呼《ひみこ》のイメージを重んじる説、海上から高貴な女神が渡り来たって海浜で御子神を出産する、という神話伝説を想定し、それゆえ、神功皇后を海浜の祭儀における母神（航海の女神から若神として海童が出生する）とみようとする説、凱旋後の事蹟も含めて、七世紀の諸女帝、とくに筑紫に赴き、唐・新羅《しらぎ》と戦った斉明女帝などをモデルとして構成されたものとみる説などがある。

四世紀後半から五世紀にかけて、積極的な朝鮮経営は、高句麗好太王碑文や百済記などからみて歴

住吉大社

気比神宮

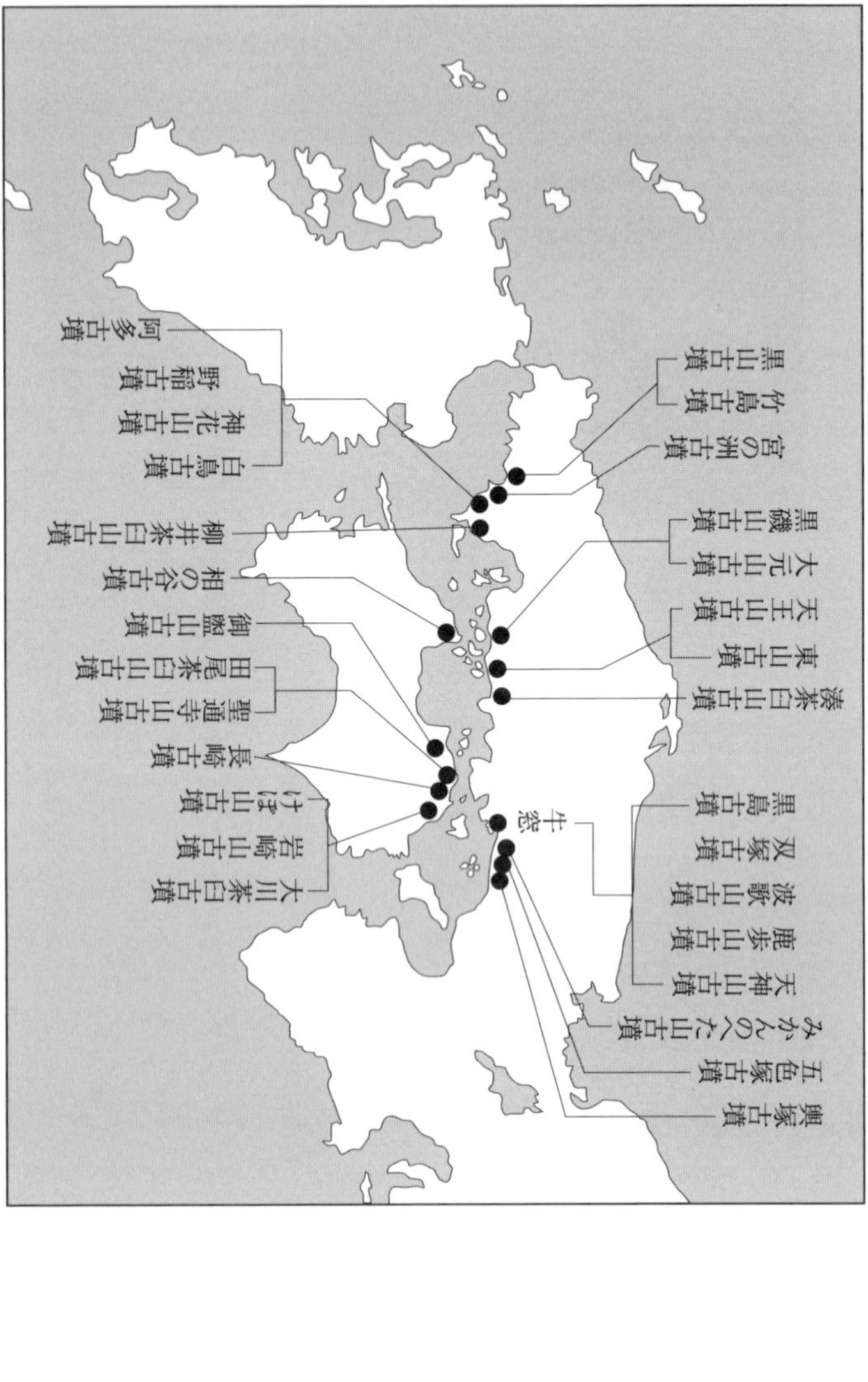

図4・瀬戸内海沿岸古墳分布図

史上の事実であり、応神天皇も実在であると考えられていることから、巫女的・海神的な皇后の存在は、これらの史実と関係があろうし、伝説化されたものとみられている（岩波・日本古典文学大系『日本書紀』上・補注八―一）。

塩飽本島《しあくほんじま》八幡神社社伝には、皇后が帰途宮ノ浦にしばらく駐留したのにちなみ、天平時代宇佐八幡を勧請したと伝えている（真木信夫、前掲書）。宇佐八幡の祭神は、応神天皇・比売神・神功皇后の三神である。

宇佐《うさ》には宇佐津彦《うさつひこ》・宇佐津姫《うさつひめ》がおり、神武東征のとき、一柱騰宮《あしひとつあがりのみや》を造ってもてなしたという。邪《や》馬台国《またいこく》の女王卑弥呼は宇佐出身の巫女であるという説もある。

住吉大社（大阪市住吉区）は、筒男《つつのを》三神と皇后を祭神とする。凱旋のとき三神の荒魂を鎮めたのにはじまるとされ、今は国家鎮護・航海守護・和歌の神としても崇敬されている。

住吉大社が皇后と三神を四棟に安置していることは有名である。もと摂津国菟原《うはら》郡（神戸）に、元住吉神社を創建したのがはじまりだといい、のち仁徳天皇の時に今の地に移されたという。在地の豪族津守氏が代々、神主として奉斎してきた。大阪湾にのぞみ、東方大和地方への要衝を固めた。角鹿《つぬが》（敦賀）には、気比大神《けひおおかみ》がまつられる気比神宮がある。応神天皇が太子のころ、越の国にいでまして、角鹿の笥飯大神《けひのおおかみ》を拝んだ。そのとき大神と太子は名前を交換した。それゆえ、大神が去来紗別神《いざさわけのかみ》といい、太子を誉田別尊《ほむだわけのみこと》というようになったという。それゆえ、大神のもとの名を誉田別《ほんだわけ》神、太子のはじめの名を去来紗別《いざさわけ》尊という、と名換《なかえ》の神事が伝えられている（『応神紀』）。

気比の大神は、神功皇后の祖の天日槍《あめのひぼこ》が神格化されたものという。皇后、オキナガタラシヒメノミコトは、近江国三上郷から息長《おきなが》郷の琵琶湖湖北一帯に勢力をもっており、皇后の三韓征伐遠征コースは、新羅―伊都―長門―播磨―難波―近江―敦賀―出石《いずし》（但馬―兵庫県）、という点で、新羅王子アメノヒボコの遍歴コースと比較してみると両者はまったく一致している、と指摘されている。[*1]

(3)王権と古墳

考古学的な面の研究から援用すると、瀬戸内海に直接面する大分県・福岡県や、佐賀県の玄海灘に面する沿岸地域に、もっとも古い畿内型古墳が出現する（五世紀代）のは、中国・四国・九州の諸勢力が、大和朝廷の勢力下におかれたことを示すし、これらの地域が、朝鮮出兵の基地となつていることを意味する。[*2]

吉備地方を中心に沿岸古墳の存在は、備前牛窓、周防竹島（新南陽市）など、大和王権と朝鮮半島をつなぐ古代海上交通の道に位置づけられる。それらに存在する古墳は、初期大和王権の地方伸張と重要な関係がある地方首長墓であるとみられている。徳山湾の小島に位置する竹島古墳などは「周防海岸をおさえる海路の支配を想定するときにだけ、その意味が存する」[*3]という。

讃岐津田湾・高松湾などにのぞむ古墳は、平野部勢力と関係をもって海路にむけ対処した首長の姿を示すものとみられている。来島《くるしま》海峡・柳井《やない》湾・平生《ひらお》湾などにのぞむ古墳は、農業生産を背景としない位置づけである。播磨・摂津の輿塚《こしづか》古墳・五色塚古墳、備前との境のみかんのへた山古墳など、大阪湾から順次連続させると、内海航路の連結が想定されるという。[*4]

六世紀には沿岸首長墓は見当らなくなってくる。大和王権の支配強化とともに、首長らは有力な支柱となって独立性を失ってゆく。朝廷直轄領「アガタ」（県、アガ・田＝貢上された田）の設置も、経済

＊1　笠井倭人「古代の水軍」大林太良編『船』社会思想社、1975年、　＊2　小田富士雄「九州」『日本の考古学Ⅳ』古墳時代（上）、河出書房新社、1966年、　＊3　間壁忠彦「沿岸古墳と海上の道」『古代の日本（四）』中国・四国、角川書店、1970年、＊4　西川宏他「古墳文化の地域的特色・瀬戸内」『日本の考古学Ⅳ』河出書房新社、1976年。

力軍事力の基盤として西国に多いのも、これらとかかわる。*

4　海上交通——水門《みなと》神・神の水軍

古くから海上交通が開けていたらしいことは、
水門神などを速秋津《はやあきつ》日命《ひのみこと》と号す（巻一）

とあるように、水門をつかさどる神の存在によって示されている。ハヤは称辞で、アキは「開」き、ツは「津」でありアキツで港の意となる。水門は海にそそぎこむ河口湾であり、海陸の接点である。

海神《わたつみのかみ》などを、「少童命《わたつみのみこと》」と号した。諸神等という表現から推定できるように、すでに海上民族の勢力が各地に分布、または分散していることを示唆している。

伊奘諾尊《いざなぎのみこと》が、伊奘冉尊《いざなみのみこと》に絶縁して黄泉国《よもつくに》からほうほうの体《てい》で逃げ帰り、筑紫日向《ひむか》の小戸《おど》（小さな水門）の橘の檍原《あばきはら》にいたり、禊《みそぎ》をした。そして身体についたけがれをすすぎ流そうとして、声をはりあげ、

「上瀬《かみつせ》はこれはなはだ疾《はや》し、下瀬《しもつせ》はこれはなはだ弱し」と

志賀海神社

＊　井上辰夫「筑・豊・肥の豪族と大和朝廷」『古代の日本（三）九州』河出書房新社、1966年。

いって、「中瀬《なかつせ》」（中流）ですすいだ。これによって、八十枉津日神《やそまがつひのかみ》・神直日神《かむなおひのかみ》・大直日神《おおなおひのかみ》の三神が生れた。

また海の底に沈んで身をすすがれたが、これによって、底津少童命《そこつわたつみのみこと》・底筒男命《そこつつのをのみこと》が生れた。

また、潮の中にもぐって身体をすすがれたが、これによって中津少童命《なかつわたつみのみこと》・中筒男命《なかつつのをのみこと》が生れた。

また、潮の上に浮んで身をすすがれた。これによって、表津少童命《うわつわたつみのみこと》・表筒男命《うわつつのをのみこと》が生れた。

合計九神である。筒男命《つつのを》三神が住吉の大神である。

(1)阿曇連——わたつみの神

少童命《わたつみ》三神が、綿積豊玉彦神《わたつみとよたまひこのかみ》で、その子穂高見之命の子孫が海部を管轄する阿曇《あずみ》の連《むらじ》である。「アヅミ」はアマツミ（海津見）の略で、海人集団の統率民族（伴造）が連である。*

福岡市志賀島は、金印の発見で有名なところだが、元官幣小社志賀海神社は綿津見三神をまつる。

『万葉集』に「ちはやぶる金《かね》の岬を過ぎぬとも、吾は忘れじ志珂《しか》の皇神《すめがみ》」（一二三〇）とうたわれた。

阿曇連等の斎《いつ》き祀る筑紫斯香神（『旧事記』「神代本紀」）筑前国糟屋郡志加海神社三座（『延喜式』神名帳）

筑前国糟屋郡阿曇郷（倭名類聚抄、志賀島町に比定、神官は今も安曇氏）

* 上田正昭「海人の原像」上田正昭編『住吉と宗像の神』筑摩書房、1988 年。

とあるように、阿曇氏と関係が深い。

後漢の光武帝から贈られたという「漢委奴国王《かんのわのなのこくおう》」の印文の金印は、江戸時代、志賀島から発見された。この印綬を賜わった「奴国」は、安曇氏の管轄下に入り、一族は漁撈はもちろん、航海通商の面においても大和王権の中で大きな働きを見せた海人族であったことを物語っている。*

『日本書紀』応神天皇三年一一月条に、

> 方々の海人が、訕哤《さばめ》いて（上をそしり、わけのわからぬ言葉を放って）、御命令にしたがわなかった（訕哤、これを佐麼売玖《さばめく》という）。そこで阿曇連の祖である大浜宿禰《おおはまのすくね》を遣わして、その訕哤を平らげた。そして海人《あま》の宰《みこともち》（統率者）とした。そこで、時の人の諺に「佐麼阿摩《さばあま》」というのは、そもそもこれによるのである。

各地の海人がわけのわからぬことをわめいている、というのは、それぞれの異域の言語がお互いに通じないことを意味する。大浜宿禰は、宿禰は敬称で、大浜は『筑前国風土記逸文』資珂島《しかのしま》の項に、神功皇后が新羅遠征のとき、船が夜中に資珂島に着き、大浜・小浜が従者として、灯火の用意をして奉仕した記事がみえる、その人であろう。

「佐麼阿摩」の語から、阿曇氏が海人の宰（海部の統率者）になった由来を構作した起源説話であろう。同旨の話が『肥前国風土記』松浦郡値嘉郷《ちかのこう》での、従者阿曇連《あずみのむらじ》百足《ももたり》としてみえる。百足のことは、『播磨国風土記』揖保《いぼ》郡石海《いわみ》の里・浦上の里の項にみえる。

村上護著『日本の海賊』に引用される『大日本官職考』という文献によれば、大山守命が海部の総

＊　尾畑喜一郎「海部の民」『古代の日本（二）』角川書店、1970年。

裁で、阿曇連は副総裁ということであるが、おそらく後世の呼称であろうが、そのように認識されていた証明ともいえる。

王権に接近したことは、「安曇目」の伝承にうかがわれる。『履中《りちゅう》天皇紀』に、住吉仲皇子《すみのえのなかつみこ》と共謀して、淡路野島の海人数十人を引きつれた阿曇連浜子は国家反逆を企て失敗、死刑を許され黥《めさき》の刑に処せられた。目のふちに入れ墨したので「安曇目」というようになったという。この伝承は、志賀島を本拠とする安曇系の海人にそうした習俗があった（『魏志倭人伝』に「黥面文身《げいめんもんしん》」すとある記事などからもうかがわれる）のを、浜子の事件を借り、中国における黥の刑の知識に照らして説明したものである。*

阿曇氏の軍事・外交に関する伝承は、『日本書紀』の中でも、『推古天皇紀』以降多くみられる。

① 推古天皇三一（六二三）年、大徳境部臣《さかいべのおみ》雄摩侶《おまろ》・小穂中臣遠国を大将軍とする新羅征討軍派遣を、阿曇連が新羅からの賄賂を隠蔽《いんぺい》するために大臣をそそのかして強行させた。

② 皇極天皇元（六四二）年、大仁阿曇連比羅夫、百済に使者として派遣、舒明天皇の崩御によって急ぎ帰国、また、百済からの弔使をたずねる。

③ 斉明天皇三（六五七）年、西海使小花下阿曇連頬垂《つらたり》、百済より帰国。

④ 天智天皇称制前（六六一）年八月、前大将軍大花下阿曇比羅夫連、百済救援軍を編成。

⑤ 天智天皇元（六六二）年五月、大将軍大錦中阿曇連比羅夫ら船師一七〇艘をひきいて、豊璋らを百済に送る。

白村江の戦いに参加した形跡はないが、百済との交渉・救援に水軍をして大きな役割を演じたこと

＊　尾畑喜一郎「海部の民」『古代の日本（二）』角川書店、1970年。

は、右の記述からも十分に理解できよう。

白村江の敗戦後も朝廷内で重きをなしているが、一族は全国に分布した。厚見・渥美・安積などの地名に名残りがみえ、安曇の地名をもつ地域は、筑前・肥前・豊後・隠岐・淡路・播磨・摂津・山城・河内・阿波などで、信濃を北限とする。北九州（とくに筑前国に集中）から瀬戸内海沿岸が大部分であるが、信濃のように、越《こし》の国（新潟県）から、ヒスイの産地として知られる姫川から現在の大糸線沿いにさかのぼって、わさび田で有名な安曇野の方へと開拓をすすめた一族もいた。

宗像神社（辺津宮）

奈良時代天平宝字八（七六四）年銘の調布（正倉院蔵）に安曇郡前科《さきしな》郷《ごう》戸主安曇真羊《まひつじ》、郡司安曇百鳥《ももとり》とあって、大郡の開発者であったことを物語っている。式内社穂高《ほたか》神社（穂高町）は、今も海人族の名残りを示すお船祭りの神事がとり行なわれ、穂高岳上高地明神池のほとりに奥神が鎮座する。祖神穂高見命・綿津見命を祭っているのはいうまでもない。

(2) 磯良神《いそらがみ》と安曇氏

壱岐の阿多弥《あたみ》神社の「あたみ」は安曇の転訛《てんか》で、祭神は安曇磯良神といい、対馬の胡禄御子《ころくみこ》神社（ともに式内社）も同じ祭神であるという。

磯良神は、神功皇后の新羅遠征にあたり、竜宮への使者となって、干珠満珠の秘宝を借り出したと伝えられる。* 本来海の精霊で、

* 『太平記』巻三十九、神功皇后新羅ヲ攻メ給ウ事。

安曇氏が祀っていたのはこの磯皇神で、綿津見三神ではなかったらしい。伊勢の海人を歌った神楽歌に「磯良が崎に鯛釣る海人」というのがあるが、志賀島の磯良崎と同じように磯良神の信仰を反映したものであろう。伊勢湾の辺も安曇系の海人とゆかりがあった。

磯良神は、福岡県門司市和布刈《めかり》神社の祭神でもある。神社の北方奥津島（干珠島）・津島（満珠島）に干珠・満珠を納める行事が行なわれ、一二月大晦日の夜、海中に海神の精霊の依代《よりしろ》*である和布《わかめ》を刈り元旦の神供とした和布刈神事となって今に伝えられている。この神事は安曇氏の管掌するものであった。

神功皇后が敦賀《つるが》の気比《けひ》宮に詣でたおり、そこで磯良翁に会ったという伝えがある（「気比宮社伝」）。安曇氏伝承には神功皇后とのかかわりが頻出するが、海人軍事貴族として、対外政策に深く関係していたことの反映であろう。

(3) 宗像《むなかた》神社と海上交通

大陸との関係からみる海上交通に大きな位置を占めるのが、宗像神社である。

田心姫神《たごりひめのかみ》（多紀理比売命《たぎりひめのみこと》）――沖津宮《おきつみや》
湍津姫神《たぎつひめのかみ》（多岐都比売命《たぎつひめのみこと》）――中津宮《なかつみや》
市杵嶋姫神《いちきしまひめのかみ》（市杵嶋比売命《いちきしまひめのみこと》）――辺津宮《へつのみや》

福岡県宗像郡玄海町の辺津宮、同町神湊《こうのみなと》から洋上北西一〇キロの沖合大島に中津宮、その延長線

＊　神霊が依り憑（つ）く対象物。

上約五〇キロ先の沖ノ島に沖津宮が鎮座し、これら三女神三宮の総称が宗像神社である。三女神は書によって沖津・中津・辺津宮が入れ代っているが、現在は右記の三宮三神に固定されている（宗像神社史および同宮の教示）。

瀬戸内海を経て難波津に到達した海外文化流入ルートとならんで、海外文化摂取の二大ルートの一つで、対外武力交渉の前進基地でもある九州北辺の先端に位置する。

北九州から南朝鮮にいたるルートは「海北道中」（海の北の道の中）とよばれ、道中の神を「道主《ちぬしの》貴《むち》」と称した。

一、那津《なのつ》（博多湾）または松浦潟（唐津湾）――壱岐。対馬――海北（朝鮮）

一、宗像郡大島――沖ノ島――対馬――海北（朝鮮）

の二大航路があった。

『日本書紀』履中天皇紀には、宗像社を「筑紫に居《ま》します三《みはしら》の神」と記す。

沖ノ島は玄海灘のまっただ中に浮かぶ、周囲四キロの孤島で、神湊から船で約四時間かかる。島全体がご神体で、女人禁制、沖津宮の奉仕者以外は住んでいない。宗像漁民のあいだでは、御不言様《おいわずさま》とよばれ、島のことを口外してはならないという掟のある神秘の島、と現在の案内書は記している。

昭和二九（一九五四）年から十数年間の調査により、島全体が祭祀遺跡で、五万点をこす遺物の多くは国宝に指定され、「海の正倉院」といわれる貴重な成果を得た。遺品（物）は、宗像神社（辺津宮）

宝物館に収められている。

青銅鏡・奈良三彩・真珠・純金製指輪・金銅製透彫《すかしぼり》帯金具・杏葉《きようよう》などの逸品は、四～八世紀頃までに、朝廷が直接奉献したものといわれる。国家的な意味をもった神域であった。出土品の日本的とは異なる多様性から、祭祀は、宗像海人と韓からの渡来集団の両集団によって営まれたという指摘もなされている。*1

記紀には、宗像三神の誕生を、スサノヲノミコトがアマテラスオオカミに邪心のないことを示すため、両者の所持する十握剣《とつかのつるぎ》と玉を交換し誓約《うけい》*2したとき、大神は剣を三つに折り、天の真名井《まない》の聖水で洗い清め、それを噛みに噛んで、吐き出した息から生じた、と記している。「胸形《むなかた》の君等がもち斎《いつ》く三前《みまえ》の大神」の誕生である。

応神天皇が亡くなった年、阿知使主《あちのおみ》などが、中国の呉《くれ》から筑紫に渡来した。宗像の大神は、工女等《ぬひめら》を望んだので、兄媛《えひめ》を奉った。これが筑紫にいる御使君《みつかいのきみ》の祖となった、という、技術の伝来を示唆したことがみえる（『応神紀』）。

大国主命は奥津宮（沖津宮）の多紀理比売命と結婚したと伝えられている（『古事記』大国主の神裔）。出雲族が妥協せねばならないほどの強大な勢力を宗像氏が有していたことを物語る。

履中《りちゆう》天皇の后が亡くなったとき、神のたたりをしずめないで后を亡くしたことを後悔し、その咎《とが》を尋ねた。ある者が、筑紫の国に行って宗像の車持部を検校し、あわせて充神者《かんべらのたみ》（神戸）を奪ってしまった罪でしょう、と答えた。調べてみると事実であったので、あらためて車持部（乗り物の担当）を、三神に奉った、という、宗像のたたる神の性格がみられる。

雄略天皇九年三月、天皇みずから新羅を討とうとしたが、宗像の神は「な往《い》しそ」（行ってはならぬ）

＊1　奥野正男「海人勢力の政治的結集と発展」『中世の海人と東アジア』海鳥社、1994 年、
＊2　古代日本で行われた、吉凶、正邪、成否などを判断する占い。宇気比、誓約などと書く。

と戒め、新羅征伐に難色を示したので実現できなかった、というように祀る神、託宣の神の性格をもっていた。

海人集団の統率者宗像君との協調によって、海北道中（朝鮮航路）の安全を確保する状況の反映であり、宗像神が国家的祭祀の対象となってゆく背景が、どのようなものであったかを物語っている。

同時に軍事的には安曇・住吉系の海人族とともに、大和王権の海外進出の第一線部隊となって活動したことを見落してはならない。今日の宗像神社の御生祭《みあれまつり》に、沖ノ島から大船団を組んで神輿《みこし》を運ぶ勇壮な行事は、古代の宗像水軍を彷彿《ほうふつ》させる。宗像氏は、外洋航路型・海外志向型であり、阿曇氏の沿岸航路型・内国志向型と対照的である。[*1]

(4) 大海人皇子・高市皇子と宗像氏

大海人皇子《おおあまのおうじ》（天武天皇）は、宗像君徳善の女尼子娘《あまこのいらつめ》を妻とし、高市皇子《たけちのみこ》をもうけた。

天智天皇元（六六二）年、百済《くだら》再興をはかる遺臣鬼室福信《きしつふくしん》らの要請で、百済王子豊璋《ほうしょう》を百済に送り返したが、兵五千余人、船一七〇艘をひきいた護衛の前将軍は、大花下《だいかげ》阿曇比羅夫連《あずみのひらふむらじ》であった。一説には将軍は大海人皇子であったという。[*2] 大海人皇子は、豊璋を百済王となす政策の主導力をもち、百済派遣の水軍も大海人皇子の息のかかった性格であったともいわれる。宗像氏の水軍力をバックにしたことは容易に推測できる。

大海人皇子は凡海《おおしうみ(おおあま)》氏（尾張大海宿禰《おおあまのすくね》）によって養育されていたらしい。[*3] 凡海氏は阿曇氏と同祖で海部を管掌していた。[*4] 皇子の妃尼子娘《あまこのいらつめ》は采女《うねめ》（後宮女官、国造から貢上）として朝廷に出仕していた。

＊1　黛弘道「海人族のウヂを探り東漸を追う」［日本の古代8］、中央公論社、1987年、＊2　小林恵子『白村江の戦いと壬申の乱』現代思潮社、1988年、＊3　上田正昭『古代の道教と朝鮮文化』人文書院、1989年。　＊4　後藤四郎「海部管見」書陵部紀要・19。

両者の間に生まれたのが高市《たけち》の皇子《みこ》である。

高市皇子は壬申の乱では、父皇子の挙兵を聞き近江を脱出、積殖《つむえ》（三重県阿山郡伊賀町柘植）の山口で父の軍に合し、のち父から全軍の統帥を委任され、持統四（六九〇）年太政大臣となった。高市の第一皇子が長屋王《ながやおう》で、長屋王は聖武天皇時代左大臣にまでのぼったが、藤原氏の陰謀の犠牲となり自殺した。

高市皇子は宗像神を皇室・国家の守護神化することに貢献したといわれる。

白村江の戦いの惨敗に対し、海民豪族・海人族の不満が大きく、皇室神にかれらの氏神を融合することで不満を鎮静化しようとはかったともいう。[*1] 皇子を始祖とする高階真人《たかしなのまひと》氏の家は、皇子によって勧請されたと思われる大和国宗像神社（桜井市外山《とびやま》）の、天武朝以来累代執当をつとめてきた。神社の修理料などの維持費は、宗像郡金埼《かねざき》の氏賤一六人の年輪物を宛ててきたが、今（寛平五—八九三年）の段階で不可能になったので、大和国の徭丁《ようてい》八人をかわりに宛てたという（元慶五年一〇月一六日、寛平五年一〇月二九日、太政官符—類聚三代格）。

金埼《かねのみさき》（玄海町鐘崎《かねざき》）の船瀬は、奈良時代に宗像郡大領の宗像朝臣深津と妻の竹生王《たけふおう》が、僧寿応の誘導で造ったといわれるように、[*2] 宗像氏の領域で海人の統率者として、港津の機能を占有していた。これらからも天武（大海人）系王朝—宗像神（氏）—海人という、深い権力・権威・海上勢力とのかかわりが理解できよう。

海人の海上交通とのかかわりの一例として、宗像郡の百姓宗形部津麿《つまろ》の場合を紹介しておこう。『万葉集』巻十六に「筑前国志賀の白水郎《あま》の歌十首」があり、一人の海人の悲劇を筑前の国司だった山《やまの》上憶良《うえのおくら》が詠んだものである。

＊1　本位田菊士「高市皇子と胸形氏の伝承」続日本紀研究 161、　＊　『続日本紀』神護景雲元（767）年8月辛巳条。

詞書によると、神亀年間（七二〇年代）、宗形部津磨が対馬へ食糧を運ぶ船の柂師《かじとり》（挟杪・揖取・梶取）にあてられたが、老齢ゆえ仕事に耐えられないので代って欲しいと、隣郷粕屋郡の志賀村の海人荒雄《あらお》に頼みこんだ。他郡なれども代ろうとて・肥前松浦郡美禰良久《みねらく》崎より出発したが、不幸にも嵐に会い海中に沈んでしまい、妻子らは大きく悲嘆にくれた。荒雄は「郡を異にすれども、船を同《とも》にすること、日久し。志兄弟よりも篤し。死に殉《したが》うにあり、あに復辞《またいな》びめや」と答えている。

海人同志の共同意識がうかがわれると同時に、徴用される海人の姿がうかびあがってくる。アマ（『和名抄《わみょうしょう》』）を「白水郎」と表記するが、中国会稽郡（浙江省）の白水郷の郎（男）が、よく潜水して竜王の宝珠をとってくるという伝承や、そのような潜水生活に直接触れた日本の遺唐使、とくに暴風によって会稽郡に着いた第四次使らによって、中国南方の海人たちの生活や風俗が、実際の見聞にもとづいて「ベスイラ」という音を「白水郎」としたのではないか、というらしい、と説はいろいろあるようだが、中国・朝鮮の表音を漢字化したものである。*

(5) 三神信仰

伊奘諾尊《いざなぎのみこと》が、筒男《つつのを》・少童《わたつみ》ら九神の誕生のあと、左の目を洗ったときに生まれた神が天照大神《あまてらすおおかみ》、右の目を洗ったときに生まれた神が、月読尊《つきよみのみこと》で、鼻を洗ったときに生まれた神が、素戔烏尊《すさのをのみこと》である。天照大神は高天原、月読尊は「滄海原《あおうなばら》の潮の八百重《やほへ》」、素戔烏尊は天の下を、それぞれ治めるべしと、伊奘諾尊から命ぜられた。

いわば、国生みの当初から、海上支配は重要な職務として、その専任担当が計画されており、この海上支配権が吸収、統合されて、古典的あるいは神話的日本水軍、いわば神の水軍になるわけである。

＊　新川登亀男「海の民」『住吉と宗像の神』筑摩書房、1988 年。

伊奘諾尊の祓いの場所は、別の記事では、「粟門《あわのみと》」（鳴門海峡か）と「速吸名門《はやすいなと》」（豊予海峡または明石海峡か）とあるが、どちらも潮流が激しく、橘の小門《おど》に帰ってすすいだという。瀬戸内海の潮流の難所には手をつけかねたというところであろう。いいかえれば、簡単に支配領域に入らなかったことを暗示している。伊奘諾尊は淡路島にて亡くなられた。

淡路島に伊佐奈伎《いさなぎ》神社（津名郡一宮町多賀）が鎮座する。

安曇（ワタツミ三神）・宗像（タゴリ・タギリ・イチキシマ三神）・住吉（ツツノヲ三神）系海人族が三柱をたてているのは、三の神聖化、つまりオリオン座の中心をなす三連星にもとづいてのことらしいといわれる。[*1] ツツ（筒）は、『万葉集』では宵の明星を「夕づつ」と歌うように、星の意で、農耕・漁撈・航海の案内星とされる。

海人族にとって「壱岐の海人の上手《じょうず》の卜筮《うらない》」（『万葉集』巻十五）というように、長年の生活経験から生まれた天文知識であり、もともと海人族共通の天文観であった。次第に筒男三神を配する住吉神は星の神、安曇氏は磯良・ワタツミの神を配する海路の神、速開都比咩《はやあきつひめ》・タゴリヒメら三女神を配する海の女神というように、その特徴をあらわすようになった。

ワタツミ・ツツノヲ・スミノエ・ムナカタ　綿津見の綿は朝鮮語の「パタ」（海）、筒男の筒は「ツッ」（星）、住之《（吉）》江の住は「スム」（潜る）、胸形は胸の入れ墨（蛇のウロコ）であろうとは、谷川健一氏の説である。[*2]

ツツは星のほかに、帆柱の下の船霊《ふなだま》を入れる所、港の津、航海で身を慎《つつし》むこと、対馬の豆酘《つつ》の男など、語源がいくつかあるが、谷川氏は「蛇」（竜蛇神）からではないかという。

＊1　尾畑喜一郎「海部の民」『古代の日本』（二）、角川書店、1970年、　＊2　谷川健一「海人の原型とその末裔」『古代海人の謎』、海鳥社、1991年。

蛇は雷神で、蛇が昇天するときに雲を呼ぶ。雷と同じような感じだとか、稲妻が蛇の形をしているとか、雷と蛇の形はイコールという。竜巻などもそうであろうか。胸形の胸の月と、かこいをとると、×印が出てくるが、もともとは「文」で、うろこの逆三角形で、胸形も入れ墨にうろこの形をしたという。雷神はツツの神でツツキという字名の地に海神社《わたつみ》がある例から、ツツと海人の関係を示唆する。『丹後国風土記』逸文に出てくる浦島太郎は、丹波の余社郡筒川の人で、「水の江の浦嶼《うらしま》の子」とあり、『万葉集』には高橋虫麻呂が浦島の子を詠んでいるが、「住吉」の岸で釣船を眺めて、昔の「水江の浦島の児」を思いうかべたという（巻九、一七四〇）。

スミノエ・ツツカワ、住吉社の三神ツツノヲの符合があるという。紀州の筒川（筒香）藤白の峰の丹生《にう》の女神は、神功皇后が新羅征討のとき帆柱に赤い土（丹生）を塗りつけてお守りにしたことにちなむ（『播磨国風土記』逸文）こと、また皇后が出征のとき「ミヌメノヵミ」（ミズマノカミ＝水間・水沼氏によって奉斎された宗像の神）に吾が山の木で船を造るべく託宣されたこと（『摂津国風土記』逸文、美奴売松原）など、ツツと住吉の神の深い関係を指摘している。

スミノエの「スム」は潜る、つまり潜ってアワビやサザエをとる海人のいた入江の場所ではないか、阿曇も「アマツミ」、海人の津よりも「スミノエ」と同じ意味にもとれるのではないか、アは接頭語でアスミノエとすれば、阿曇も住吉ももともとは一緒ではなかったか、一つだった海神族が、一方では阿曇の志賀海神、一方は住吉神となったというように本拠を分けて展開していったのではないか、と非常に興味深い見解が提示されている。神功皇后と安曇氏の関係はあきらかであるので、スミノエ起源説も説得力がある。

新川登亀男は、住吉神は人為的につくり出された港津の神と述べているが、大和王権の畿内進出につれて、王朝の関門の位置に守護神の役割を設定されたと考えれば、納得がゆく。*1

(6) 鹿子《かこ》（水手）

白水郎・海人は漁人であり、漕手でもある。瀬戸内海が、「シルクロード最後の道*2」といわれるように大陸文物が朝鮮経由でもたらされる古代の内外国の回廊であり、北九州はその玄関口であった。海上交通の特徴は、船舶・挟杪《かじとり》・水手などの交通手段の整備、・航海術などの知識、遠距離の大量輸送などにある。運送には物資輸送と軍隊輸送のほか、彼我の使節の送迎がある。当然漕手の挟杪、水手が裏方として重要な役割を担った。

真揖貫《まかじぬ》き船し行かずは見れど飽かぬ
　麻里布《まりふ》の浦にやどりせましを

（梶を操って舟さえゆかなかったら、見あきない麻里布［山口県岩国市錦川河口］の浦で仮寝しように）

八十梶掛け島隠りなば我妹子《わぎもこ》が
　留まれと振らむ袖見えじかも

（多くの梶をかけ漕ぎだして島に舟が隠れたらあなたが止ってくれと振る袖も見えなくなるではないでしょうか）

と『万葉集』（三六三〇、三二一二）にも水手・挟杪がロマンチックに登場するが、現実は志賀の白水郎荒雄のようなきびしいものであった。

「凡そ水手は鹿子《かこ》と曰う。蓋《けだ》し始めてこの時に起る」と『応神紀』（一三年条）にある。応神天皇が淡

＊１　上田正昭「海人の原像」上田正昭編『住吉と宗像の神』筑摩書房、1988 年、　＊２　松原弘宣「海上交通の展開」『新・古代の日本４』角川書店、1991 年。

路に狩をしていたとき、西の方から数十頭の大鹿が海上をやってきて鹿子の水門《みなと》に入った。人をして問わしむると、日向諸県君牛諸井《もろかたのきみのうしもろい》が、娘髪長媛《かみながひめ》を朝廷に奉るために播磨にやってきたという。一行は角付きの鹿皮を着ていた。以来水手を鹿子《かこ》と呼ぶようになったという。鹿子の水門《みなと》（兵庫県加古川河口）の語源譚である。

　カコは「檝子《かじこ》」であり、檝をとる（櫓をこぐ）水夫である。のちには挟抄《かじとり》と水手が区別されるようになるが、「挟」は手にとること、「杪」は細枝のことで、竿を操って舟を動かす舟人のことなのである。本来は同じものと考えてよいだろう。舟が大きく漕手も多勢になると、まとめ役、船頭としての特定の水手が、一般水手とちがったリーダーになり、そのような意味をもつ名称として理解されていったのだろう。梶取という用語は造船の形態が変化してからのものである。「延喜式」の規定などをみると、水手との間に待遇の面で大きな差がある。

「海導者《みちびきひと》」（『神武紀』水先案内）、「挟杪者《かじとり》」（『景行紀』・『仲哀紀』）の実務としてはもちろんだが、祭祀の司祭者としての性格もあった。仲哀天皇が岡水門（福岡県芦屋町辺）にさしかかり、大倉主《おおくらぬし》・菟夫羅媛《つぶらひめ》男女神の意にかなわず進むことができなくなったので「挟杪者」伊賀彦を祝《はふり》うとして祭らせ、ゆくことをえた（『仲哀紀』八年条）。

　鹿子は付会の説にすぎないが、鹿と海のかかわりは古い。角鹿の地名起源説話に、都怒我阿羅斯等《つぬがあらしと》が登場する。朝鮮の金官加羅国から額に角をつけた人が船にのって到来したという付会ではあるが、鹿が海を泳ぐことがあるらしい。『播磨国風土記』に、鹿が伊刀島（家島群島）に渡った記事（餝磨《しかま》郡小川里・揖保《いぼ》郡伊刀《いと》条）や、角を負った人物（鹿に代表される）が海を渡るという営為、その営為をめぐる何らかの観念が存在したという。* 男鹿《おが》半島（秋田）・牡鹿《おしか》半島（宮城）・鹿島《かしま》（茨城）などの地名起源も

＊　新川登亀男「海の民」『住吉と宗像の神』筑摩書房、1988 年。

鹿＝海にかかわるのだろうか。

水手イコール海人の例は『応神紀』に「淡路の御原《みはら》の海人八十人を喚《め》して水手として、吉備《きび》に送《つかわ》す」（二二年条）とある。応神天皇の妃兄媛《えひめ》が、吉備の父母恋しと訴えたので、淡路の三原郡の海人八十人をして故郷に里帰りせしめたという。大鷦鷯尊《おおさざきのみこと》（仁徳天皇）が屯田《みた》の件につき、韓国《からくに》にいる吾子籠《あごこ》を召還するため、「淡路の海人八十を差《つかわ》して水手とす」（仁徳天皇即位前紀）ともある。二例とも、送迎は一人であるが、船は一艘とはかぎらないだろう。前記の『万葉集』のように「八十梶」とあるのをみると、具体的な数字というより多数の意でもある。

淡路の水手は「野島《のしま》の海人」「御原《みはら》の海人」とうたわれているように、大和王権直属の漕ぎ手集団であった。淡路の水手はその後も江戸時代まで水軍・海賊・舟手としてしばしば登場する。地理的に都に近いことや、紀淡・鳴戸・明石などの海峡をのりきる操船技術や潮流の読みの熟練ぶりが信頼されるからである。

時代はまったくかけ離れるが、幕末、日米修好通商条約批准《ひじゅん》書交換のため太平洋を渡った、艦長勝海舟の咸臨丸《かんりんまる》の乗組員は、塩飽島（香川県、瀬戸大橋の海峡の島々）の伝統的水手が中心であった。その経験は鎖国時代でも、太平洋横断に役立つと期待されたからである。水手の動員編成ができない領主は、水軍力をもちえない。

5　船——天《あめ》の下の要用《むねつもの》

神話とはいえ、海上交通のさかんなようすは現実のものであったにちがいない。船はその重要な交通手段ゆえ、船の製造の技術と航海術、それにともなう資材の問題などの究明がなされなければなるまい。

記紀には、葦船・浮宝《うきたから》・無目堅間小船《まなしかたまのこぶね》・天鳥船《あめのとりふね》・鳥磐櫲樟船《とりのいわくすぶね》・熊野諸手船《くまのもろたぶね》・蘿摩庫船《かがみのふね》などと呼称される船が登場する。

創世の神々の中で、伊奘諾尊《いざなぎのみこと》・伊奘冉尊《いざなみのみこと》二柱がオノゴロ島（淡路沼島《ぬしま》・瀬戸内海の家島《いえしま》・友ケ島諸島の沖ノ島など諸説あり）を造成し、そこで国生みの「みとのまぐはひ」（為夫婦）をして、水蛭子《ひるこ》（蛭児）を生む。すなわち葦の船にのせて流したという。葦船が、船としての初見である。紀の中で一書には、天磐櫲樟船《あめのいわくすふね》にのせて風のまにまに放ち捨てたとある。

この船は鳥磐櫲樟船・鳥之石楠船神《とりのいわくすふねのかみ》・天鳥船と同義である。鳥は海上を自由に飛べるので、交通の手段に冠せられ、磐は堅固な意、櫲樟はクスノキ、大木となるので造船の材料として使われた。大木をくり抜いた丸木船であって、弥生時代から古墳時代（紀元前三世紀－紀元七世紀）にかけて、日本の中部から関西にかけて発見されている（清水潤三著『日本古代の船』など）。磐という語は、堅固という形容ばかりでなく、現存の岩船信仰のように、神が石の船にのって来る観念の意味もあるといわれる。

浮宝は船の一般名称である。「杉及び櫲樟この両の樹は、以て浮宝」とある。蘿摩《かがみ》の船は、「波の穂のより、天の蘿摩船にのりて」（記）とあるが、蘿摩はガガイモのことで、この実を割ると小舟の形に似ているので、カガミ船といった（岩波・日本古典文学大系『日本書紀』上・補注）。桃太郎の桃・瓜子姫の瓜と同じ性質のものである。

天の鳥船は熊野の諸手船・天の鴿船《はとぶね》と同じ意味である。鳥は空をとぶ、諸手は両手で漕ぐ、鴿（ハ・ト）は早いをあらわし、軽快な船と考えてもよかろうか。島根県美保関《みほせき》町の美保神社の諸手船神事に、その名残りがみられる。

鳥は航海のときの陸地を知るために役立たせるという実用的な意味もあるが、霊魂を他界につれてゆくという観念があり、世界共通の意味があるようである。日本武尊の白鳥伝説もそのたぐいかもしれない。

天はアメ（アマ）＝海であり、「水天彷彿《ほうふつ》」の考えから、「外国」「水平線の彼方」という意味がある。無目堅間小船《まなしかたまのこぶね》（無目籠《まなしかご》）は、目がつんでいる籠船で、西村真次博士によると、牛糞とヤシの油を目に塗りこんで、漏水を防ぎ、二、三人乗りの軽舟を作る実例が東南アジアにあったとのことである。

(1)枯野《からの》船──軽《かる》野船

崇神《すじん》天皇一四年、伊豆より大船を貢納す、と『皇年代紀』に、最古の造船記事がみられる。伊豆・駿河は古くから船舶の供給地であった。同一七年秋、崇神天皇は詔《みことのり》して、

「船は天下にとって大切なものである。いま海辺の民は、船がなくて、はなはだ運搬に苦しんでいる。そこで諸国に命じて、船舶をつくらせるように」

と仰せられた。

応神天皇、五年冬一〇月、

「伊豆国に科《ふれおほ》して、長さ十丈（約三〇メートル）の船を造らせた。船ができあがり、試みに海に浮かべたところ、軽く浮かんで、船脚は、馳《はし》るように速かった。そこで、その船を名づけて枯野といった」

（船が軽く速く走ることによって、枯野と名づけるのは、意義をとりちがえている。もしかしたら軽野といったものを、後人が託《なま》ったものかも知れない）（『応神紀』）

という記事が見える。

応神天皇、三一年八月、天皇は群卿に詔して、

「官船で、枯野と名づけているのは、伊豆国から貢上した船である。この船は、朽ちてしまって用に堪えなくなった。しかし、久しく官用として、その功は忘れるべきではない。いかにしてその船の名を絶やさないで、後世に伝えることができるだろうか」

と仰せられた。群卿は、詔をうけて、有司に命じ、その船の材を取って、薪として塩を焼かせた。

そこで五〇〇籠の塩を得た。そしてあまねく諸国に施し賜い、そうして船を造らせた。こうして諸国から一時に五〇〇艘が貢上された。そのすべてが武庫水門《むこのみなと》（尼崎市・西宮市武庫川河口）に集まった。

このときにあたって、新羅の調の使が武庫に宿泊していた。ところが新羅の宿泊所で突然の失火があって、それが延焼して、集まっていた船に及び、そのため多くの船が焼けてしまった。そこで新羅人を責めた。

新羅の王が、これを聞いて恐懼《きょうく》し、たいへん驚いて、ただちによい匠者《たくみ》（木工技術者）を貢上した。これが猪名部《いなべ》らの始祖である。

前に枯野の船を、塩の薪にして焼いた日に、燃えのこりがあった。そこでその燃えないのを不思議に思って献上した。天皇は珍しがられて、琴に作らせた。その音は、さやかであって遠くまで聞こえた。天皇は歌を詠まれた。

枯野を　塩に焼き　其が余　琴に作り　掻き弾くや　由良の門の　門中の海石に　触れ立つ

なづの木のさやさや

（枯野舟を塩焼きの材として焼き、その余りを琴に作って掻き鳴らすと、由良の瀬戸の海石に触れて生えているナヅノキの［潮にうたれて鳴る］ように大きな音で鳴ることだ）

「枯野《からの》」は宛字で、カラは軽を意味するのであり、ノは去（ヌ）の転訛で、速く走るの意であるから、日本書紀の作者は、枯野と名づけるのは、本来の意味をとりちがえている、とコメントしているのである。

あるいは地名による名か、ともいう。

伊豆と造船について、永岡治の『伊豆水軍物語』に次のような指摘がある。

崇神天皇のとき、大船貢納の伊豆造船地は、賀茂群西伊豆町の仁科《にしな》港のほとりであった、という伝承があり、同港の近くの鍛冶屋浜は、造船工事にたずさわった製鉄工たちが、住んだ場所だということである。

枯野に関しては、田方群天城湯ケ島町松ケ瀬の軽野神社付近が、その跡とされている。同神社は、延喜式にもみえる古社で、周辺には楠田・大木橋・船原などの地名があり、造船に深い関係をもっていたことを示している。天城山麓の狩野川《かのがわ》上流の湯ケ島町は、昔は狩野《かのう》と呼ばれた地域で、枯野《からの》——軽野《かるの》——狩野《かのう》と転訛したといわれる。中世伊豆の代表的武士団狩野氏は、狩野川流域を中心に、河口の駿河湾沿岸に勢力をもった、水軍豪族である。

軽野・狩野という地名は、全国に散在するが、そのほとんどが船材切り出しに関係した土地であるそうである。

「足柄山」の地名も、「此山の杉の木をとりて舟につくるに、あしの軽き事、他の材にて作れる舟に

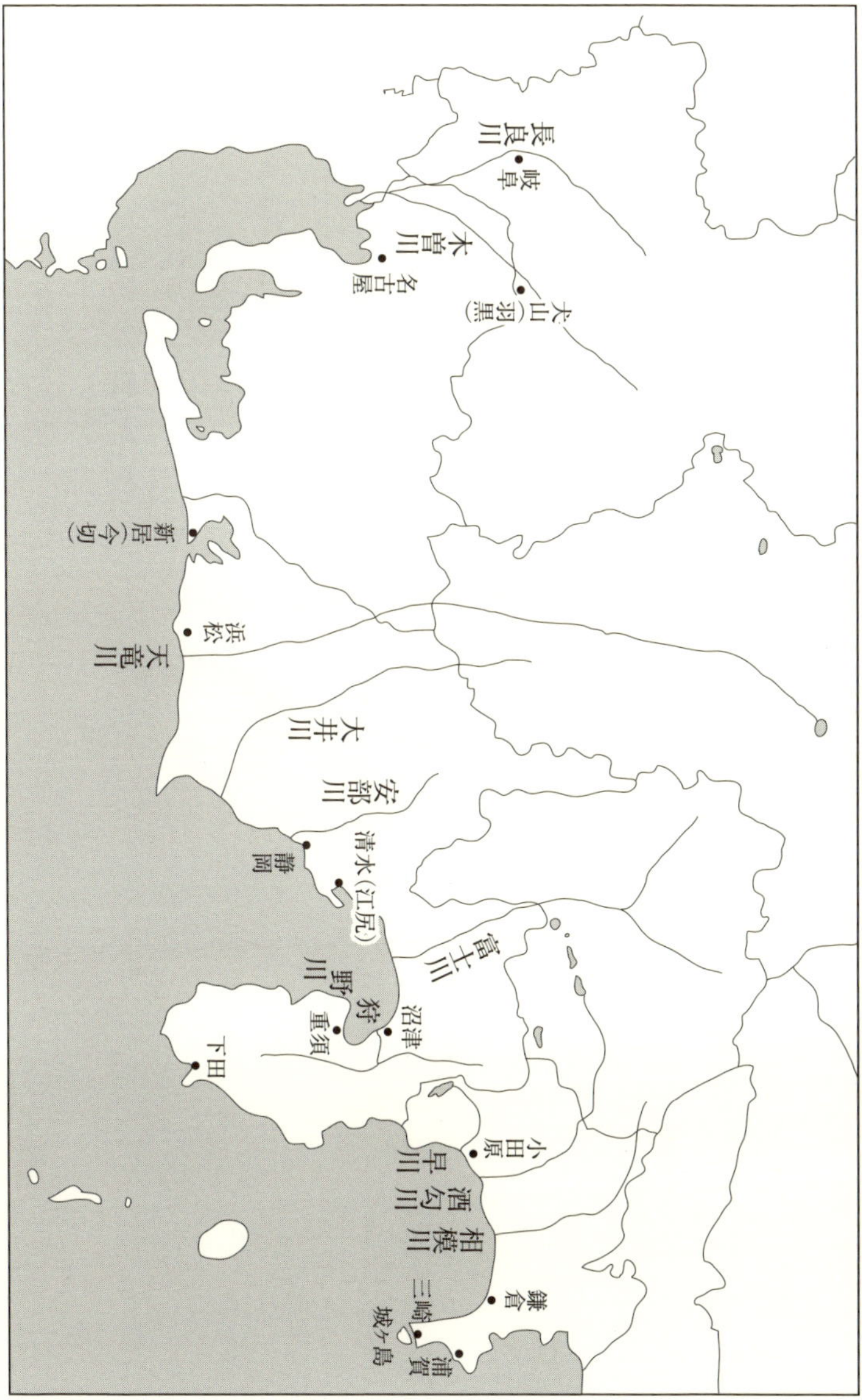

図5・東海道沿岸（拙著『日本中世水軍の研究』より）

ことなり、よりてあしからの山と付たり」（『相模国風土記』）と、造船と結びついた説があり、『万葉集』にもうたわれている。

鳥総《とふさ》立て　足柄山に　船木伐り
　樹に伐り行きつ　あたら船伐を（巻第三）

（切株の上にトブサをさして山の神に祈り、足柄山で、舟木を伐って、ただの木に伐っていった。惜しい舟木なのに。トブサは枝葉の茂った木末《こずえ》）

とあり、伊豆から足柄山一帯が、船材の伐り出し地として、昔から知られていたことがよくわかる。船材や船舶が狩野川を、重要な輸送の動脈として、駿河湾と結びついていたことを想定することができよう。

大伴家持《おおとものやかもち》の詠んだ歌がある。

防人の　堀江漕《こ》ぎ出る　伊豆手船
　舟揖《かじ》取る間なく　恋は繁けむ（巻二十）

（防人が堀江を漕ぎ出る伊豆手船の、梶を取る間もないように、絶えず故郷が恋しかろう）

堀江漕ぐ　伊豆手の船の　揖つくめ
　音しば立ちぬ　水脈《みなみ》早みかも（巻二十）

（堀江を漕ぐ伊豆手船が、擢を用心してあまりおろさないのでその音が、たびたびとぎれたことだ。水脈が激しく

流れているからか）

「伊豆手船」を漕ぐ「伊豆手」は、防人《さきもり》の水軍兵士であろう。伊豆で造られた船を漕ぐから伊豆手というのか、伊豆の水軍兵士ゆえそういうのか、定かではないが、伊豆と造船の深い関係が、古代から都人に意識されていたことは確かな事実である。

ただ、枯野—軽野—早い船—伊豆—造船という特別なつながりに対し、次のような説もある。

『古事記』仁徳天皇条に「枯野という船」の項がある。

「和泉国にある免寸河《とのきがわ》の西に一本の高い木が生えていた。その木の高いことは、朝日にあたると影が淡路島まで及び、夕日にあたると、河内国の高安山を越えるほどであった。

そこでこの木を伐って船を造ったところ、非常に速く走る船になった。当時その船を名づけて、枯野といった。この船を使って、朝夕、淡路島の清水を汲んできて、天皇の御飲料水を献上していた」

この船がこわれ、廃材で塩を焼き、焼け残った木で琴を作らせた云々、という以下のくだりは、冒頭の『応神紀』と同じである。

茂在《もざい》寅男氏は、カラヌ、カヌー、カルノの音感の比較から、枯野や軽野をあて字として、カヌー、カノー、という言葉を発音させようとしていたのだと解釈はできないか、と問題をなげかけている。

茂在氏流の発想にはほかにも同じような転訛がなければ、カヌー説は単なる思いつきになりかねない。

茂在氏は、ほかにマナシカタマオフネ（無目堅間小舟）は、カタマラン（インドのタミール語を語源とするポリネシア語「筏《いかだ》」、カヌーを二隻並べてしばりつけた双胴船）からではないか、と南方系の影響によるものと考えている。

そうすると、その伝来ルートは直接黒潮にのった地域が、南方系古語の影響を受けているから、軽野―枯野―造船の共通した条件を備えているにちがいない。茂在氏は、「カノーの里」・「カノー山」を、『常陸風土記』にもみられることを指摘している。

香島郡の項に、「軽野の里」が出てくる。軽野の東の大海の浜辺に、長さ一五丈（約四五メートル）、幅一丈（三・三メートル）の大船が流れ着き、朽ちくずれて砂に埋もれ、今にのこっていた。朝廷は、統治下に入っていない東北地方の探険調査団を派遣するため、陸奥石城《いわき》郡（福島県）の船造に命じて、大船をつくらせた、その船であるという。

軽野の里は、『和名抄』に郷名としてみえ、神栖《かみす》村神池を含む、若松の浜にいたる一帯である。若松の浦は、鹿島半島の南端、利根川の河口地、常陸と下総の両国の境の安是《あぜ》の湖があるところである。神《こう》の池《いけ》を軽野池ともいった。この池は、鹿島臨海工業地帯の真中にあったが、一部は、その後鹿島港の南航路ドックになり、他の一部は、神の池緑地地区となり、軽野の地名は安易な地名変更の犠牲となり、軽野小学校の校名にその名をわずかにとどめているとのことである。

ノーは、サンスクリットの「ノウ」（NOV）からきているのではないかという西村真次の説がある。ノウは船の意で、軽ノウは、「軽くうきて疾《と》く行くこと馳するが如くなりき」、軽く走る船という合成語になりうる、との茂在氏の紹介である。

この語はインド、ヨーロッパ語に広く伝播した言葉で、スペイン語で「ナオ」（NAO ＝ Ship, Vessel）、「ナブ」（NAV ＝ navigation）と変化し、ポルトガル語で「ナウ」（NAU）で船・帆船の意味になる。フランス語の「ナーヴ」（NAVE）が船、イタリア語もまったく同じで、英語は「ノーティカル」（NAUTICAL）が「航海の」、「ネーヴァル」（NAVAL）が「海軍の」、「ナヴィゲーション」（NAVIGASION）

が「航海術」、ドイツ語「ナウティク」（NAUTIK＝航海術）などの同族語としての共通性をもつという。

茂在氏は、「軽ノウ」（軽い船）であるならば、「カノー」の語の発生地は、サンスクリットを混ぜた、日本生まれの可能性も考えられようか、と大変示唆に富む、魅力的な考えを披露されている。

ただ、カノーとサンスクリット語源が、『古事記』・『日本書紀』の成立年代の八世紀初頭、さかのぼって仏教伝来の六世紀半頃に、地名化するほどの（まして伊豆や常陸の東国に）影響があったかとなると、はなはだ非現実的・非歴史的になってくる。

もっとも、否定するほどの論拠もない。船船（造船・航海）と、軽野・枯野・狩野地名伝承の偶然でない結びつきの深さがあることだけをコメントしておくにとどめる。

⑵ 造船技術

現在発見される古代の船の原初的形態は、丸木舟である。楠のような大木が加工され、そのまま舟になる。

それが、一〇丈、一五丈という大船ともなれば、船底のみが丸木で、これに外板をつけた準構造船に変化してきたことであろう。『応神紀』の「軽野舟」、『常陸風土記』の陸奥石城で造った大船などは、それである。

『仁徳紀』六二年条には大井川の流木を「南海より運《めぐ》らして、難波津に将来《ひききた》りて以て御船に宛つ」、『履中紀』三年条に天皇が「両枝《ふたまた》船を磐余市磯《いわれのいちしの》池に泛《うか》べて、皇妃と各分れ乗りて遊宴《あそび》たまう」とある。

その技術は、武庫の港の船が、新羅使からの失火で焼失したとき、新羅王がその償いとして「良き匠者《たくみ》」を派遣した、そしてその子孫が猪名部《いなべ》となった（『応神紀』）、とあるように、渡来人系の人々のもたらすものであったろう。

宮崎県西都原《さいとばる》古墳出土のハニワ船と、よく似た船型出土品が韓国ソウル博物館にあり、ともに五～六世紀のものといわれており、新羅の造船技術導入の裏づけとなっている。

子孫の猪名部氏は、伊勢に移り、その地が員部《いなべ》郡の地名起源となり、伊勢造船の基礎をなしたといわれる。

韋那部真根《いなべのまね》という木工が、石を台にして終日斧で材木を削って、少しも刃を傷つけることがなかった。雄略天皇は自信たっぷりな真根の態度に腹を立て、試しに采女《うねめ》（女官）たちをふんどしのみの裸にさせて、真根の作業している前ですもうをとらせた。さすがの真根も手許が狂い、刃を傷つけてしまった。天皇はその失態を責め、物部氏に預けて殺させようとした。仲間の匠は、助命の歌を詠んだ。

あたらしき　韋那部《いなべ》の工匠《たくみ》　懸けし墨縄其が無けば　誰か懸けむよ　あたら墨縄

（もったいない、韋那部の工匠の使った墨縄よ、かれがいなかったら誰が懸けよう、もったいないあの墨縄よ）

そこで天皇は、もう少しのところで人材を失うところであった、と後悔された（『雄略紀』一三年九月条）、という話がある。猪名部民の技術の高さを物語っている。

六世紀、仏教伝来のときの欽明天皇王朝時代は、文物の交流がさかんになり、使者の往来もいちじるしくなってくる。使節往来には、かならず当時の最先端技術およびその製品・特産物がもたらされる。

七年春正月、（百済使に）賜うに良馬七十四、船一十隻、

十四年六月、内臣を遣わして百済に使せしむ、良馬二匹、同船《はしふね》二隻、

同七月には、蘇我稲目《そがのいなめ》が勅を奉じ、王辰爾《おうじんに》を派遣して、船の賦《みつき》（船に関する税）を数え記録させた。王辰爾は船の長となり、よって姓を賜わり船史《ふねのふびと》といって、船の連《むらじ》の祖となったとある。王辰爾の祖は、百済の貴須王の子孫で、代々、応神・仁徳朝に仕えてきた、と墓誌銘の記すところだが、これは西文《かわちのふみ》氏の王仁《わに》の伝えをまねて構成した祖先伝説で、辰爾は欽明朝の頃渡来した人物のようである。おそらく船にかかわる特殊能力の専門家であったろう。

推古天皇二六年には「河辺臣《かわべのおみ》」を安芸国に派遣し「舶《つむ》」を造らしむとあり、斉明天皇六年には「駿河国に勅して船を造らしむ」など、朝命による諸国造船記事がみられる。地方ごとに、その特徴をあらわす船の名が和歌にも登場してくる。『万葉集』に、

浦回《うらみ》こぐ熊野舟つき珍しく
　かけて思はぬ　月も日もなし（巻十二）
（浦を漕ぎゆく熊野舟が着いて珍しいようにいとしく思わぬ月も日もない）
島隠《しまがく》り吾がこぎ来れば乏《とも》しかも
　大和へのぼる真熊野の船（巻六）
（島陰をわたしが漕いで来ると羨ましいなあ大和の方へ上ってゆくよ熊野の船が）

とうたわれているが、他の船と識別できる特殊な外形をもつ船だろうか。熊野と深い関係があったらしいことは、この地にも造船技術や操船技術の発達のあったことをうかがわせる。

その背景には、対朝鮮半島との関係がある。仏教伝来が物語るように、日本は百済との外交関係が親密である。対新羅・高句麗から、百済はしばしば救援を求めてきている。

⑶船材――クス

紀氏は朝鮮経営に大和朝廷を支えた雄族であるが、その背景には紀伊を本拠に瀬戸内海航路を掌握し、沿岸部の諸豪族と提携した強力な水軍があったことは、よく知られているところである。

紀氏が船材であるクス（楠）の造船技術と航海技術を有し、一族がクスと造船地の分布に関係していたことなどが指摘されている。*

航海と林業の複合技術文化を人間集団がもってくると、やがてその民族の植民・拓殖・開発・航海・通商において、一貫した経済・政治地理学的なパターンをもつという。それらは、航海・林業さらに農業・冶金《やきん》との複合技術へと発展する。

川上から木材を流し河口で造船する。水軍の戦闘者は、中下流の耕地農民の支配者であり、航海者は漁撈を主とする海人である。造船者集団は猪名部《いなべ》のように、特別な技術集団をつくっていた。

釘や鉄材の生産は木材というエネルギー源による。製鉄のための水流による選鉱、タタラ吹き、などのような条件をもった権力者が、強力な水軍を所有する。紀ノ川・有田川・日高川・日置川・熊野川などの紀伊一帯、宮川の伊勢などをみても、そのような条件はあてはまる。その地が外洋に面していれば、優れた航海術によって各地に飛躍することができた。時の権力と結びつき機構の一部となれ

＊　岸俊男『日本古代政治史研究』塙書房、1966 年。

ば、その集団は王朝水軍となる。

古墳時代の大型刳船《くりぶね》の船材がクスであること、その建造地は、紀伊・駿河・遠江・丹波・播磨・備中・安芸・周防・伊予などであること、つまり造船とクスとの関係は、瀬戸内海航路と深いつながりがあること、紀氏の同族がこれらの各地にかかわることなどは、その典型例である。

『日本書紀』に「杉及び櫲樟《くす》、この両《ふたつ》の樹は、以て浮宝とすべし」（神代上・第五・一書）とあるように、杉か楠が多い。古墳時代の構造船はだいたいクスを使っている。日本水軍の育つところをみると、クスの繁茂地をひかえた内海にのぞむ地域であり、外洋の黒潮に沿った温暖な地域である。

長門国船木庄は、神功皇后が外征におもむいたとき、この地でクスで造船したという伝承がある。長さ十余丈（約三〇メートル）、太さ一〇抱えばかりの巨木で造ったので、たいへん強かった。中国ではこれを鉄刀木《てつりき》といったという。*

＊　邦光史郎『物語・海の日本史』講談社、1987年。

第2章　王朝時代の水軍

1　日本と朝鮮半島の関係

四世紀、朝鮮半島北部に高句麗《こうくり》、南西部に百済《くだら》、南東部に新羅《しらぎ》、南端部に弁韓《べんかん》（日本の植民地化）がそれぞれ地域ごとに統治支配した。

日本は三六六年、百済と国交を結び、三六九年には百済の要請で新羅侵攻の兵を起こし、比自㶱《ひじほ》・卓淳《とくじゅん》・加羅《から》など七国をおさえ、百済の朝貢と任那《みまな》の成立を確保した。石上神宮《いそのかみじんぐう》（奈良県天理市）の七支《しちし》刀《とう》は、百済王が日本への報恩として三七二年に朝廷に献上したものといわれる。

三九一年には高句麗と戦った（好太王碑文）。三九六年、高句麗王は水軍を率いて百済を攻め、南朝鮮にその威力を示した。四〇四年には日本が平壌近くまで侵攻したが「潰敗、斬殺無数」という惨敗を喫した。

この頃は応神朝に比定されるが、統一確立のために朝鮮や大陸文化の先進技術・資源の導入・獲得の必要があった。＊1

「国（弁辰・半島以西、洛東江南部）、鉄を出す」（『魏志《ぎし》韓伝』弁辰条）とあり、韓《から》（大加羅、倭人伝の狗邪韓国《くやかんこく》）・濊《わい》・倭《わ》みな従ってこれを取る、とあり、鉄資源が求められた。＊2 崇神《すじん》天皇の代、意富加羅《おおから》国（大加羅）

＊1　井上光貞『神話から歴史へ』［日本の歴史1］中公文庫、1973年、＊2　尾畑喜一郎「海部の民」『古代の日本（二）』、角川書店、1970年。

の都怒我阿羅斯等《つぬかあらしと》王子は、敦賀《つるが》の筍飯（気比）浦に来着した。王子の額に角があったので、この地を角鹿《つぬが》（敦賀）と称するようになったという伝承がある。資源・技術の海上ルートによる移入を推測せしむる。

百済との国交後、斯摩《しま》*の宿禰《すくね》を通して、肖古王から鉄鋌《ねりがね》（延板）・七支刀が贈られたが「山の鉄を取りて、以て永《ひたぶる》に聖朝に奉るべし」（『神功紀』四六年）とメッセージが伝えられた。四世紀末の応神朝のさかんな出兵は、国内での鉄の需要との相関があろう。応神・仁徳・履中陵（誉田《ほんだ》古墳群・百舌鳥《もず》古墳群・七観山・ウワナベ古墳など）から武器・農具などの鉄製品が多く出土する。

採鉱・冶金は海の彼方からのものであるかぎり、王朝は航海技術者としての海人族を組織的に確保する必要があり、かれらの協力・貢献は軍事上のそれよりも大きな意義をもったであろう。

百済問題

五世紀は『宋書《そうじょ》』にみられるように「倭の五王」の時代である。「使持節都督倭《しじせつととくわ》・新羅・任那《みまな》・加羅・秦韓《しんかん》・慕韓《ぼかん》六国諸軍事安東大将軍倭王」（雄略天皇か）とみずから名のる日本王の意気ごみがうかがわれよう。

六世紀に入ると日本の南朝鮮支配は後退し、任那の日本からの自立、百済の任那侵略、百済への任那四県の割譲（『継体紀』六年）等々、そのため任那諸国から不信を買った。任那北部の代表勢力の伴《は》跛《ひ》国は自立化し、日本は物部至至連《もののべちちのみらじ》に五〇〇艘の軍を与え、これをおさえるべく派遣したが、帯沙《たさ》江《え》（蟾津江《イムジンガン》）の伴跛軍に敵対できなかった（同九年条）。

この間新羅は実力をたくわえ、百済と対抗できるまでになった。法興王は国家体制を整え任那を侵

＊　斯麻…隅田八幡宮人物画像鏡銘に見える鏡の製作者。百済武寧王（斯麻王）墓買地券に「斯麻王・年六十二歳」の刻文あり。

攻しはじめた。日本の任那支配の中軸国加羅は新羅と婚を通じ、日本の衝撃と怒りは大きかった。五二七年、近江毛野臣《おうみけぬのおみ》は衆六万をひきいて発向した。筑紫国造磐井《つくしのくにのみやつこいわい》は新羅に通じ進軍を妨げるため反乱を起した（磐井の乱）が、物部麁鹿火《もののべのあらかび》・大伴金村《おおとものかなむら》らによって鎮圧された。任那に渡海しても百済・新羅の対決は解決できず失敗した。

百済は対新羅の都合上日本への接近を示しはじめた。五三八（または五五二）年、百済の聖明王《せいめいおう》から仏像・経典などが贈られ仏教伝来のきっかけとなったのは、このような事情があった。五五四―六年にかけて兵一千・馬一〇〇疋・船四〇艘をひきいて、筑紫《つくし》の軍兵が先頭に立ち新羅と激戦を交え、聖明王も戦死した。王子恵《けい》に筑紫火君《つくしひのきみ》らの援軍を副《そ》えて百済に派遣したが成功せず、六年後五六二年、百済の栄光は回復にいたらず、任那の日本府は孤立し滅亡した。

＊筑紫火君《つくしひのきみ》は、永河流域肥後国八代《やつしろ》郡肥伊《ひい》郷を本拠とした。この地は古代の船の材料クスの産地である。磐井の乱の討伐に貢献、乱後は糸島・松浦に進出し、外洋への拠点をつくりあげていった。一族には百済との外交交渉に活躍した日羅《にちら》がいる。

朝鮮経営の失敗は大伴・物部氏らの勢力後退を促がし、かわって蘇我氏が台頭し、外交財政・閨閥関係によって政治の実権を掌握した。

任那復興の運動はその後も続けられ、五九一年、紀男麻呂《きのおまろ》らを大将軍として、氏々の臣連の者を副将・隊長として二万余を動員、派遣した。蘇我氏による崇峻《すしゅん》天皇暗殺事件のため計画は立ち消えになったが、動員力が王権によって掌握されていったことは、次の段階の白村江の戦のステップとなってゆく。新羅は三国中弱小であったが、しばしば唐に援軍を乞い、ついに六六〇年百済を滅ぼした。六六一年以後唐と連合して高句麗と戦い、内紛に乗じて六六八年、これを滅した。唐による服属化を排

＊　井上辰雄『火の国』学生社、1970年。

除し、独立王朝の基礎を固めた。

2　白村江《はくすきのえ》の戦——みいくさやぶれぬ

(1)百済救援軍

六六〇年、百済の首都泗批《しひ（サピ）》（扶余《ふよ》）は、唐蘇定方将軍のひきいる水陸軍、新羅軍によって攻め落とされ、義慈王は捕えられ長安に連行されて王朝は滅んだ。遺臣の鬼室福信《クイシルボクシン》らはその後も各地に挙兵し、再興の努力を続けた。

日本に援軍要請と同時に、人質として滞在していた豊璋王子を王として擁立するため帰国を求めた。

斉明女帝と中大兄皇子は要請に応えるとともに、兵仗・五穀などを副えて、豊璋を帰国させた。朝廷最高位の織冠を援与し、多臣蔣敷《おおのおみこもしき》の妹を妻にめあわし、狭井連檳榔《さいのむらじあじまな》、秦造田来津《はたのみやつこたくつ》ら五千余に護送を命じた。福信らに迎えられ、百済王としての国政全権を委任された。

六六二年、大将軍大錦中阿曇比羅夫らは船団一七〇艘を率いて渡海、王位就任式に参列した。

六六一（斉明天皇七）年正月、女帝・皇子らの船団は難波を出航、瀬戸内海を西に向かった。大伯海《おおくのうみ》（岡山県邑久郡《おおく》）——伊予熟田津《にぎたつ》（松山市）の石湯《いわゆ》の行宮《かりみや》を経て、「娜《な》の大津」（博多）にいたり、磐瀬《いわせ》の行宮を営み、さらに朝倉橘広庭宮《あさくらのたちばなのひろにわのみや》に移った。六八歳の斉明女帝には心身ともに労多く、出征準備中の同年七月、同宮にて崩じられた。

女帝一行は二ヵ月余、熟田津に滞在した。額田王《ぬかだのおおきみ》もこの中にいた。

にぎたつに船乗りせむと月待てば
　潮もかないぬ　今はこぎいでな

『万葉集』のこの歌は、この期間伊予そのほか地方豪族軍を結集し、渡海準備をしたときのこととみるべきであろう。船遊びの悠長な雰囲気をうたったのではなく、軍の出発にあたって詠まれた神事の一つではなかったか、といわれている。額田王は、中大兄皇子の夫人であると同時に、宮廷祭祀や種々の神事にたずさわった、巫女的性格をもった人物であるともいえる（『愛媛県史』古代Ⅱ・中世）。

景行・仲哀・聖徳・舒明・斉明・中大兄の四天皇・二皇子の熟田津への来湯行幸は、外敵に対する一種の戦略的意義をもっていたらしい。対外基地の役割を果たしていたものであろう。

この船団の最初の寄港地、大伯海と熟田津までにいたる間では、中大兄皇子が、備中国下道《しもつみち》郡邇《に》磨郷《まのごう》（岡山県吉備郡真備町上二万、下二万）付近で兵士を集めたことが『備中国風土記』逸文にみえる。

斉明天皇亡きあとをついだ中大兄皇子は即位の暇もなく、称制として、長津宮《（椰津）》に移って対外政務を執った。その年八月、前将軍大花下阿曇比羅夫連《だいかげあずみのひらふむらじ》・小花下河辺百枝臣《かわべのももえのおみ》ら、後将軍大花下阿倍引田比羅夫臣《あべのひけたのひらふのおみ》・大山上物部連熊《だいせんじょうもののべのむらじくま》・大山上守君大石《もりのきみおおいわ》らに兵杖・五穀を給して、百済救援軍を編成した。

百済軍の鬼室福信・道琛《どうちん》らは、熊津《ゆうしん》城（熊津都督府）を包囲するなど、優勢に軍をすすめたが、唐の劉仁軌《りゅうじんき》将軍のひきいる救援軍に敗れ、さらに立てこもった真峴《しんけん》城も攻略され、その結果、唐—新羅の連絡は容易となった。

攻撃軍の劉仁願《りゅうじんかん》将軍は、唐本国に増援部隊の派遣を要請、一挙に百済残存勢力を潰滅しようとはかった。高宗は、兵七千を孫仁師将軍に与え、海上から百済へ向かわせた。

翌二（六六三）年、日本は前将軍に、上毛野君稚子《かみつけのきみわかこ》・間人遠大蓋《はしひとのむらじおおふた》、中将軍に、巨勢神前臣訳語《こせのかんさきのおみおさ》・三輪君根麻呂《みわのきみねまろ》、後将軍に、阿倍引田臣比羅夫《あべのひけたのおみひらふ》・大宅臣鎌柄《おおやけのおみかまつか》らをして、前中後三団二万七千の兵をひきいさせ、直接新羅を討たせた。

阿倍比羅夫は、前年三月に発遣されており、重複しているかのようにみえるが、このときの本軍は発遣されず、翌年再編されたもののようである。

豊璋の百済帰還は、百済軍にとって不幸な結果をもたらした。軍事上の実力者鬼室福信と、豊璋との確執・不和である。豊璋の地位は「王豊璋」と『天智紀』にはみえる。義慈王の後継実力者としての地位を自他ともに認めていた福信は、また百済回復のための中心人物であったため、次第に王さえ眼中におかなくなった。

「福信凶暴、残虐過《す》ぐること甚《はなは》だし、余豊（豊璋）猜疑《さいぎ》す、外合内離することを」（『旧唐書《くとうじょ》』劉仁軌伝）、と福信の横暴さと、裏切りへの警戒が述べられており、「福信、その兵権を専《もっぱ》らにし、扶余豊と漸《ようや》く相猜式《さいしき》す」（『百済伝』）と、険悪な状態となり、ついに「王豊璋、福信が謀反《しきみかたぶ》くる心あるを疑いて、革をもちて、掌《たなうら》を穿《うが》ち縛《ゆわ》う」（『天智紀』）と、疑心暗鬼の最悪の場面を招いた。

豊璋は自分で処断できず、迷いの挙句、諸臣に「福信の罪はこれこのとおりだ。斬るべきかいなか」と尋ねた。達率《だちそち》（二位の官名）徳執得《とくしゅうとく》が「このような悪逆人は放っておくべきではない」とののしった。福信は執得に唾をはきかけて「腐狗癡奴《くちいぬのかたくなやっこ》」（この腐れ犬めが）、とののしりかえしたが、すでにいかんともしがたく、腕力のすぐれた兵士らによっておさえつけられ、首を斬られた。首は醢《すし》（塩・酢漬け）

錦江（白馬江）落花岩
（下流河口が白村江）

にされた。

前将軍上毛野君稚子《わかこ》らは、新羅の沙鼻岐奴江《さびきぬえ》の二つの城を占領するなどの活躍を見せていただけに、福信の処刑は、新羅にとっては大変な朗報であった。

秋八月、新羅は、百済王がみずから、良将を斬ったことを知り、すかさず百済に入り、まず百済遺臣の根拠地州柔《つぬ》城（周留城）を攻め落とそうとはかった。豊璋はこの計画を察知し、将軍たちに、「大日本国の救援軍の将軍、廬《い》（庵《お》）原君臣《はらのきみおみ》が、万余の勇士を率いていまにも海を越えてやって来るとのことだ。将軍たちはあらかじめ計略を立てておくがよい。自分は自身で白村《はくすき》（錦江河口付近）までゆき、そこで救援軍を迎えることとする」といった。

四日後、新羅軍は州柔城を包囲した。唐軍は、劉仁軌・杜爽《とそう》・扶余隆《ふよりゅう》らの水軍の将が「戦船一百七十艘」を率いて、白村江に布陣した。

白村江《はくすきのえ》は、泗批《サビ》城（半月城）や熊津城に通ずる重要な動脈である。沿岸部は、州柔城からの出城を構築していた福信や道琛《どうちん》らが、劉仁願将軍救援に赴く劉仁軌将軍に、はげしい攻撃を浴びせたところである。州柔城の攻防は、白村江の支配と百済故地の制圧をかけた戦いであった。

⑵白村江の会戦

是において、仁師（孫仁師）・仁願（唐将劉仁願）、及び新羅文武王金法敏は陸軍を帥《ひき》いて進む。仁軌は別に杜爽・扶余隆を率い、水軍及び糧船を率いて、熊津江より白（村）江に往き、もって陸

2　白村江の戦

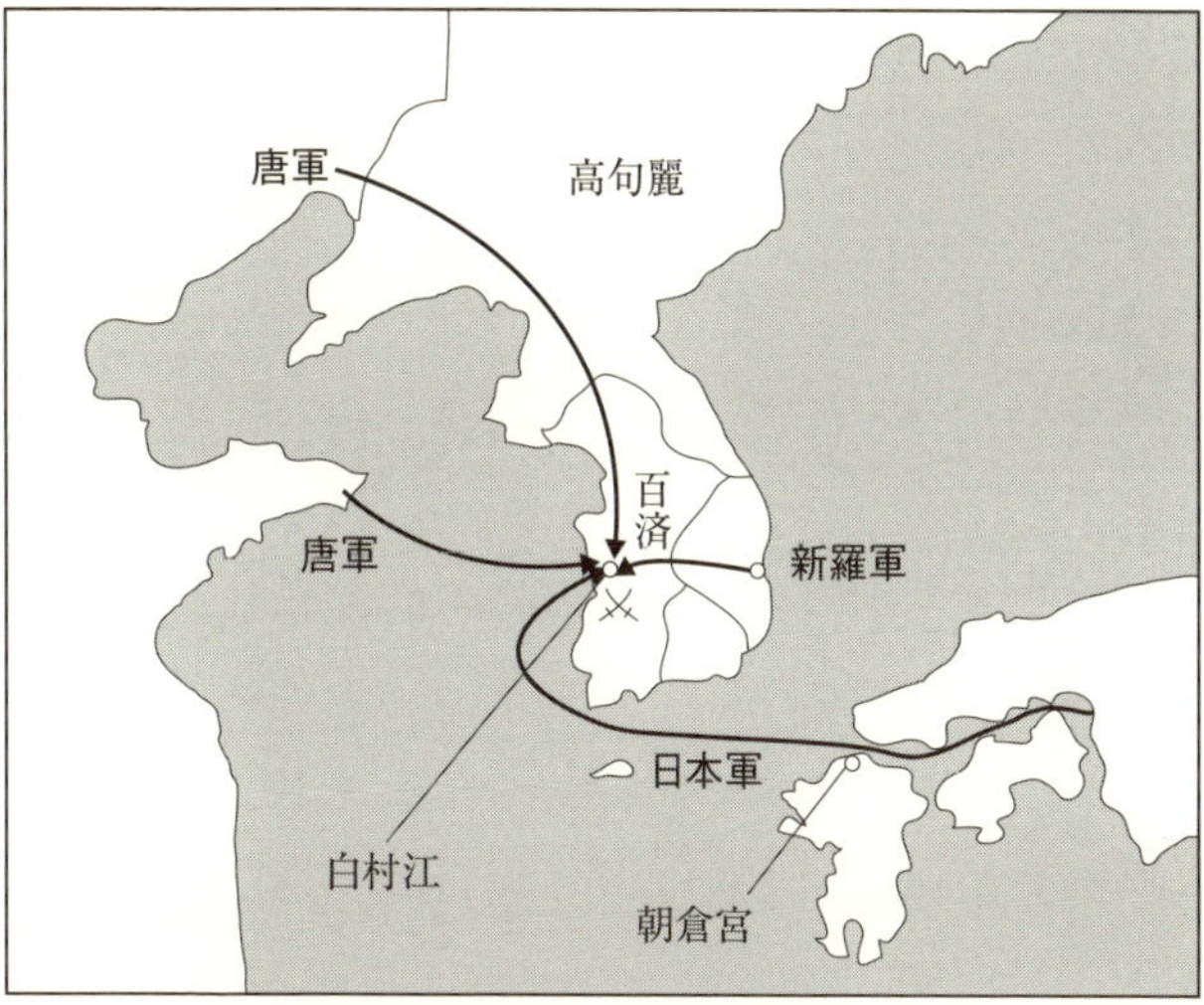

図6・朝鮮三国と日唐関係図

図7・白村江の戦関係図

軍と会し、同じに周留（州柔）城に赴く。

仁軌は倭兵に白江の口に遇《あ》い、四たび戦って捷《か》ち、その船四百艘を焚《や》く。煙焔《えんえん》天に漲《みなぎ》り、海水皆赤し。賊衆大いに潰《つい》え、余豊（豊璋）は、身を脱して走る（『旧唐書』劉仁軌伝）。

竜朔《りゅうさく》三（六六三）年に至り、総管孫仁師兵を領して来り、府城（熊津）を救う。新羅の兵馬も亦発して同征し、行きて周留城下に至る。

この時、倭国の兵船来り百済を助く。倭船千艘、停《とど》まりて白沙（江）に在り、百済の精騎岸上にて船を守る。新羅の驍騎《ぎょうき》（騎兵）、岸上にて船を守る。漢（唐）の先鋒となりてまず岸陣を破る。周留失敗して、遂に下る（『三国史記』新羅本紀第七、大唐総管薛仁貴《せつじんき》へ宛てた文武王の返書）。

日本側の記録（『日本書紀』天智紀）には、次のようにみえる。

賊将、州柔《つぬ》に至りて、その王城を繞《かく》む。大唐の軍将、戦船一百七十艘を率て、白村江に陣烈《つらな》れり。戊申に、日本の船師の初づ至る者と、大唐の船師と合ひ戦う。日本不利《ま》けて退く。大唐陣を堅めて守る。

とあり、白村江の両陣の緊張した場面が描かれている。日本の諸将と百済王豊璋は、このような軍機（気象）を充分見定めず、「我等先を争はば、彼自づからに退くべし」と大言壮語し、隊伍の不整備の中軍は唐の堅陣に突入した。唐軍は左右から日本水軍をはさみうちし、たちまちのうちに日本軍船を潰滅させた。

「須臾之際《ときのま》に、官軍敗続《みいくさやぶ》」れ、水中にとびこみ溺死するもの数知れず、舟は思うままに動かしえず、その惨敗ぶりは目をおおうばかりであった。

朴市田来津《えちのたくつ》将軍は、絶望のあまり、天を仰ぎうめいて、歯をくいしばって怒りにふるえ、数十人を道づれに壮烈な戦死をとげた。

豊璋は数人の側近と脱出、高句麗《こうくり》へ逃げ、王子忠勝・忠志は、子女・軍隊とともに、唐へ降伏した。州柔城は陥落し、百済の遺臣らは、「州柔城落ちてはもはや如何ともしがたい。百済はこの時をもって滅んだ。墳墓の地へもはや回復はむずかしかろう。弖礼《てれ》城へおもむき、日本軍の諸将と重要な作戦を練り、今後の対策を考えよう」とて、弖礼に落ちてゆき、残存の日本軍と落ちあい、日本へ向かった。

敗北した側の船団は四〇〇（『百済本紀』）とも、千（『新羅本紀』）ともいうが、派遣日本軍は二万七千である（『日本書紀』・『天智紀』）ことから考えれば、大小船とも数百の大船団がひしめきあったことであろう。

両岸には唐・新羅の騎馬兵が、陸上から攻撃を加えたのは、火矢を交えた騎射の援護であろう。

唐水軍は一七〇艘で白村江に布陣した（『天智紀』）。「四戦して捷《か》」った、日本船を焼くこと四〇〇と『旧唐書』は記している。第一戦は、先着の庵原君臣軍が（八月二七日）会戦、日本敗退、第二戦は中軍（二八日）が会戦、たちまち敗れた。前軍・後軍も会戦したのだと思われるから、四戦（四波）ということであろう。猛火と煙に包まれたということは、白村江に身動きのできないほど船が密集していたわけである。

(3) 白村江の位置

不利な地形におかれた戦場は、はっきりした位置はわかっていない。一般的には、錦江下流と理解されている。だが、牙山湾《アサン》とする見方もある。牙山湾の突き当りの「白石浦《バクセキ》」に比定される。セキの韓音はスクであるから、『日本書紀』はバクスキと訓み、浦＝江＝村をバクスキノエと訓んだというのである。*

唐の劉仁軌《りゅうじんき》将軍は、白石浦（白村江）から陸軍に守られ上陸、百済軍の本拠周留（州柔）城に赴こうとしたが、そこに待ちかまえていた日本水軍に出会い、水軍同士の戦いになった、という小林恵子氏の最新説である。錦江が白馬江と呼ばれるようになったのは、李朝以後（一四世紀後期）という説もあり、牙山湾の海の色が白っぽく見えるので白江の名称にふさわしい印象を受けたと、現地に立った小林氏の感想である。

白村江は「白江」（唐書など中国側史料）「伎伐浦・熊津江」（『三国史記』）とあり、熊津江＝錦江上流、白江＝錦江下流と考えるか、白江と熊津江は同じ流れとするも、伎伐浦を牙山湾の一地域唐津とするか、史料そのものが、白村江の当時の名称が一致しないのである。

日本軍は、白石浦から唐水軍が上陸するのを予想して、阻止するために、ここに停泊、待ちかまえた、と小林氏は推測する。

劉仁軌と扶余隆の率いる水軍が、熊津江より白江にゆくと『旧唐書』にあるが、両者を別の江とし、白江を白石浦とすると、百済再興の攻防戦で百済本拠の泗沘城や州柔城からはるかに距つた、牙山湾まで日本軍が錦江を離れて回航・迎撃する必然性があったのかどうか。戦闘の現実から考えて、百済・新羅の騎兵が岸上から船を守れるほどの川幅の狭いところを想定すれば、入江の白石浦よりは、錦江

＊　小林恵子『白村江戸の戦いと壬申の乱』現代思潮社、1988年、　金在鵬「周留城考証」［古代文化を考える（11号）］、同人誌分科会、1984年。

の流域を会戦の場所とするのが無理がないように思われる。「白村江」と記しているのは『日本書紀』のみで、紀の編纂過程で、唐軍上陸の白石浦の訓みと白江の表記が合成されたのかもしれない。

⑷白村江の戦をめぐる謎

白村江の戦には、いくつかの謎がある。百済再興のために、遺臣から請われて王子豊璋を朝鮮に送ったが、舟師一七〇艘をひきいた大将軍大錦中阿曇比羅夫連は、大将軍ではなく、大将軍は大海人皇子《おおあまのおうじ》（天武天皇。中大兄皇子の弟）であったというのである。[*1]

大海人皇子は、豊璋を百済王となす政策の主導力を持ち、百済派遣の水軍も、大海人皇子の息のかかった性格であったともいわれる。

百済遺臣の中心であった鬼室福信が殺害されるにいたったのも、日本国内の中大兄皇子—福信、という純粋な百済復興派と、大海人皇子—豊璋、という高句麗提携派との複雑な対立の結果であるという、国内外の政治の影響も、小林恵子氏によって指摘されている。

日本と百済との関係は当初から日百同盟というほど緊密なものではない。百済滅亡のとき日本はほとんど傍観していた。百済の各地で復興運動が起り、その中心人物であった鬼室福信の要請で、豊璋を遺臣らのもとに送り、大軍の日本陸海軍をわざわざ添えている。

さらに斉明老女帝・中大兄皇子みずから北九州にまで直接のり出し、二万七千の陸軍と一万余の水軍を白村江の戦に参加させたのは異常といえるほどである。日本が豊璋を通じて百済を支配しようとした意図があって、百済軍の内部に対立が生じ、ついに鬼室福信と豊璋の対立となり、福信が殺されたという見方もできる。[*2] 白村江の敗戦は、日本の半島支配の野望が打ち砕かれた結果を招いたといっ

＊1　小林恵子『白村江戸の戦いと壬申の乱』現代思潮社、1988年、＊2　朝鮮史研究会『朝鮮の歴史』三省堂、1974年。

てよい。

⑸戦後の体制

百済派遣の軍事能力について、大和王権は外交能力とともに自信をもっていた。百済から帰国した日羅の献策に、「数多くの船舶を造って津ごとにならべおき、客人に見せて恐れの心をおこさせ」るようにすれば百済の使者は威力に服すだろうと述べている（『敏達紀』一二（五八三）年一〇月条）。

孝徳紀白雉《はくち》二（六五一）年、新羅の貢調使知万沙飡《ぢまささん》らが唐の服装にて筑紫についたが、朝廷は新羅が勝手にその服制を改めたことを不快として、これを追い返した。巨勢大臣徳陀《こせのおおおみとくだ》は、なにも征討に苦労することはない、難波津から筑紫の海にいたるまで、「相接《つ》ぎて艫舳《ふね》を浮け盈《み》て」（船団を海上いっぱいに浮かべ）、新羅をよびつけてその罪をただせば、たやすく屈服するだろう、と具申した。

大化改新（六四五）後の、大和朝廷の統一政権としての意気軒昂ぶりと、この自信の裏づけとなる制海権の掌握が、百済救援軍派遣となってあらわれた。

白村江の敗戦は一転して日本の対外方針を深く反省させるものとなった。

翌年には、冠位二六階の制定、大氏の氏上には大刀、小氏の氏上には小刀、伴造などの氏上には干楯弓矢が賜与され、民部・家部が新しく制定され、宗像《むなかた》氏ら豪族層との協力体制をはかるとともに、唐・新羅軍の来襲に備えて、国内防衛体制の充実につとめた。

敗戦八ヵ月後の天智三（六六四）年五月、百済の鎮将（占領軍司令官）劉仁願《りゅうじんがん》は、朝散大夫郭務悰《かくむそう》ら百数十人を遣して表函と献物を贈り、一二月に帰国した。翌年九月に、唐使朝散大夫折州司馬上柱国劉徳高ら二五四人が派遣されてきた。やはり一二月に帰国した。二度にわたるこれら使節団の半年余の筑紫滞在は、惨敗のショックがおさまらない大和王権を不安がらせるには十分である（『天智紀』）。

大宰府の北方に大堤を築いて水を貯えた水城《みずき》（太宰府町）、さらにその東に大野城（太宰府町・宇美町）、大宰府後方南に基肄城《きい》（佐賀県基山町）、長門にも下関海峡をのぞむ地に城（下関豊浦町の茶臼山または唐櫃山）を築いた。

対馬・壱岐・筑紫には防人《さきもり》や烽《すすみ》（のろし）を配置した。六六七（天智天皇六）年には、対馬に金田城《かなたのき》・四国讃岐に屋島城《やしまのき》、大和に高安城《たかやすのき》（奈良県生駒《いこま》と大阪八尾市の境）を築いた。ほかに備後安那《やすな》郡の茨城《いばらのき》（広島県深安郡神辺《かんなべ》町）、葦田郡の常城《つねのき》（同県芦品郡新市町）（『続日本紀』）――七一九（養老三）年一二月廃城になるまで、対外防衛施設であったと思われる――、山口県熊毛郡石城山神籠《こうご》石・香川県坂出《さかいで》市城山も、七～八世紀築造の朝鮮式の山城として知られているが、同じ目的であった。

これらの施設は、百済の様式で、軍事や技術の能力が十分生かされている。百済遺臣の佐平余自信《さへいよじしん》らの将士は、「よく兵法を知る者」として、官人に編成された。

大錦下を、佐平余自信・沙宅紹明《さたくじょうみょう》（法官大輔――のちの式部大輔に相当）に授けた。

小錦下を、鬼室集斯《きしつしゅうし》（学識頭――のちの大学頭に相当）に授けた。

大山下を、達率谷那晋首《だちそちこくなしんしゅ》（兵術にくわしい）・木素貴子《もくすきし》（兵術にくわしい）・憶礼福留《おくらいふくる》（兵術にくわしい）・答体春初《とうほんしゅんそ》（兵術にくわしい）・体日比子賛波羅金羅金須《ほんにちひしさんはらこんらこんす》（薬にくわしい）・鬼室集信《きしつしゅうしん》（薬にくわしい）に授けた（『天智紀』一〇年条）。

答体春初《とうほんしゅんそ》は長門の築城の指揮、憶礼福留《おくらいふくる》・四比福夫《しひふくぶ》は大野城・基肄《きい》城の築城の指揮（『天智紀』三年条）

をとるなど、貢献度は目ざましい。

近江国蒲生《がもう》郡には、鬼室福信の一族と思われる、鬼室集斯ら七百余人の百済人の居住が伝えられているが、神崎郡にも四〇〇人ほどの居住が伝えられている。神崎郡は巨勢氏の本拠であり、欽明朝中心に、百済・任那地方において活躍した渡来人とのつながりも深い。

湖東といわれるこの地域の名刹百済寺《ひゃくさいじ》、秦荘《はたしょう》などの名称は、これら渡来人とのかかわりを今でも物語っているし、百済王の亡命子孫に「百済王敬福」や「百済王明信」と名のった百済氏がおり、朝廷と姻戚関係を結んで勢力を拡げていった。

「百済王善光王」は、豊璋とともに日本にやってきて難波に居していたが、百済滅亡のため帰国することなく、持統天皇時代に「百済王」と賜姓された。

長門・周防の大守大内義弘が、一四世紀の末に、朝鮮国王に宛てて、百済王の後裔を称したことは有名である。


義弘は百済始祖温祚《おんそ》王高《こう》氏の後裔であり、祖先が難を避けて日本に渡り、世々相承けて六州（七州）の大守となったので、もっとも貴顕の家柄である（『定宗実録』）。


と、朝鮮王にも認めさせている。

戦後の対外緊張状態は、天智天皇晩年にいたり解けてきた。六八二（天智天皇一〇）年一月、百済鎮将劉仁願が李守真を遣して上表文を奉呈した。一一月には唐使郭務悰《かくむそう》ら六〇〇人、送使沙宅孫登《さたくそんとう》ら千四〇〇、総計二千人が船四七隻に乗って比知島に来航した。大集団の先遣メンバーとして、百済救援の役で捕虜になっていた筑紫の君薩夜馬、沙門道久、韓島勝娑婆、布師首磐の四人が、対馬に来島し、対馬国司に次のように告げた。「我ら二千人と四七隻が比知島（朝鮮半島の一島か）に着いたが、このまま日本に姿をあらわしたら、おそらく驚いた防人は射かけてくるだろうから、まずわれらが来朝の目的を知らせにきた」と。対馬国司は即刻その旨を朝廷に報じた。これらは捕虜や難民の送還とみてよいだろう。

天智天皇は同年九月発病、一二月崩じた。弟大海人皇子（天武天皇）は、発病後一〇月に東宮を辞し剃髪して吉野に入り、恭順の意を示した。「虎に翼をつけて放てり」と人が評したように崩御後の皇位継承をめぐる緊張がみなぎっていた。唐使集団の来朝はこのような中でのことであった。翌年五月三〇日、郭務悰らは帰途についた。翌六月、大海人皇子は挙兵、壬申《じんしん》の乱となり、七月大友皇子（弘文天皇）は敗死し、大海人皇子は天武天皇となった。大海人の軍事行動と使者の帰国はタイミングがあっているという。*天智朝の軍事的支援体制のデモンストレーションだろうか。

(6)軍団編成

六六〇（『斉明紀』七）年、阿曇比羅夫・河辺百枝・阿倍引田比羅夫らの将軍、百済皇子豊璋を送った秦田来津《はたのたくつ》、六六三（『天智紀』二）年、上毛野君稚子《わかこ》・巨勢神前臣《こせかんさきのおみ》らの軍隊編成は、前将軍・中将軍・後将軍という名称をもっているが、将軍間の指揮系統は必ずしも体系だっていない。鬼頭清明は、これら将軍に直接率いられたのは畿内の豪族軍であったと思われると述べている。鬼頭は五八七年の物部守屋や六四三年の山背大兄王の軍隊から、

＊　出宮徳尚「瀬戸内の古代山城」『新・古代の日本（4）』角川書店、1991年。

①守屋―資人―奴
②山背大兄王―舎人―奴

という構造を示しており、舎人《とねり》は上宮王家の乳部から出され、部民制を前提に編成されたもの、守屋は同族集団、大市造らを結集した、血縁を紐帯として奴を包括した「氏族的軍隊」とみなしている。百済派遣軍はこのような畿内派遣軍と西国地域の派遣軍によって成り立っていたという。*ただ、畿内派遣軍の諸将軍はそれぞれの地域を背景にした軍事力であることは、阿倍・庵原《いおはら》氏などの例をとって説明したところである（第2章3水軍豪族）。

八世紀の奈良朝の律令の制定による軍団制が実施されたときにも、地方豪族を中心とする軍隊編成が強固に残っていたといわれる。七四〇（天平一二）年九月の大宰少弐・式家藤原広嗣《ひろつぐ》が、左大臣橘諸兄《たちばなのもろえ》・玄昉《げんぼう》・吉備真備《きびのまきび》を排除して劣勢の家運を盛り返そうとして北九州から乱をおこしたが、政府側は大将軍大野東人《おおののあずまびと》・副将軍紀飯麻呂《きのいいまろ》をして、東海・東山・山陽・山陰・南海五道の軍一万七千人を率いせしめた。

その内訳については長門国豊浦郡少領額田部《ぬかたべ》広麻呂は、四〇人を率いて出陣、敵の豊前国京都《みやこ》郡大領楉田勢麻呂《しもとたのせたまろ》は五〇〇騎の兵を率い、仲津郡の擬少領膳東人《かしわであずまひと》は兵八〇人を、下毛《しもつみけ》郡擬少領勇山伎美麻呂《いさやまのきみまろ》、築城《ついき》郡擬少領佐伯曲豊石《さへきのとよいわ》は兵七〇人をそれぞれ率い、官軍に投降した（『続日本紀』天平一二年九月条）。

大領・少領は地方郡司のカミ・スケの称号で地方の豪族である。京都郡大領の五〇〇は例外としても、七～八〇から四〇人とさして動員力は多くない。吉備下道郡の邇麻郷《にまごう》の二万人の動員も伝承を現

＊「朝鮮出兵と内海地域」『古代の地方史（2）』朝倉書店、1977年。

実におきかえても、一〇〇分の一程度が実数であろう。それも大家族制のもとにおける奴などが、氏族軍として郡司層によってかり出されたとみられる。

(7)兵士徴集——派遣と帰還

『延喜格式《えんぎきやくしき》』編纂に加わり式部大夫の職にあった漢学者三善清行《みよしきよゆき》が、九一七年醍醐天皇へ呈した地方政治への具申書「意見封事一二カ条」に、「天下の虚耗」（造作と軍事）の例として次のようなくだりがある。

① 備中介時代に管轄した下道郡邇磨郷《にまのごう》は、百済救援の軍を召募したら、優秀な兵士が二万人集まったので「二万郷」と名づけられたこと
② 奈良時代吉備真備がこの郷の大領（郡のカミ）のとき課役負担の者は一九〇〇人であったこと。
③ 平安初期、民部卿藤原保則の備中介時代は課役負担者は七十余人にすぎなかったこと。
④ 私のときは、老丁二人・正丁四人・中男三人の九人にすぎないこと。
⑤ 後任者藤原公利の報では一人もいないこと。

二五〇年間の天下の衰退かくのごとくであると結んでいる。郷名起源の説話にせよ二万の数字は、一郷五〇戸とすれば五〇〇人位が現実的である。備中国という、瀬戸内海域から遠征軍が派遣されたとの意味は、水軍編成の一端を意味している。『日本霊異記《にほんりょういき》』に、越智大領の話がのっている。越智直《おちのあたえ》は、百済派遣軍として出征、白村江の戦の敗北で唐に抑留された。同じ島に住んでいた同族

大山祇神社

八人とともに観音菩薩を信仰し、帰国を祈願した。松の木で船をつくり観音様を船上に安置し、脱出した。船は西風をうけて無事に筑紫に到着することができた。敗戦は族長支配権の喪失となり、単純に敗軍の将というだけではすまない。天皇はこれをあわれみ、かれらの希望を問うたところ、「郡を立てて堂を造り、観音を安置し、仕えたいと思う」と答えたので、これを許した、という（第十七、兵災に遭いて観音菩薩の像を信敬し、現報を得る縁）。

『与陽盛衰記《よようせいすいき》』には、越智直に擬される人物として、越智守興《もりおき》が登場し、朝鮮女性との間に玉澄兄弟をもうけ、玉澄は大山祇《おおやまずみ》神社を創建したとある。

『日本霊異記』は仏教説話であるから、越智直らの観音信仰への契機を強調しているが、観音信仰への同族的崇敬、つまり氏神信仰が世界宗教へと展開してゆくさまを物語るとともに、郡を立てることによって、律令体制の中に包摂されて在地支配の強化をはかるという、現実のパターンが読みとれる。

越智氏は、孝霊天皇の第三皇子彦五十狭芹命《ひこいそさせりのみこと》（伊予皇子）と、伊予津彦風早《かざはや》国分の女和気姫との間にできた小千命《おちのみこと》から始まる、とされる（『予章記』）。または、饒速日命《にぎはやひのみこと》から出て越智国造になったとされるが（『国造本紀』[*1]など）、「小市国造の系譜をもつ伝統的勢力」で、推古朝に、海上に根強い勢力を有していた。[*2]

＊1　『愛媛県史』古代Ⅱ、中世、愛媛県、1966年。

＊2　岸俊男『日本古代政治史研究』塙書房、

延暦一〇年一〇月、伊予国越智郡人正六位上越智直広川ら五人は、次のように言上した。「広川らの七世の祖、紀博世《きのひろよ》が小治田《おはりだ》朝廷（推古）の御世に伊予に遣わされ、博世の孫忍人《おしびと》がその地の豪族越智直の女を妻とし、在手《ありて》という者を生んだが、在手は天智天皇九年度庚午の年につくられた戸籍『庚午年籍《こうごねんじやく》』に本源を尋ねず、誤まって母の姓に従って越智直と称し、今日に及んだので、いま本姓によって紀臣《きのおみ》を賜わりたい」と（『続日本紀』）。

推古朝に紀氏が中央から伊予に派遣され、その子孫が土着した、という伝承であるが、紀氏と瀬戸内海の大三島の豪族越智氏が結びつき、その水軍兵力をもって、百済派遣軍の一翼を構成していたことが読みとれよう。

もう一例、やはり『日本霊異記』の伝える物語である。

備後国三谷《みたに》郡大領の祖先は、六六二年百済派遣軍として出発するに際し、もし無事に祖国に帰還できたら、諸々の仏のために寺院を建てよう、と誓った。そのおかげで無事帰国できた。帰国のとき百済僧弘済をつれてきたが、弘済によって三谷郡内に三谷寺を造営することになった。その仏像を作るため弘済が京へのぼる途中、難波の津で、大亀四匹を助けた。その後、弘済が海賊に襲われたところ、この亀に救われた、という（第七、亀の命を贖《あがな》いて放生し、現報を得て亀に助けらるる縁）。

もう一例、『日本書紀』持統天皇四年（六九〇）一〇月・一一月にみえる、筑紫国上陽咩郡《かみつやめぐん》の軍丁大伴部博麻《おおともべのはかま》の場合。

斉明天皇七年（六六一）、百済派遣軍に従軍、唐軍の捕虜になった。六六九年になって、土師連《はじのむらじ》富杼《ほど》や筑紫君薩夜麻《つくしのきみさちやま》らと帰国しようとしたが、衣粮なきため帰れる見通しがつかなかった。薩夜麻は翌年一一月、熊津都督府からの使者郭務悰《かくむそう》らにつれられて筑紫に帰還した。博麻《はかま》は、持統四年（六九四）一〇月、新羅の使者にともなわれて、留学僧智宗・義徳・浄願らとともに筑紫に帰ることをえた。じつに出征から三〇年後のことであった。

博麻はその身を売って衣粮費を工面し、宮杼《ほと》や薩夜麻《さちやま》を帰したという。薩夜麻（馬）は筑紫の君であるから、博麻は部下（奴）として従軍したのであろう。本人の意志ではあるまい。このほか物部薬《もののべのくすり》（伊予風早郡）・壬部諸石《みぶのもろし》（肥後国皮石郡）（『持統紀』一〇年四月条）、錦部刀良《にしごりのとら》（讃岐国那珂郡）・壬生五百足《みぶいほたり》（陸奥信太《しだ》郡＝宮城県志田郡・古川市）・許勢部形見《こせべかたみ》（筑後国山門《やまと》郡）（『続日本紀』慶雲四（七〇七）年五月条）が知られる。「唐の地に苦しぶること」・「四十余年」を解放されたその苦労をねぎらわれたが、あまりにもむごい歳月であった。かれらは唐の捕虜として遠い異国の地へ連行され、遠すぎるゆえに帰国の機会を得られなかったのだろう。

『播磨国風土記』に神功皇后の朝鮮出兵にちなむ地名起源伝説が、いくつか残されている。たとえば、皇后が宇頭川の泊りに宿した後、西方の伊都村に船で行こうとしたところ逆風に会い、船が進まなかったので百姓を増徴発して船を引かせた。そのときわが子を徴発された女が川に落ちた。そのときあわててはずみで落ちたという意味の宇須伎《うすき》という地名になったという（揖保《いほ》郡の宇頭《うつ》川・伊都の村・御津・萩原等々）。瀬戸内海地域を中心とした西国の海民が百済派遣軍の主体であったろうことは、これらの例からも容易に推察できる。

派遣兵士の本貫のわかる九例のうち、瀬戸内海地方は備後三谷郡（大領先祖）、讃岐那珂郡・伊予越智郡（大領先祖）、伊予風早郡で、他の四例が筑紫、一例が陸奥であった。備中下道郡二万郷の大規模徴兵は既述の通りである。

説話などに登場する人物の社会的地位が、「大領」・「君」・「連」などという姓をもつ地方豪族と思われる階層であることに注意しておきたい。これらの軍編成は畿内を中心とした豪族軍ではなく、地方豪族軍を主体としたものである、と鬼頭清明氏の指摘があり、[*1] 主に筑紫など、北九州の国造軍によって編成されていた事実も、岸俊男氏によって指摘されている。[*2]

斉明天皇末・天智天皇初年は、すでに律令制的な地方組織・軍事編成の創立期であったが、国造軍を主体としたものであり、過度的なものであった。ただこの本質は律令軍団制・防人制度のような一見中央集権化が成功したかに思われる時代にあっても変わっていない。健児《こんでい》の制や家人制度への逆行がそれを物語っている。明治近代軍制にいたるまでの各時代の軍事力編成をみれば明らかである。

⑻海民の負担

水軍が遠征軍の主体となるとき、特殊な操船技術を要する生活集団の海民が、その実態であるから、どうしても氏族共同体編成原理の軍事力にならざるをえない。中央政府もこのような海民を基盤とする地方豪族軍に頼らざるをえない。

したがって、朝鮮半島への派遣軍は、瀬戸内海沿岸地域のこれら海民の負担が大きかった。兵士・兵器・船舶の徴用・運送はもちろん、水手としての動員は、沿岸国造下の海民であった。内海ルートが大和朝廷の基幹ルートであり、『万葉集』にうたわれた「筑紫道《つくしじ》」・「大和道《やまとじ》」であった

筑紫路の荒磯《ありそ》の玉藻刈るとかも
　君は久しく待てど来まさぬ（三二〇六）

＊1　鬼頭清明著『白村江』教育社、1981年、

＊2　岸俊男『日本古代政治史研究』塙書房、1966年。

筑紫路の可太《かだ》の大島暫くも
　見ねば恋しき妹を置きて来ぬ（三六三四）
大和道の吉備の児島を過ぎて行かば
　筑紫の児島おもほえむかも（九六七）

公路としての確保と規制は、沿岸海民へ過重な負担を強いるものであったが、首長層にとっては、つねに動員される受身の立場に立たされる反面、みずから中央政権の一端を担うことによって、中央権力を背景に軍事的首長としての積極さと自立性を前面に押し出し、実力をつくりあげていった。その軍事力への期待は、

多くの船舶を造りて、津ごとに列《つら》ね置きて、（新羅の）客人に観しめて、恐《かしこま》り懼《おそ》ることを生《な》さしむ
（『日本書紀』敏達天皇一二年条）

という、日羅の任那復興の献言となってあらわれる。難波から筑紫まで、船を海上いっぱい浮かべて、新羅の罪を糺明せよ、という巨勢の大臣の大言壮語と軌を一にする。

3　水軍豪族——海人《あま》の宰《みこともち》

白村江の戦に参加あるいは外征軍として派遣された諸将を一覧しておこう。

大将軍	大徳	境部臣雄摩呂《さかいべのおみをまろ》	推古三一年
〃	小徳	中臣連国《なかとみのむらじくに》	〃
副将軍	小徳	河辺臣禰受《かわべのおみねず》	〃　〃
〃	〃	物部依網連乙等《もののべのよさみのむらじおと》	〃　〃
〃	〃	波多臣広庭《はたのおみひろにわ》	〃　〃
〃	〃	近江脚身臣飯蓋《おおみのあなみのおみいいふた》	〃　〃
〃	〃	平群臣宇志《へぐりのおみうし》	〃　〃
〃	〃	大伴連《おおとものむらじ》（欠名）	〃　〃
〃	〃	大宅臣軍《おおやけのおみいくさ》	〃　〃
前将軍*	大花下	安曇比羅夫連《あずみひらふのむらじ》	天智称制前紀八月・同紀元年五月
〃	小花下	河辺百枝臣《かわべのももえのおみ》	〃　〃　〃
後将軍	大花下	阿倍引田比羅夫臣《あべのひけたのひらふおみ》	〃　〃　〃・同紀二年三月
〃	大山上	物部連熊《もののべのむらじくま》	〃　〃　〃
〃	〃	守君大石《もりのきみおおいわ》	〃　〃　〃
〃	大山下	狭井連檳榔《さいのむらじあじまさ》	〃　〃　〃・同紀九月、同紀元年一二月
〃	小山下	秦造《はたのみやつこ》（朴市《えちの》）田来津《たくつ》	〃　〃　〃・同紀元年一二月 同紀二年八月

＊　前将軍とは、前軍の将軍のこと。

推古朝から天智朝にいたる外征軍の性格は、

① 五位以上（大夫）の雄族

② 官位の上下によって一対（大花下＝小花下など）

黛弘道氏は、整然たる秩序をもっていた、と説明されている。* ただ以下述べるように、これら諸将のひきいる軍勢の実態は、豪族軍団であることを強調しておきたい。以下、冠位よりも会戦の中心となって登場した将軍を主体に述べることにする。

(1)秦氏――朴市田来津《えちのたくつ》

「天を仰ぎて誓い、歯をくいしばりて嗔《いか》り、数十人を殺しつ、戦死」した朴市田来津は、後将軍・小山下、秦造田来津（天智即位前紀八月条）・朴市秦造田来津（孝徳紀大化元年条）と同一人物で、近江の朴市（愛智）秦造である。

秦氏は、応神朝に南朝鮮から渡来した弓月君《ゆづきのきみ》の子孫と伝える渡来人の雄族で、中国系と称した。山城の葛野《かどの》を本拠とし、京都盆地・淀川北岸一帯・近江の朴市などに広く分布居住した。造姓で天武年間、連から宿禰《すくね》へと改姓した。推古天皇一七（六〇九）年、秦造河勝《かわかつ》が新羅使の導者となっている。

配下の猪名部《いなべ》とともに木工方面でも活躍した。新羅系猪名部は造船技術者として朝廷に奉仕（造船技術の項）している。

大化元（六四五）年九月、古人大兄皇子《ふるひとおおえのおうじ》（天智・天武天皇の異母兄）が、天皇への謀反ありとて処刑さ

＊　黛弘道「冠位十二階考」東京大学教養学部人文科学科紀要 17。

れた。母が法提郎媛（蘇我馬子の娘）で蘇我氏との関係が深いゆえの粛清であった。田来津は連坐したが、のち許され斉明・天智朝で復権した。琵琶湖に注ぐ愛知川沿岸を本拠とした、水軍育成ゆかりの豪族である。

⑵安曇氏

前将軍（前軍の将軍）大花下阿曇比羅夫連・大将軍大錦中阿曇比羅夫連と二通りの冠位表記が見られる。「大将軍」は大海人皇子にかかった称号という説[*1]、阿部武彦氏のように「大錦中」はあとからの追記という説もあって[*2]、それぞれ一理あり判定しがたい。笠井倭人氏の研究によれば、令制の五位・四位（大花下・大錦中）に相当するという[*3]。「小錦以上大夫」は、それ以下との間に処遇において大きな格差があるといわれる。「良家の大夫」（皇極天皇大化二年三月詔）としての安曇氏の軍事的地位の反映が大将軍である。

天武天皇一〇（六八一）年三月、小錦下阿曇連稲敷《いなしき》は、「帝紀」・「上古の諸事」の記定に参加、朝廷内に有利な地位を占め、「海人《あま》の宰《みこともち》」として、またワタツミ三神（海神）を祖先神とする家伝色の濃い記事を、『日本書紀』の中に残すことができたのだろう。阿曇氏の勢力分布はすでに述べた（第1章4節、海上交通─水門神）。

「令制のもとにおいて、この氏族が高橋（膳《かしわで》）氏と共に、内膳司の奉膳に専任されている事実は、早くから海部管掌氏族の中にあって、最右翼の実績と伝統を保持していたことを物語る」（笠井倭人氏、八五頁＊3）という。

＊1　小林恵子『白村江戸の戦いと壬申の乱』現代思潮社、1988年、　＊2「天武朝の族姓改革について」［日本歴史］134、　＊3　笠井倭人「古代の水軍」大林太良編『船』社会思想社、1975年。

(3) 阿倍氏

後将軍阿倍引田臣比羅夫は、六八五（斉明天皇四）年四月、蝦夷を討伐した。

阿倍臣、船師百八十艘をひきいて蝦夷を伐つ。齶田《あぎた》（秋田）渟代《ぬしろ》（能代）二郡の蝦夷は、望り怖《おせお》じて降《したが》はむと乞う。是に、軍を勒《ととの》えて、船を齶田浦に陳《つら》ぬ（『斉明紀』）。

「越守《こし》」であり東山・北陸方面軍の提督比羅夫の大船団の威容の前に「齶田の蝦夷・恩荷《おが》」は進み出て「私どもは潔白な心で朝廷にお仕えする」と誓った。そこで恩荷に小乙上を授け、渟代・津軽二郡の郡領に定めた。

その後、有馬の浜に渡島《わたりのしま》の蝦夷たちを迎えて大いに招宴を張り鎮撫した。

津軽は齶田浦の神を中心とする勢力圏内であろう。小乙上は、大化五年冠位一九階の第一七位である。有馬の浜は齶田浦の一部か、青森県の深浦・鯵ケ沢《あじがさわ》・十三《じゅうさん》（旧名エルマ＝市浦《しうら》村、安藤水軍の本拠地）の港津等に比定する諸説があり一定しないが、齶田浦を中心とした地域と考えた方が自然であろう。恩荷《おが》は、その訓《よ》みから男鹿半島にちなむ有力者であろう。秋田県沿岸部の海人勢力をたばねる恩荷が、下位とはいえ、中央行政官僚体系の一翼を荷ったことは、阿倍氏の水軍力強化に大きく貢献したことであろう。

阿倍臣もまた船一隻と五色の綵帛《しみのきぬ》とを捧げて、その地の神を祭っている。

阿倍（安倍）氏は、第八代孝元天皇の子孫と伝え、伊賀阿拝《あへ》郡を本拠とし、子孫は東海・北陸・陸奥に広がったといわれ、阿倍比羅夫や、望郷の歌で有名な阿倍仲麻呂らは、その一族という。別には

「引田臣」の称から大和国辟田郷（奈良県桜井市）が本拠ともされている。

もう一つの陸奥・出羽の安倍氏は、神武天皇に抵抗した長髄彦《ながすねひこ》の兄安日《あび》が、摂津から逃げて土着し、その子孫が安倍貞任《さだとう》であるとか、阿倍比羅夫の子孫も安倍貞任で、ともに貞任の子孫が、近年人気の高い津軽の水軍安東（最近は安藤と記すのが多い）氏というように、安日伝承にかかわる説もある。

これらは、在地の土豪勢力の系譜を権威あるものに見せるため、貴種姓との接近をはかった結果であろう。虚偽か否かはともかく、安倍氏は、律令国家から、「俘囚《ふしゅう》の長」（帰服した蝦夷の長）として、その在地権を認められ、国家への服属を誓ったことはたしかである。その原初的形態が、阿倍比羅夫と恩荷《おが》の関係であり、後年の坂上田村麻呂と蝦夷の関係であろう。平泉の藤原氏も同様である。

阿倍氏の水軍に関する軍事行動を、『日本書紀』からみてみよう。

① 阿倍臣百済王子恵《けい》の帰国を、筑紫国の軍船をひきい、佐伯連《さえきのむらじ》・播磨直《はりまのあたえ》らと護送（『欽明紀』一七年＝五五六年正月）。
② 阿倍臣舟師一八〇艘をひきいて蝦夷を討つ（前述）。
③ 越国守阿倍引田比羅夫、粛慎《みしはせ》を討つ（『斉明紀』四年）。
④ 阿倍臣、船師一八〇艘をひきいて蝦夷を討つ（同上、五年三月）。
⑤ 阿倍引田比羅夫臣、粛慎と戦って帰る、捕虜四九人献上（同上、五年三月、注記）。
⑥ 阿倍臣、船師二〇〇艘をひきい、粛慎を討つ（同上、六年三月）。

右の各項で⑴の百済王子の護送以外は、蝦夷と粛慎の討伐記事である。②〜⑥が各一回の追討を重複させた可能性が高いが、蝦夷と粛慎対策の最高責任者として、軍事能力を発揮したことはあきらかである。

⑥の場合は、粛慎も軍船をもって、渡島《わたりしま》の蝦夷を討とうとしていた。

粛慎とはどこか、北海道説や沿海州説などあり、今もって決定的な説はない。だが蝦夷をおびえさせるだけの強圧さをもった存在であったことは確かである。一時は和を乞うてきたが、阿倍臣はこれを許さなかったため、かれらはみずからの柵によって戦った。この激戦で、能登臣馬身竜《まむたつ》が討死したほどであった。

馬身竜は、能登の国造系豪族で、その祖は大入杵命《おおいりきのみこと》（『崇神紀』）で、『万葉集』には、同族の羽咋《はぐい》郡の擬主帳（郡役人）能登臣乙美《おとみ》の歌が一首載っている（四〇六九）。阿倍氏と北陸との関係を裏づける。

比羅夫の百済後将軍の冠位は、大花下（四位相当）で阿曇氏と同位である。『続日本紀』養老四年正月条に、子宿奈麻呂《すくなまろ》死去の記事に、「後岡本朝（斉明朝のこと）の筑紫大宰帥《だざいのそち》大錦上比羅夫が子なり」とある。大錦上は正四位相当であり、大宰帥を歴任している。

宿奈麻呂は、文武天皇の慶雲元年（七〇四）一一月、引田朝臣を改めて阿倍朝臣と賜姓されている。元明天皇の和銅五年（七一二）一一月、宿奈麻呂の奏上で、引田朝臣迩閇《にへ》、東人《あずまひと》・船人《ふなひと》、久努《くの》朝臣御田次《みたすき》、長田《をさた》朝臣太麻呂《おおまろ》、同多都留《たける》ら六人は、阿倍氏の正宗ゆえ、本姓にかえることを許されている。このとき、宿奈麻呂は、従三位であった。死去時は正三位大納言であった。

阿倍氏は、持統天皇五年（六九一）八月、祖先の事績を述べた『墓記《おくつきのふみ》』上進に、藤原・巨勢・大伴・紀《き》伊・阿曇氏ら一八氏とともに列記し、宣化天皇二年（五三八）には、蘇我稲目《いなめ》・大伴金村《おおとものかなむら》・物部麁鹿火《もののべのあらかび》ら大臣・大連に次いで、阿倍大麻呂臣は、「大夫《まえつきみ》」の地位にいた。大化改新の元年、中大兄皇子が皇太子となり、阿倍内摩呂臣は左大臣となった（『孝徳紀』）。阿倍臣の遠祖は、武渟川別で、和珥《わに》・中臣・物部・大伴ら五氏の大夫（議政官）に選任されているほどの伝統ある名族といえよう。

阿倍氏水軍は、秋田・津軽・越・能登といういわば日本海沿岸航路を掌握した軍事上の基盤に立っている。アベは海人集団のアン族の総称で、アンベ・アマベ・アヌベという海部の転訛であり、安倍（阿倍）氏は海人族であることは、右の点からも実証される、という能坂利雄氏の説[*1]もあるが、そうならば北陸にかぎらず中国・九州に同様な由緒のアベ氏が発生していなければなるまいが、その点どうだろうか。水軍との関係を強調するあまりの牽強付会《けんきょうふかい》になりかねないほど、阿倍氏は日本海水軍につながっていたことが理解できればよい。

⑷安東氏と阿倍氏

阿倍氏との由緒を強調した豪族に、津軽の安東氏がいる。最近は安倍氏と藤原氏を結んだ姓として安藤氏と記す傾向にある。一般には安東姓が通りがよいから「東」で記す。

孝元天皇の系譜をひく比羅夫の曽孫が出羽鎮狄将軍家麻呂で、さらに、忠良―頼良―貞任《さだとう》―宗任《むねとう》とつながり、宗任の女が、平泉藤原基衡《もとひら》妻となり、秀衡《ひでひら》を生む（「安藤系図」）。貞任の子則任《のりとう》が、藤原氏の養子となって安東（藤）氏となり、安東氏は、中世鎌倉時代津軽守護人・蝦夷管領となり、十三湊《とさみなと》を拠点とする安東水軍となった、と伝承されている。

安東氏の発祥地は、岩木川の上流の藤崎町というところだが、阿倍氏との由緒を今もって信じる人が多い。岩木川の河口に福島城があり、安東氏の拠点であった。「チヤシ」といわれるアイヌ式保柵で、水軍を擁していたと紹介されている。[*2]

＊1　『古代北陸王朝の謎』新人物往来社、1982年、
＊2　宮崎道生『青森県の歴史』山川出版社、1970年。

岩木川を動脈として海と山をつなぐものは、鉱山資源の開発である。岩木山神社・猿賀《さるか》神社・鬼沢神社・湯舟神社などは、玉はがねや鉄刀を御神体としており鉱業生産と深いつながりがある。

修験道と関係があるらしいことは、阿闍羅《あじやら》山・文珠《もんじゅ》山などの地名からもうかがわれるが、修験者と鍛冶との関係も見逃せないところである。「十腰内《とこしない》の鬼の伝説」は、岩木山に住む鬼が、長者の娘を嫁にくれと要求してきた、困った長者は、一晩のうちに一〇本（十腰）の刀をきたえて持ってきたなら進ぜよう、と難題を吹きかけた、鬼は早速製造にとりかかったが、約束までに一本足りず、退散した、という物語である。岩木川流域の十腰内という地名起源の伝説であるが、村上護氏は、鬼は鍛冶集団を異類異形化したものとみている。*1

内藤正敏氏は「十腰内伝説では、鬼は文字通り製鉄技術者として登場するが、鬼（沢カ）神社伝説の場合も、里の農民に大灌概工事を行なったり、その神社の御神体が鉄の鍬であることから、あきらかに、鉄製の農工具で里人を助けていたことがわかる。ある時代まで製鉄民としての山人と、水稲農耕民の里人とは、協調関係にあり、里人は山人のつくる鉄製品に大きな恩恵をうけていた」*2と、山と里との関係を説明している。

「鬼」化するのは、製鉄民が農耕民からきらわれるほどになり、結局農耕民に負けてしまうからである、と述べている。

このような例は、山の製鉄集団が、その鉱毒や、燃料としての森林材の伐採から生ずる水害により、下流の農耕民と対立せざるをえなくなることから、スサノヲノミコトのヤマタノオロチ退治伝説神話となっていることにもみられる。

十腰内のように征伐される対象となるのは、ある時代までであって、山・里・海の民という生活圏

＊1　村上護『日本の海賊』講談社、1983年、　＊2　内藤正敏著『ミイラ信仰の研究』大和書房、1985年。

のちがいはあっても、生産技術の発展、交易の必要と拡大にともなって、これらの関係は調整されるべきものとなってゆかざるをえず、今までとは逆に、これら製鉄技術集団は、権力者にとって、有力な軍事工業集団として尊重されるようになる。

岩木山周辺の鉱業資源と技術集団・津軽平野部の農耕集団・十三湊から日本海へ開ける海上集団、これらは岩木川という大動脈によってつながっていた。その大動脈をしっかり握っていたのが安東氏である。

安東氏は幸い海上交通手段を保有し、外海の交易活動に有利な立場にある。日本海海上交通が古代・中世当時の中心であり、朝鮮半島や中国大陸・沿海州と環日本海文化圏をなしていた。文化の伝播や物資の流通・外交の窓口として日本海沿岸部は、重要な役割を果たしてきた。

これらの地域は、大和政権にとっては魅力に富むものであるし、在地の豪族、安東氏にとっても、中央権力者の阿倍（安倍）氏とつながることによって、中央へのルートを確保するには、またとない機会であった。このような両者の関係が、阿倍氏を祖とする安東氏の系譜となっていったものであろう。

津軽水軍伝承の系譜に阿倍氏が登場するのは、なんらかの形で古代蝦夷地域にかかわってきたからであろう。斉明天皇四年七月条に、蝦夷征討において降伏したと思われる蝦夷二〇〇人が入朝、冠位を授かり、弓矢・鎧などの武具を下賜されたが、降伏したばかりの蝦夷に、過分の冠位恩賞とともに、武具を与えるのは、阿倍比羅夫の対粛慎《しゅくしん（みしはせ）》戦に、かれらが兵力となるからであろうと思われ、粛慎戦に先んじて行なわれた蝦夷戦は、対粛慎戦に備えて、兵員の確保にその目的があったという見解がある。*1

＊　小林恵子著『白村江の戦いと壬申の乱』現代思潮新社、1987 年。

十三湊（安東氏の里）

粛慎は、中国東北部—靺鞨《まっかつ》—沿海州系民族の国ともいわれるが、粛慎戦は、当時高句麗領土であった鞍朝地—中国東北部つまり遼東にゆくためであり、比羅夫は遼東に上陸し、東から唐軍を攻め、高句麗を救援したのではないか、というスケールの大きい小林の考えである。

近年の蝦夷研究の傾向として、北方海外交渉の視点からのものが多い。*1

阿倍氏は高向玄理《たかむこのくろまろ》とつながりがあり、玄理（小野妹子随行の留学生、帰国後、大化改新政府の最高顧問）は、大海人皇子（天武天皇）の父であったというユニークな推論が、小林氏によってなされている（前掲書）。

大海人系水軍の一翼を阿倍氏がにない海外北域にかかわっていたことは、阿倍氏後高とされる安東氏のその後の活動とも、何かかかわるのではないかと思われる。

一一世紀半、前九年の役に厨川《くりやがわ》の戦いで敗れた阿倍宗任は源頼義に降り、京都に送られ、伊予に流され、さらに大宰府に移されたと伝えられ、松浦党の祖となったという伝承がある。『源平盛衰記』・『屋代本平家物語』の剣の巻にみえ、南北朝時代までさかのぼる。

後裔の安東氏と松浦党に共通するのは、海民の統率者、海の武士団であり、ともに辺境の武士団としての役割の共通性をもっていることが指摘されている。*2

＊1　海保嶺夫「夷千島王の対亜朝鮮交渉」［地方紙研究（180）］1982年9月、『中世の蝦夷地』吉川弘文館、1987年、遠藤巌「蝦夷安東氏小論」［歴史評論（434）］1986年6月、「中世国家の東夷成敗権について」［松前藩と松前］1976年5月、　＊2　大石直正「中世の↙

(5) 十三湊

余筆ながら津軽の海運にかかわる伝承を述べておきたい。

安東水軍の本処地とされている、青森県北津軽郡市浦《しもつら》村の十三湊は、本来は「じゅうさん」と読んだという説がある。十三は十三塚に由来し、十三塚は熊野信仰と関係があり、昔の十三の地域にあった讒瑠磨《えるま》明神は熊野権現であるから、その地域に十三塚があって、それから十三の地名が起ったという加藤鉄三郎氏説がある。*3 古田良一氏はこれを否定しているが、加藤説には捨てがたいものがある。*4

中山太郎氏『巫女考』によれば、奥州のイタコが一人前になるための修業に「神附の式」というのがあって、イタコ（盲目の巫女）は、十三仏（不動・釈迦《しゃか》・文殊《もんじゅ》・普賢《ふげん》・地蔵・弥勒《みろく》・薬師・観音・勢至《せいし》・阿弥陀・阿閦《あしゆく》・大日《だいにち》・虚空蔵《こくうぞう》）のうちの、いずれか一つを身体に憑《つ》けて、一代の守り本尊にしなければならないきまりがあるという。

恐山《おそれざん》信仰と海運の関係などから、仏教思想の伝播に何かかかわりがなかろうか。

説経「さんせう太夫」には、東西に分かれて出没する蝦夷の三郎・宮崎の二郎という船頭の名が出てくる。越後直江津《なおえつ》（直井の浦）を中心に、人売り人買譚が説経・能などにくりひろげられる。舞曲「信田《しのだ》」では、主人公信田太郎は、大津の辻の藤太に売られたのを皮切りに、京五条の馬喰座《ばくろうざ》の人商人王三郎の手を経て、近江から北上し、北陸道を転々と売られ歩いて津軽の外ケ浜《そとがはま》までやってくる。能「婆相天《ばそうてん》」は、直江津の問丸の主、問の左衛門なる在地商人が人売りであることが、諸国をわたり歩く人売りと異なっている。

三津七湊のうち三津（安濃津《あのうつ》・博多・堺）は、瀬戸内海から東日本太平洋岸にかけての要港であるが、七湊は三国（越前）・本吉（加賀）・輪島（能登）・岩瀬（越中）・今町（越後）・秋田または土崎《つちざき》湊（出羽）・

↘奥羽と北海道〜えぞと日のもと」『北からの日本史・函館シンポジウム7』三省堂、1988年
＊3　加藤鉄三郎「郷土地理と郷土史」うとう（30・31）1954年、　＊4　「津軽十三湊の研究」（東北大学文学部研究年報7、1957年）

十三（津軽）であり、越前から津軽までの、日本海沿岸一帯を基地としていた。これらのルートが早くからつながっていたことは、阿倍比羅夫の遠征記事からもあきらかである。

十三湊や秋田には「さんせう大夫」に関係のある伝説や説話が多く、岩木山創成説話には、岩木山の御神体は安寿姫《あんじゅ》となっているように、伝説が津軽の山岳信仰のシンボルにまで深く入りこんでいる。青森や三厩《みまや》・外ケ浜《そとがはま》の湊では丹後舟《たんご》を忌みきらい、その国の船が入港すると海が荒れるといい伝えがありる。これは岩木山の御神体が安寿姫であり、安寿を苦しめた「さんせう大夫」が丹後の者であったから、丹後人を忌みきらう船乗りの心理を生み、それがやがて丹後舟の入港を拒否する慣習につながったといわれる。*

イタコの語る「お岩木様一代記」という語り物は、「さんせう大夫」の津軽版、であるという。「さんせう大夫」の語り物の流入は、陸路から山伏・聖《ひじり》・巫女《みこ》らがもたらしたことも考えられるが、海路から十三湊などを経て入ってきたことも十分に考えられる。

秋田湊に近い秋田郡にも、農民版「さんせう大夫」が、身代り地蔵の霊験譚をからませたものとして存在する。丹後由良の「さんせう大夫」が、海路各地にバリエーションとなって伝えられ、仏教信仰ともからんで説教調になって定着したものであろう。余筆ついでに、丹後の甘塩といわれるように、塩生産の苛酷な労働と、交易の盛んなことが相まっていたことも、背景として考えておかねばならない。

(6)　庵原《いおはら》氏

天智天皇二年八月、百済王豊璋が、重臣の鬼室福信将軍を斬ったとの報が伝わるや、新羅は早速百

＊　岩崎武夫著『続・さんせう大夫考』平凡社、1978年。

済に侵入し、州柔城攻略を計画した。百済は、この新羅の動向を察知するや、諸将にこう告げた。

今聞く、大日本国の救将、庵原君臣《いおはらのきみのおみ》、健児《ちからひと》万余をひきいで、正に海を越えて至らむ。願わくは、諸《もろもろ》の将軍等は、預《あらかじ》め図《はか》るべし。我自ら往きて、白村（江）に待ち饗《あ》へむ（『天智紀』）。

百済救援の先鋒として大軍をひきいて日本から渡海してくるという知らせに、王みずから白村江に迎えるというのである。

庵原君臣は、『新撰姓氏録《しんせんしょうじろく》』という古代の諸氏の系譜を集成した記録には、「庵原公、笠朝臣と同祖、稚武彦命《わかたけひこのみこと》の後なり、孫の吉備建彦命《きびたけひこのみこと》、景行天皇の御世、東方に遣わされ、毛人及び凶鬼神を伐ち、阿部（倍）庵原国に到る。復命の日、庵原国を以てこれを給す」（「右京皇別下」）、とある。

神亀元（七二四）年四月、藤原宇合《うまかい》を持節大将軍（総司令官）として蝦夷征討軍が遠征したとき、「五百原君虫麻呂《いおはらきみむしまろ》」が従軍、凱旋後勲《くん》六等（従五位下相当）、田二町を下賜された（『続日本紀』）。

斉明天皇六年、百済救援軍派遣のための兵船建造を、駿河国に命じた。

百済のために、まさに新羅を伐《う》たんと欲して、すなわち駿河国に勅して船を造らしむ。すでにつくりおわりて、続麻《おみ》野（三重県明和町、祓川河口か）に挽《ひ》き至る時に、その船、夜中に故もなくして、艫舳《ともへ》相反れり。人々ついに敗れんことを知りぬ（『斉明紀』六年、是歳条）。

白村江遠征とこの記事は結びつくものであろう。回航を含め、造船と水手＝駿河、庵原氏の水軍が、日本水軍の中核をなしていたとみてよいだろう。

庵原郡には、現在の庵原郡から清水市・静岡市・志太郡にまたがる海域が入り、富士川・興津《おきつ》川・安倍《あべ》川・大井川の河口、清水港も含まれる。水運・海運・造船資材や技術にも恵まれ、水軍力の構成条件に恵まれている。

造船の立地条件としての伊豆半島の存在は大きい。

崇神天皇一四年、伊豆より大船を貢納（『皇年代記』）。

応神天皇五年冬十月、伊豆国にふれおおせて船を造らしむ。長さ十丈、船すでに成りぬ、試みに海に浮く。すなわち軽くうかびて、はやく行くこと馳《はし》るがことし。ゆえに、その船を名づけて枯野という（『応神紀』）。

応神天皇は四～五世紀の大和朝廷の大王《おおきみ》とみられている。倭の五王の記事がみえる『宋書』倭国伝の「讃」に擬定され、仁徳天皇陵と比較される「恵我藻伏岡陵《えがもふしがおか》」（羽曳野市）の存在は、大王を象徴している。

ただし、関東地方に大和朝廷の勢威が及んだとされているのは、稲荷山《いなりやま》古墳出土の鉄剣銘などから、五世紀後半から六世紀へかけてと思われるから、大船建造＝献上は「おそらく六世紀以後の出来事」という、永岡治の見方もあり、応神朝との直結は疑問である。*

応神天皇は、この大船建造について、その直前八月に、諸国に令して「海人部《あまべ》および山守部《やまもりべ》」を定

＊　永岡治『伊豆水軍物語』中公新書、1982年。

めた。海人部は、海人の管理と統率を役目とする責任体制であるが、海人の有力者を代表責任者として、官僚機構の中にくみこむことによって、懐柔と協力・支配をはかったものである。たびたびの遠征負担は海人に不満をもたらした。「処々の海人が訕哤《さば》めいて」命令に従わなかったのは、それぞれの地域の海人との意志疎通を欠いたことにもよるが、右のような事情によるのである。阿曇連の祖大浜宿禰が「海人《あま》の宰《みこともち》」（『応神紀』）に定められたのも、そのような背景からである。

駿河湾（沼津千本松原）

海人部の系譜は擬制的なものでなく、血縁関係にもとづくものであった。[*1] これら同族的系譜の成立時期は、七世紀後半の天武朝という。[*2]

有縁の仲間として実質的な連係を深め、大和朝廷の翼下に入ったのはいつか。上田正昭は県《あがた》の分析から、東の方尾張・美濃から越前までが前期古墳の分布と一致、その築造年代から推して五世紀代における大和政権の版図とされる。したがって駿河が大和政権の支配下に入ったのは六世紀以降ということになり、庵原氏が同族と連係をもった上限となる。六世紀は、継体・欽明両朝をピークとして、対朝鮮問題に激動の生じた世紀であり、国内から多数の氏族が朝鮮半島に動員され、水軍の活動がもっとも顕著に要請された時期である。

庵原氏と同祖に笠《かさ》氏がいる。その祖鴨別《かもわけ》のとき、吉備の波区芸県《はくぎのあがた》に封ぜられ、吉備一族とは同族とされる（『応神紀』二二年条、『古事記』孝霊天皇）。

＊1　後藤四郎「海部直の系譜について」［日本歴史］329、　＊2　上田正昭［日本古代国家成立史の研究］（青木書店、1959年）・岸俊男『日本古代政治史研究』（塙書房、1966年）

(7)吉備氏

庵原氏と同様に稚武彦命《わかたけひこのみこと》を祖とするのは吉備氏である。吉備一族は五世紀前半の築造にかかる岡山県総社市《そうじゃ》近郊の、造山古墳《つくりやま(ぞうざん)》(岡山市)・作山古墳《つくりやま(さくざん)》(総社市)の両巨大前方後円墳によって象徴されるように、古くからこの地方で権勢を誇った豪族である。地域的首長の墓である前方後円墳の全長比では、畿内を除けば吉備の古墳が上位に入る。

記紀の伝承中、大和王権の列島各地征服譚には、しばしば吉備の首長が加担して重要な役割を演じている。吉備津彦の西道(山陽道)派遣、武渟川別《たけぬなかわわけ》とともに出雲振根《いづもふるね》の謀殺(ともに『崇神紀』)、日本武尊の東征への吉備武彦の同行(『景行紀』)等々。尊の九州・西海道平定後、「吉備の穴済《あなのわたり》の神」と難波の柏済《かしわのわたり》の神のみが、害心あり毒気を放って路ゆく人を困らせているので、これら荒ぶる神を鎮めた(『景行紀』)。「穴」は「婀娜国」(『安閑紀』二年五月条)で、『旧事紀』・『国造本紀』には「吉備穴国造」とあり、これら海上の要衝になんらかの形で吉備氏が関与していたものだろう。

大和朝廷に対する反乱伝承も多い。吉備下道前津屋《しもつみちさきつや》が、帰国した一族の吉備の弓削部虚空《ゆげべのおおそら》を上京させず、謀反を企て、大女を自分に、小女を天皇に見たて互いに戦わせ、小女が勝つとこれを殺し、また大雄鶏を自分に、小雄鶏を天皇に見たてその毛を抜き翼を切り鈴金の距《あこえ》(毛づめ)をつけて戦わせ、小雄鶏が勝つとこれを殺した。天皇はその無礼を責め物部の兵士三〇人を遣わし、前津屋とその一族七〇人を皆殺しにした(『雄略紀』七年条)。

朝鮮に渡った上道田狭《かみつみちたさ》が、妻の稚媛《わかひめ》を天皇に奪われたのを怒り、新羅によって反抗した(同上)。それが尾を引き、女稚媛の生んだ星川皇子が清寧天皇の皇位継承にあたって起こした反乱を応援するため、吉備上道臣が船師四〇艘を率いて東上、途中皇子が殺されたのを知り引き返したが、天皇はこれを責め所有する山部を没収した（『清寧紀』）など。

これらは朝鮮遠征と重なりあうところが多い。反乱の原因もそのことと関係があるかもしれない。反乱鎮定後は天皇による直轄領屯倉《みやけ》が設けられ、中央からの田司《みたつかさ》、田令《たつかい》などの管理となり、そのことがまた反乱を生じさせ中央支配は強化され、隷属化は進行するが、吉備氏の有する水軍力は大和王権の中にとりこまれる結果となった。

児島《こじま》屯倉は海港である。吉備海部の根拠地である。王権の当初から狙いどころであったのかもしれない。海上権ばかりでなく、山部没収のような、吉備王権が保持し続けた鉄生産を大和王権が奪う狙いもあったかもしれない。反乱伝承は奪取過程で作られたともみられている。*1

吉備王権は、大和王権に比肩しうるか、代って統一の核になりうる可能性すら考えられるほどの実力を形成していた。吉備海部直の女黒日売《くろひめ》は仁徳天皇の后となっている。各方面に進出でき勢力を拡大できる有利な条件として海上輸送技術「水軍力の保有」があった。*2 多くの海部直の存在がそれを物語っている。星川皇子の反乱応援、吉備海部直赤尾が吉備弟君《おときみ》に従い出征、百済の戈伎《てひと》（技術者）を率いて大島（朝鮮慶尚南道南海島か）にいたった（『雄略紀』七年条）、吉備海部直難波が漂着した高麗使を海路送ったが波浪におびえ、使二人を海中に放りこみ、嘘の報告をし処刑された（『雄略紀』二年条）、吉備海部直羽嶋は、日羅を帰国させる使となり百済に渡り、児島屯倉につれ帰った（『敏達紀』一二年条）等々。

『日本書紀』には、海外遠征・海上に関する吉備氏の記事が多くみられる。

吉備上道臣田狭、雄略七年任那国司に任命され、その子兄君弟君兄弟も新羅に遠征。

＊1　松原弘宣「海上交通の展開」『新・古代の日本（4）』、角川書店、1991年、＊2　西川宏「吉備の首長と近畿政権」『古代の地方史（2）』、朝倉書店、1977年。

吉備臣小梨《をなし》、雄略八年任那日本府の将となり、新羅王を高句麗軍より救出。

吉備臣尾代《をしろ》、雄略二三年、征新羅将軍として蝦夷を率い、都より吉備を経て渡海。従軍した部下蝦夷の反乱を鎮圧。

吉備臣（名欠）、欽明四年、任那日本府の役人として百済聖明王と接触を保ったが、日本政府の方針に反し、阿賢移那斯《あけえなし》・佐魯麻都《さろまつ》と三人で新羅に通じたので、王は天皇に対し日本召還を要求した。

皇后伝承の多いのも特徴の一つである。

景行天皇
＝
若健吉備津日子《ワカタケルキヒツピコ》―播磨稲日大郎姫《ハリマノイナビノオオイラツメ》
〔稲日稚郎姫《イナビノワカイラツメ》〕

雄略天皇
＝
吉備上道臣《キビノカミツミチノオミ》―稚媛《ワカヒメ》
―星川皇子

吉備武彦─吉備穴戸武媛
＝大和武尊（紀）〈倭健命《ヤマトタケルノミコト》〉（記）
＝大吉備建比売《オオキビノタケヒメ》
大吉備臣健日子《オオキビノオミタケヒコ》

吉備武彦─御友別
兄媛《エヒメ》＝応神天皇

(8) 海部《かいふ（あまべ）》

『和名類聚抄』によると、上総・尾張・駿河・越前・丹後・但馬・因幡・隠岐・播磨・紀伊・安芸・淡路・阿波・豊後・肥前・肥後・筑前など海部の郷名・郡名にちなむ地名はたいへん多い。太平洋岸は千葉県、日本海側は福井県をそれぞれ東の限界としており、律令時代には紀伊・隠岐・豊後・尾張の四ヵ国に、海人が集中して住んでいた海部《あま》郡があった。

海部の職掌は海産物の貢納にあるが、大化前代にあっては航海技術者としての側面を見落としてはならず、朝鮮侵略の上で重要な役目を果たした。[*1] 漁撈的海部と航海的海部があり、豊後や尾張は後者的であろう。[*2]

吉備王権の首長墓は、平野部の有力部族共同体の外港として存在した港湾の管掌者のものであって、近畿・九州ひいては朝鮮・中国への門戸であった。

＊1　後藤四郎「海部管見」書陵部紀要（19）、＊2　田村円澄・荒木博之編『古代海人の謎』海鳥社、1991年。

『三国史記』新羅本紀に頻出する、夏季に集中的に朝鮮沿岸を荒らし、略奪をほしいままにする倭の記事がある。大和か北九州かあるいは朝鮮南部の加耶《かや》人かはわからないが、倭人としてのイメージが定着していたものであろう。倭人はあきらかに海賊である。[*1] これら集団の中に、吉備の水軍が混じっていたということもありえぬことではない、ともいわれる。[*2]

⑼吉備氏の限界

吉備氏は中国沿岸航路を掌握していた、古代水軍の代表的豪族であったと断言してよいだろう。

吉備とならぶ紀氏もその下に多くの海部直が存在し、両氏が同時代に朝鮮遠征・海上輸送に活躍したことは両氏に関係を生ぜしめた。吉備海部直羽嶋が、紀国造押勝とともに日羅を召す使として渡海、吉備上道臣大海は紀小弓宿禰の妻となり夫とともに新羅に渡ったが、夫の死後帰国し、大伴室屋が墓を造ってくれたことに感謝し、室屋に韓奴六口を贈った（後述、紀氏の項）。伝承ではあるがおそらく真実にちがいない。

紀氏は船材・造船・航海技術の面で長けていたのに対し、吉備氏はその地理的位置から兵力動員・鉄製武器の生産・軍事基地（児島屯倉《みやけ》も含む）としての役割に特徴を示しているように思われる。

それゆえ対外戦争によって、直接には朝鮮半島における消耗と、その補給を担当するための出費の増大で疲弊し、その割に得たものはほとんどない。

渡来人や被虜人の製鉄・農耕などの先進技術の大部分は畿内に集中し、在地豪族としての組織の古さは、手工業・農業生産に大きな役割を果たす品部・田部などの部民制の普及するあらたな支配方式のその後の新時代に対応できず六世紀には没落する。[*3] 奈良朝、右大臣にまで昇った吉備真備《きびのまきび》は、その

＊1　旗田巍『三国史記』新羅本紀の「倭」、＊2　後藤四郎「海部管見」書陵部紀要（19）、
＊3　平野邦雄「吉備氏と和気氏」『新・古代の日本（4）』、角川書店、1991 年。

威勢は大化前代にまで復活させたかのようであるが、吉備氏は中央王権に密着しすぎたがゆえに、同化吸収されたかの感がしないでもない。

⑽ 物部連《もののべのむらじ》

物部氏は『和名類聚抄《わみょうるいじゅしょう》』に、筑後・肥前に物部郷があり、筑前・豊前にも、物部を名のる人たちが住んでいた。宗像地方に物部氏関係の地名が多い。物部氏によって編成された在地氏族が、屯倉《みやけ》・県《あがた》という朝廷直轄の管理領を通して、朝廷関係部民を宗像氏の外縁部に配置し、大和朝廷の軍事力を構成して、宗像の水軍力を活用していったのではないか、という指摘がなされている。*

継体天皇九年（五二五）、物部至至《ちち》連、舟師五〇〇艘をひきいて百済帯沙江《たさのえ》に行き、百済を侵した伴《は》跛《え》国を討った。

持統天皇一〇年（六九六）四月、伊予風早郡（愛媛県北条市）出身の物部薬《くすり》は、百済救援の役の捕虜となった苦労に対し、「唐の地に苦《くるし》ぶることを慰《ねぎら》いたまうとなり」とて、「追大弐」の位のほか絁《ふとぎぬ》四匹・糸・布・鍬・稲・水田などを下賜されている。物部熊は、後将軍阿倍比羅夫の水軍の一翼を指揮している。

物部君夏花《なつはな》は、多臣の祖武諸木《たけもろき》、国前臣の祖菟名手《うなて》らとともに、景行天皇の筑紫行幸のとき、先行して偵察の役目をはたしている（『景行紀』）。多《おお》氏・国前《くにさき》氏らとともに北九州の水軍連合の中心であったのだろうか。

＊　直木孝次郎『日本古代兵制史の研究』吉川弘文館、1968年、正木喜三郎「宗像の海人」［歴史手帳（13-9）］、1985年。

⑾紀　氏

岸俊男氏は、紀氏の大和朝廷内での水軍豪族としての位置と活動の実態を明らかにされた＊。紀氏—木ノ国—船材（クス）—水軍という相関関係を前提に、大和朝廷の朝鮮経略の渡海作戦を検討したものである。

『日本書紀』の大化前代の記載には、紀氏関係の伝承が多く、紀角宿禰（『応神紀』・『仁徳紀』）・紀小弓宿禰（『雄略紀』）・紀大磐（生磐）（『雄略紀』・『顕宗紀』）・紀男麻呂宿禰（『欽明紀』・『崇峻紀』）というように、人物も時代も整えられた形であらわれ、伝承の大部分が大和朝廷の朝鮮経営や外征に関するもので、紀氏に関する記載はきわめて特徴的、と岸氏は指摘している。

その内容は重要な史実を秘めており『百済記』にもとづいているが、家伝からの潤色もあったようである。和銅七年二月、紀朝臣清人は三宅臣藤麻呂とともに国史を撰進する詔をうけている（『続日本紀』）。修史事業に紀氏がかかわったことと、書紀の紀氏関係記事はまったく無縁ということはありえない。それゆえ史実としての信頼は期待できない面があり、他の面から傍証することによって、推定できなければならない。

紀氏の活躍は、『日本書紀』にかぎらず、『続日本紀』・『日本霊異記』などにもみられる。『古事記』孝元天皇条に、天皇の皇子比古布都押之信命《ひこふつおしのまこと》が、木国造の祖宇豆比古《うづひこ》の妹、山下影比売《やましたかげひめ》を娶って、武内宿禰を生み、その男子の一人に木角宿禰《きのつぬのすくね》がおり「木角宿禰は、木臣・都奴臣・坂本臣の祖也」とあり、木・角・坂本同祖同族であると述べている。都奴（角）は、周防国都濃《つの》郡に比定される。

紀氏は紀伊を根拠地とし、その一族・同族は瀬戸内海の要地を占拠していた。たとえば、伊予国越智郡の越智直《おちのあたえ》広川らの七世の祖、紀専世《ひろよ》が伊予に派遣され、孫忍人が越智氏の女との間に在手《ありて》をもう

＊　岸俊男『日本古代政治史研究』（第２章　紀氏に関する一考察）塙書房、1966 年。

け、在手は母の姓を称し今日にいたったが、いま本姓紀臣を賜わりたいと願った話（『続日本紀』）、越智郡に接する野間郡の熊野峰（今治市万乃か）は、昔、熊野という船を造ったところであるという伝承（釈日本紀所引の『伊予国風土記』に曰くとある）、奈良手向山《たむけやま》神社蔵の紀氏系図には「伊与（予）守益躬、河野先祖也、子孫注裏、今ハ越智氏」とある（岸氏前掲書）。豊前国上毛郡擬大領紀宇麻呂なる存在（『続日本紀』、天平一二年九月己酉条）が知られ、この地方にも分布が認められる。

紀氏は、瀬戸内海の二大ルート、一は中国地方沿岸ぞい、二は、四国側を讃岐沖から備後灘を通り、来島《くるしま》瀬戸を経て西に向かうものであり、ともに周防の熊毛郡（光市周辺）沖で合し、室積や佐波《さば》の港（防府市）に入ったといわれている。二のルートは、阿波板野・讃岐大内・寒川・山田・鵜足・刈田（引田）伊予越智・野間・周防都濃・佐波など紀氏の瀬戸内海における分布と合致する。

紀伊・和泉から讃岐・伊予・周防・豊前と瀬戸内海航路の一つを掌握していたらしいことがわかると、大和朝廷の外征は紀氏の全面協力なしには困難であったろうと思われ、紀氏の存在の重要さがうかびあがってくる。

もう一つの瀬戸内海航路＝中国地方沿岸の勢力として、吉備氏の存在がある。

紀氏と吉備氏はともに朝鮮経略で活躍したが、紀小弓宿禰《をゆみのすくね》の妻が吉備上道采女大海《きびのかみつみちのうねめおおあま》であり（『雄略紀』九年条）、大海は大伴室屋《むろや》が小弓のために田身輪邑《たむわのむら》（淡輪《たんのわ》＝大阪府泉南郡岬町）に墓（古墳時代中期に属する西陵《さいりょう》古墳・西小山古墳・宇度《うど》墓などがあり、西陵古墳が紀船守か小弓の墓と伝えられている）を造ってくれたことを喜んで、韓奴《からのやっこ》六口を室屋に送った。韓奴は吉備上道の蚊島田邑《かしまだのむら》の家人部である、と『日本書紀』は記している。

宗像氏とのつながりについては、朝廷は雄略天皇九（四六五）年二月、凡河内直香賜《おおしこうちのあたえかたぶ》を派遣し宗形

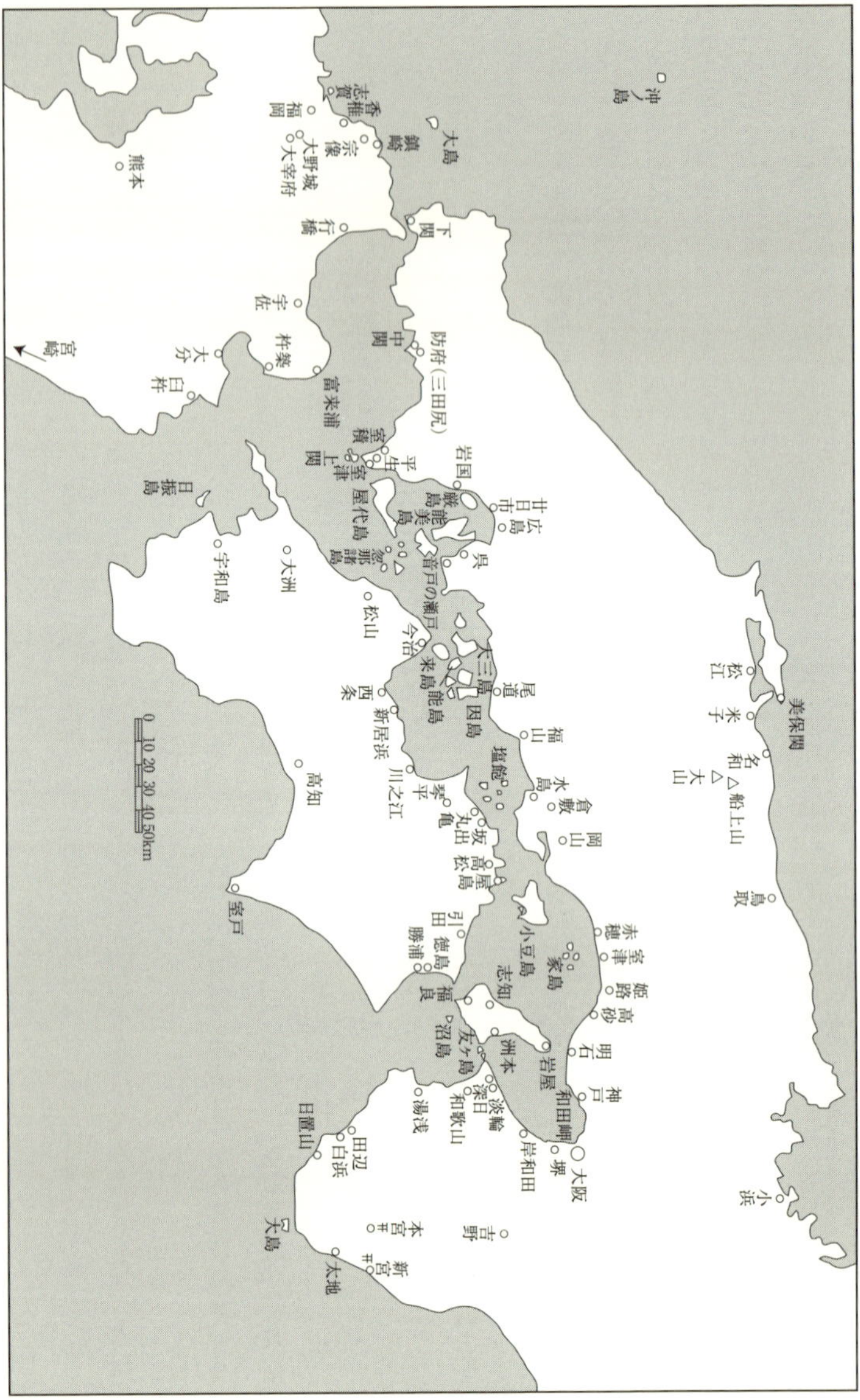

図8・中国・四国・九州海域図

神を祭らせたところ、香賜が采女を壇所（カムニワ）で犯すという事件があり、難波吉士をつかわし、誅せしめた、とあることで知られる。天長五（八二八）年三月、宗像郡大領宗形朝臣秋足の妻難波部安良妻《なにわべのあらめ》なる名が見える（『類聚国史』五四、人部・節婦）。ただ「吉士」が紀氏と直接つながらないカバネの海事専門集団であることは、三浦圭一の研究に明らかであるが、*岸俊男は・日鷹吉士＝紀伊日高郡、貴志里＝同名草郡などの人名・地名から、わずかではあるが、紀氏との関係を推測している。

⑿王朝水軍の意義

白村江の戦に参加した氏族を中心に王朝水軍を概観した。

河辺臣・物部連・秦造・安曇連・阿倍臣・庵原君臣・吉備氏・上毛野君・巨勢臣・そして紀氏など、伝承を含みながらではあるが朝鮮経略の外交・軍事面に大きな働きを示した。

阿倍氏は北陸から東北方面の日本海沿岸、庵原氏は東海道方面の太平洋沿岸、安曇氏や宗像氏は北九州沿岸、吉備氏は山陽道沿岸、紀氏は紀伊から四国への瀬戸内海沿岸のそれぞれの地域と海上ルートを掌握し、その配下に一族・同族はじめ国造級や大領級の、越智氏や利波氏・佐伯氏・播磨直・角鹿直など、各地域の豪族が編成され、その下に海民集団海人部がおり、また造船の技術集団も、それぞれ下部機構として組織・統率された。王朝水軍として白村江に動員された日本水軍は、作戦失敗で壊滅したとはいえ、全日本軍としてかなり組織された軍事力であったといえよう。

ただし、『日本書紀』によるかぎり允恭紀以降、海人に関する記事はなくなる。大和王権の統一過程・統一直後の海人と、統一の体制が整備された時期の海人（または海部）とでは、王権側からの位置づけに変化がおこったものだろうか。『万葉集』や『風土記』に登場する海人は別として、歴史の表面に

＊「吉士について」『中世民衆生活史の研究』思文閣、1981年。

出てくる政治組織の一端をになう存在ではなくなったことは確かであろう。

国前氏・角鹿海直・利波臣・五百原君（庵原）・河辺臣・守君・狭井連・上毛野君・間人連・巨勢神前臣・三輪君・大宅臣などについては割愛する（拙著『日本水軍史』参照*）。

＊　佐藤和夫『日本水軍史』原書房、1985年。

第3章　律令時代の水軍

1　日本と新羅の関係

六六三年に白村江の戦で敗れてからの日本の緊張と不安は大きく、築城・防人《さきもり》・烽《とぶひ》など九州から瀬戸内・近畿にかけての防衛体制の構築が大規模であったことは既述のとおりである。六六七年、飛鳥岡本宮から滋賀大津に都を遷したのも、内陸部で防ぎやすい、日本海へ脱出しやすい、近江・若狭・美濃の戦闘能力にすぐれ、生産技術や先進文化の担い手である百済遺民・百済系日本人を頼れる、ということも大きな理由であった。

七世紀末から八世期、奈良朝の治世には新羅との外交関係が国内政治にも大きく影響した。また、新羅を軸とする朝鮮半島・中国の情勢も、旧高句麗人を主とする渤海や旧百済遺民の抵抗などがあり不安定なもので、直接間接に影響した。

六六八年、新羅は一二年ぶりに日本へ貢調使を派遣した。この年高句麗は、唐・新羅によって滅亡した。新羅の日本への接近は、対高句麗のためであった。

唐は百済・高句麗滅亡のあと朝鮮全土の征服を目ざし、かつて連合国であった新羅としばしば交戦した。六七四年、唐の新羅侵略がはじまると、新羅は天武天皇（在位六七二―六八六年）の賀騰極使《がとうごくし》（即位を賀す使）および天智《てんじ》天皇（六七一年没）の弔喪使《ちょうもし》を派遣した。六七七年、唐が後退すると貢調使のほか請政使《しょうせいし》（外蕃の君長が皇帝に国情を報告する使）を派遣し、六九七年まで、じつに二六回に及ぶ頻度であった。迎合的外交関係という評も当然である。

そのため日本側に「小帝国」の思想が芽生えてきた。[*1]

六八七年、天武天皇の喪を告げる使を送ったが、受勅の官人の位が先例とちがい、一ランク下の者であったので勅を渡さず帰国したことを責めた。六八九年、新羅使の違礼を責めその貢献を拒否した（『持統紀』三年五月条）。六九五年新羅王子金良琳《こむらうりむ》の来朝を最後に両国の関係は疎遠になった。

新羅は聖徳王・孝成王・景徳王時代、国政が整い唐との関係も回復し、日本へ臣従の礼を国内外の安定のためにやむなくとってきたことも不要となった。

日本の小帝国思想とは、「蕃国（未開の国）とは新羅なり」（令集解《りょうのしゅうげ》に引かれた「古記」）、「金弼徳《こむひつとく》ら蕃に還る」（『続日本紀』文武天皇・大宝二年三月条）、「蕃の君」（同大宝三年閏四月条）、「蕃国に遊学」（同養老六年四月）という華夷《かい》の表現としてあらわれており、神功皇后の侵略伝説が公的にとりあげられたことなどにもあらわれている。[*2]

日本への敵対感情が再燃し、警戒心が高まるのは当然であった。文武王（在位六六一―六八一）は、白村江の勝利がなければ三国統一はできなかったろうとつねにいっており、誇りであった。日本の退散祈願の感恩寺（慶尚北道月城郡陽北面奉吉里）を建て、死後海竜となって日本軍の侵入を防ぎたいとの念願から、感恩寺前面の東海（日本海）の岩中に、遺勅として海中陵（石棺）を作らせた。陵が築かれた小さな奇岩を大王岩という。このことは伝承であり、海中陵・感恩寺の存在は事実であるが、本来は新羅人の東海へのあこがれと、竜王への畏敬の念にもとづくのだろうか、ともいわれている。[*3] 感恩

＊1　山尾幸久『古代の日朝関係』塙書房、1989年、　＊2　山尾幸久『古代の日朝関係』同、井上辰雄『実証古代朝鮮』日本放送出版協会、1992年、　＊3　高橋隆博『韓国史跡と美術の旅』創元社、1988年、水谷慶一『続・知られざる古代』日本放送出版協会、1981年。

寺は、工事半ばで亡くなった父文武王の冥福を祈るため神文王が六八二年に完成したという（『三国遺事』）。

新羅の対外政策は唐と日本のはざまで揺れていた。六六九年、文武王が唐に宛てた書翰には「唐国家では船舶をさかんに修理しており、外面的には、倭国を征伐するためといっているが、その実は新羅を攻撃しようとしている」という噂が流れ、驚きと不安につつまれたと、複雑な関係を述べている（大唐総管薛仁貴《せつじんき》への返書、文武王一一年七月条、『三国史記』）。薛仁貴・文武王両者の書翰には、（六七一）数万の軍「仁貴の楼船、竟《ここ》に風帆に翼し、旗をつらね北岸をめぐる」・「楼船、滄海《そうかい》に満ち、艫舳《ともへ》江口に連る」と、朝鮮半島沿岸の唐水軍の威圧を表現している。

同年、対馬国司からの通報として、筑紫君薩夜麻《つくしのきみさちやま》・沙門道久《ほうしどうく》・韓嶋勝娑婆《からしまのすぐりさば》・布師首磐《ぬのしのおびといわ》ら四人が、「唐人の計る所を奏聞せんと」・「唐国の使人郭務悰《かくむそう》ら六〇〇人、送使沙宅孫登《さたくそんとう》ら一四〇〇人、総べて二千人、船四七隻にのりて比知島に泊りて」、このまま多数の人・船が日本沿岸に姿をあらわせば、防人と交戦の恐れがあることが懸念されるから、前もって連絡を申し上げるのだ、といってきているという（『天智紀』一〇年一一月条）。薩夜麻は百済派遣軍として白村江の戦に従軍、捕虜となっていた（第2章1・2）。二千人の中には薩夜麻らのような帰還被虜人や、百済遺民なども含まれていたであろうが、もちろん、唐水軍の船団で、薛仁貴の軍団の一部であったと思われる。

(1)遠征計画

八世紀に入り、緊張状態は続き、七二二年新羅は慶尚北道月城郡に毛伐郡《もうばつぐん》城を築造、日本の賊の侵入路の遮断をはかった。七三一年、日本の兵船三〇〇艘が、東部辺境を侵したが、新羅によって撃退された。上記は日本側の記録にはみえず、『三国史記』にのみみえるが、倭寇的行動で、日本の正史に記載されるような、名分をもった事件ではなかったからであろう。

七三三年、新羅は唐側に与し、渤海との戦闘に大きな犠牲をはらった。七三四年、新羅は国号を「王城国」と改めたというので、新羅使を還した（『続日本紀』天平七年二月条）。七三五年、唐・新羅との間に大同江（浿江《ばいこう》）以南領有が決まり、文武王一〇年（六七〇）以来の対唐戦争が正式に終結し、新羅は対等外交の姿勢を高めた。玄宗皇帝の唐は次第に衰えを見せ、渤海はしきりに日本に使節を送り、新羅の侵略を牽制しようとした。

七三七（天平九）年二月、遣新羅使が、新羅国の常例を失したので使旨を受けられず帰国、翌年、大宰府に命じて新羅使を放置、七四三（天平一五）年、新羅使の調物《みつぎ》を「土毛」（土産品）と改称してきたので失礼なりと放還（『続日本紀』）、新羅も七四二年に日本の使者を放還、七五三（天平勝宝五）年、傲慢無礼《ごうまんぶれい》ということで景徳王は会見せず放還している。

その前年七五二年には、東大寺大仏の開眼供養が行なわれ、新羅王子金泰廉《こむたいれむ》以下七〇〇人七艘で来朝、祝賀を述べて円満な雰囲気であった。このときに神功皇后以来、「我朝の藩屏」であることを日本は使節に強調している（『続日本紀』）。一時的な友好は新羅の対渤海策という。

七五九（天平宝字三）年、大宰府に令して新羅を伐つための行軍の式をつくらしめた。同年、五〇〇艘の造船を命じた。北陸道諸国八九艘、山陰道一四五艘、山陽道一六一艘、南海道一〇五艘を三カ年計画で営造せよ、というもので「新羅を征せんため」であった。この年三月、大宰府から、博多・壱岐・対馬など要害の処に一〇〇艘以上の船を置き不慮に備うべきに、役に立つべき船がないのは大きな不安であると奏言されている。

七六一（天平宝字五）年　美濃・武蔵二国の少年を国ごとに二〇人ずつえらび　新羅語を習わせた。「新羅を征せんため」であった。通訳養成であるのはもちろんだが、なぜ美濃・武蔵でなければならないか。また征新羅を目前にして泥棒を捕えてから縄をなうような促成で役に立つのか。たぶん両国には百済・高句麗または新羅系の移民の入植者が多く、それらの子弟をして教育研修を行なわしめたのだろう。

同年一一月、節度使正副・判官・録事・兵士・子弟・船舶・水手の任命・新羅遠征の大動員の令が出された。内訳は左のとおりである。

東海道節度使（正）藤原恵美朝臣朝狩《あさかり》
〔一二カ国〕（副）百済朝臣足人《たるひと》・田中朝臣多太麻呂《ただまろ》
船舶　一五〇隻
兵士　一万五七〇〇人
子弟　七八人
水手　七五二〇人
（内、二四〇〇人は肥前国、二〇〇人は対馬より充当）
南海道節度使（正）百済王敬福《くだらのこにきしきやうふく》
〔一二カ国〕（副）藤原田麻呂《たまろ》・小野朝臣石根《いわね》
船舶　一二一隻
兵士　一万二五〇〇人

子弟　六二人
水手　四九二〇人
西海道節度使（正）吉備《きび》朝臣真備《まさび》
〔九ヵ国〕（副）多治比真人土作《たじひのまひとはにつくり》・佐伯《さへき》美濃麻呂
船舶　一二一隻
兵士　一万二五〇〇人
子弟　六二人
水手　四九二〇人
計船　三九二隻
兵士　四万七〇〇人
子弟　二〇二人
水手　一万七三六〇人

三三カ国、約四〇〇隻、六万人弱の動員編成である。東海道節度使管掌の一二カ国のうち、上野・下野・武蔵は東山道に属するが、便宜上管掌したものかもしれない。肥前・対馬の水手が充当されているのは、管掌諸国中に海を持たない国があったためと思われる。

一隻平均兵士約二〇〇人、水手五〇人、積載量二〇〇石前後の準構造船（単材または二材以上の刳船《くりぶね》の上に舷側板を設けた構造の船）による船団編成である。

	船（隻）	兵士	子弟	水手
東海道	一五〇	一万五七〇〇	七八	七五二〇
南海道	一二一	一万二五〇〇	六二	四九二〇
西海道	一二一	一万二五〇〇	六二	四九二〇

東海道（一二カ国）　遠江・駿河・伊豆・甲斐・相模・安房・上総・下総・常陸・上野・武蔵・下野（含、肥前・対馬）
南海道（一二カ国）　紀伊・阿波・讃岐・伊予・土佐・播磨・美作・備前・備中・備後・安芸・周防
西海道（九カ国）　筑前・筑後・肥前・肥後・豊前・豊後・日向・大隅・薩摩

節度使の役割は計画にもとづいて動員された船・兵士らを「点定《てんじょう》」検じて確定すること、「悉く弓馬に赴き、兼ねて五行の陳（陣）を調習」させる訓練の実施、兵器の製作であった。ただし、この動員計画は、南海道・西海道のものがまったく同じであり、机上のプラン段階のものであった（以上、『続日本紀』）。

子弟と兵士の関係であるが、一対二〇一だが、各兵士数から一〇〇を引き子弟数で割ると一対二〇〇になる。子弟一人が兵士二〇〇人の指揮官ということになる。*1 子弟とは郡司子弟のことであり、国学入学とともに、兵衛出仕（軍防令三八）という出身法上の特権を有し、律令官人に連なることで、郡領氏族の再生産をはたす構造をもっていた階層である。*2

また、現任郡領の親族という政治的位置のみならず、「大領」「少領」「主政」「主帳」らとならび、

＊1　北啓太「天平四年の節度使」『奈良時代史論集（上）』、1984年　＊2　今泉隆雄「八世紀郡領の任用と出自」［史学雑誌（81-12）］。

香椎宮

在地においてある政治的地位を占めており、郡司の職員に準ずるものとみなされ、郡発給文書に署名するなどの行政事務に従事していたといわれる*（岩波・新日本古典文学大系『続日本紀』三、補注23―二四以下参照）。

子弟は「強幹《こわくつよく》して、弓馬に便ならん者」（軍防令三八、兵衛条）であり、二〇〇人の指揮官クラス（校尉）の若者のイメージが浮かぶ。国別にすれば一国五～八人になる。いいかえればかれらは水軍の指揮官であり、武将である。水軍豪族の伝統を背景としたものであり、一隻四〇～五〇人の水手（梶取・船頭も含め）の漕ぐ船二隻平均の責任者、三〇〇人弱前後の実戦軍団を率いる第一線水軍の将といえようか。机上のプランにせよ、かなり現実の政治組織をもった実現可能な内容をもっていたことと思われる。

翌七六二（天平宝字六）年一一月、香椎宮《かしいのみや》（福岡市）に参議藤原巨勢麻呂《こせまろ》らを派遣奉幣させた。「新羅を征せんか為に軍旅を調習せしむるを以ってなり」（『続日本紀』）との目的であった。同じ月に伊勢にも奉幣使派遣があった。

(2) 藤原仲麻呂の乱

この遠征計画の当事者は、藤原仲麻呂〈恵美押勝《えみのおしかつ》〉（七〇六―七六四）であった。不比等《ふひと》の子

* 平野友彦「郡司子弟小論」［佐伯有清編『日本古代政治史論考』1983年。

南家武智麻呂の子である。式家藤原広嗣の乱後政界進出、叔母光明皇后の信任を得て勢力を振い、聖武天皇退位、孝謙女帝即位後宮職名を唐風に改め、みずから皇后宮職に相当する紫微中台《しびちゅうだい》の長官となった。皇太子道祖王《ふなどおう》に淫らな行ないあったということで退け、女婿の大炊王《おおいのおう》（淳仁《じゅんにん》天皇）を擁立した。七五七年には、橘奈良麻呂《たちばなのならまろ》の反乱をおさえた。大臣として「汎《ひろ》く恵むの美、これより美なるはなく」、奈良麻呂事件に対して「暴を禁じ強に勝ち、戈《か》（武器）を止め乱を静む」と自画自讃して、淳仁天皇から「恵美押勝」という名を与えさせた。

准大臣である紫微中台から右大臣である太保となり、従一位大師（太政大臣）—正一位と極位極官をきわめ、子供の朝狩《あさかり》（東海道節度使）らを参議（大臣・納言に次ぐ重職）につけ、父子四人公卿の座を占めた。

仲麻呂が登場する八世紀半《なか》ばには、律令兵制の兵士徴発が次第にうまくゆかなくなり、健児《こんでい》の制が行なわれるようになる。仲麻呂は天皇を中心とする新しい強力な官僚政治を作りあげようとした。律令制度の先進国唐の制度の再認識から、光明皇后《こうみょうごうごう》を周の則天武后《そくてんぶこう》に、また官号唐風改易となる。遣唐使が大きな影響を与えた。さらに、律令制支配のもっとも根本となるものとしての国家版図の確立のために「新羅遠征」があった。[*1] 華夷思想・日本小帝国的姿勢は仲麻呂時代にもっともふくらんだのではなかろうか。

紫微中台の地位によって兵権を掌握し、「戒厳令の布告」[*2]ともいうべき、京中で二〇騎以上の集団を禁じ、諸氏の長が一族を召集することを禁じたりというように、他の貴族の動きを牽制した。反対にみずから都督使として、本来なら国ごとに二〇人ずつの召集訓練とするところを一挙に六〇〇人に増員させる強権発動も、仲麻呂なら可能であった。橘奈良麻呂を謀叛に追い込み軍事独裁体制をうち

＊1　井上満郎『平安時代軍事制度の研究』吉川弘文館、1980年。　＊2　岸俊男『藤原仲麻呂』吉川弘文館、1987年。

立てたその背景には、唐の安禄山《あんろくさん》の変の情報があり、危機感を抱いたという。七六一（天平宝字二）年、淳仁天皇を近江保良宮に行幸させ、正月には節度使を任命、七六二年二月には、仲麻呂のよき「爪牙《そうが》*1」の中衛府を強化し、同時に仲麻呂による健児《こんでい》*2制が行なわれた。

このような独裁体制は反対派貴族ばかりか、一族内部からも反発を買った。孝謙女帝周辺に、反対派が勢力を結集するのは当然であった。

光明皇太后の死、孝謙女帝の看病禅師道鏡《どうきょう》の登場により、しだいに女帝の不興を買い孤立していった。ロボットである淳仁天皇をして、道鏡との仲を意見させたのが発端であるが、その結果、国家の大事と賞罰の権は女帝がとりあげ、淳仁天皇は祭事と小事のみに制約されてしまった。

仲麻呂は、国内の不満を辺境や対外関係との緊張関係をつくることによって、専制の維持をはかってきた。蝦夷の経営の一つとして七五八（天平宝字二）年、桃生城《もものふ》・雄勝城《おかち》をつくり、翌年には大宰府に行軍式をつくらせた。唐の安禄山・史思明《ししめい》の反乱を遣渤海使の報告によって知ったからである。唐は内乱に疲れて、新羅救援はおぼつかないだろうから、日本の遠征の好機と考えたのである。その段取り準備として既述の少年通訳の養成、軍船・兵士・水手・子弟の大動員計画となったわけである。

(3) 吉備真備《きびのまきび》

七六四年九月一一日、仲麻呂は反乱をおこし、同月一九日追討軍によって斬殺された。

反仲麻呂政権は、前年から仲麻呂専制への包囲体制をせばめていた。仲麻呂に近い少僧都《しょうそうず》慈訓は取り締り不行届きということで僧綱《そうごう》*3の座を追われ、代って道鏡が少僧都となった。仲麻呂を支えてきた巨勢堺麻呂《こせのさかいまろ》・石川年足《としたり》・藤原御楯《みたて》らの死去、仲麻呂に左遷され筑前守大宰大弐のような遠距離に追

*1　主君の手足となって働く家臣。　*2　日本古代の兵制。諸国の豪族・家父長層の子弟から兵を採用。　*3　僧・尼を統率し諸寺を管理する官職。

われていた吉備真備が造東大寺司に帰り咲き、大量の器材・人材を擁する潜在的軍事力をもつ東大寺を掌握した。真備は、『私教類聚《しきょうるいじゅ》』などの著で知られるように、奈良時代の大儒であった。

吉備氏は、古くから水軍豪族として威を振ったことは既述のとおりである。一九年間にわたって唐に留学、帰朝後も第一〇次遣唐使の副使として唐に渡っている。僧玄昉《げんぼう》とともに橘諸兄《たちばなのもろえ》政権のブレーンとして活躍した。七四〇（天平一二）年、大宰少弐藤原広嗣が九州で反乱をおこしたときの名目が、玄昉・真備の専権を非難し、排除するというものであったように、政権の中枢に位置した。遣唐副使として帰国後、大宰大弐となり、怡土《いと》城の築城、安禄山の変が伝えられると、五〇日を軍事訓練一〇日を築城に宛てることを献策するなど軍備に積極的であり、中央の授刀舎人《じゅとうとねり》・中衛舎人《ちゅうえとねり》（のちの近衛府）らが大宰府まで赴き、真備から「諸葛亮《しょかつりょう》八陣・孫子《そんし》九地及結営向背」を学ぶほど、兵学に通じていた。

七六一（天平宝字五）年の仲麻呂による新羅遠征軍の水軍動員には西海道節度使となっている。三年の田租を免除するかわりに弓馬の訓練を行ない「五行之陳（陣）」を習わせることを行なっている。「軍事行政官ではあるが兵制にもたけた人物」で、「第二次」健児《こんでい》制の実施に仲麻呂を支えたこともあったという＊。

秋になり、まきかえしをはかった仲麻呂は、都督使四畿内・三関（伊勢・美濃・越前）・近江・丹波・播磨など国兵事使という官に、淳仁天皇により任命された。都督使は諸国（一〇カ国）の兵士を国ごとに二〇人ずつ都督衙（仲麻呂邸）に集め、五日間ずつ教練することであった。

仲麻呂は太政官大外記高丘比良麻呂《たかおかのひらまろ》に、一国あたり六〇〇人動員令を書かせた。通常の三〇倍という異常さである。比良麻呂は後難を恐れ、女帝に密告した。女帝は少納言山村王を淳仁天皇の許に派遣、駅鈴と天皇御璽《ぎょじ》を回収させた。仲麻呂は三男儒麻呂《くずまろ》らに山村王の帰途を襲わせた。儒麻呂はかえ

＊　井上満郎『平安時代軍事制度の研究』吉川弘文館、1980年。

って護衛の坂上苅田麻呂・牡鹿嶋足《おじかのしまたり》らによって射殺された。

逆賊仲麻呂には官位・俸給剥奪の勅が出され、逃亡後、琵琶湖上に追いつめられ斬殺された。

翌日から月末にかけて論功行賞があり、道鏡は一躍大臣禅師となり脚光を浴びた。孝謙女帝は淳仁を廃し、称徳天皇として重祚《ちょうそ》した。七月・一一月に東海・西海道節度使を罷《や》めている。このことは新羅遠征計画が中止されたことを意味している。

聡敏・学識・権力・門閥どれ一つ不自由のない権勢ぶりが、藤原氏・天皇にまで反感をもたれ自滅した。

朝鮮半島では、新羅王朝の貴族内部の対立があり、七六八年以来内乱が続き、日羅関係は政治的国交よりも貿易的なものへ変質していった。七八〇（宝亀一一）年以後、日本の遣唐使判官を捜索して送り届けたのを最後に、公的交渉は絶える（『続日本紀』）。

新羅は王位継承の争いから、権臣張宝高（保皐《ほこう》）らがからみ政治が混乱、九世紀は全国に動乱がひろがり、後三国時代といわれる状態となり、九一八年、高麗王朝が成立した。

新羅人の海外流亡も多く、日本への移住も増加した。[*1] 移住の生活は本国と変わることなく苦しい日々を余儀なくされたかれらは、八二〇（弘仁一一）年、遠江・駿河の七〇〇人で反乱をおこした（『日本紀略』同年二月条）。伊豆国の貯穀を盗み海上にのがれたというから、貧困に耐えきれなくなったことが原因であった。八二四年にはそのため帰化を認めなくなった。[*2]

海賊行為も、八一二（弘仁三）年、二十余隻で対馬を襲い、翌年には新羅人一一〇人が肥前小近島《おちか》（小値嘉）に上陸、現地民と争い、九人が打殺され、一〇一人が捕えられた（『日本後紀』弘仁四年三月条）。八六九（貞観一一）年には、上貫の綿が掠奪されている（『三代実録』貞観一五年一二月条）。

＊1　「日本紀略」には新羅人180人、43人、144人等、集団帰化の記事が頻出する［弘仁7、8年条］、　＊2　朝鮮史研究会編『朝鮮野歴史』三省堂、1974年。

七世紀末から八世紀・九世紀初頭にかけては、対外関係の緊張は新羅を軸に展開したといってよい。慢性的な緊張状態—戦争への介入は天智天皇・藤原仲麻呂ともに共通する発想で、外交・軍事権の掌握につながる。海外遠征は、水軍の編成・水軍豪族の国家体制へのくみこみの促進となった。ただし、軍防令などには残念ながら水軍としての条項はない。

2　新羅人の活動——円仁《えんにん》と張宝高

円仁（七九四—八六四）、慈覚大師《じかくだいし》、天台宗山門派の祖。下野、壬生《みぶ》氏の出。一五歳で最澄《さいちょう》の弟子となり、八三八（承和五）年入唐、天台山・大興善寺などで学び八四七（承和一四）年、帰国した。在唐一〇年の見聞録が『入唐求法巡礼行記《にっとうぐほうじゅんれいこうき》』である。仏教関係、遣唐使・留学生、唐の政治・社会・経済・文化全般にわたる日唐文化交流の貴重な記録であり、同時に新羅人の動向についてもうかがい知ることができる史料でもある。

天台請益僧《しょうやくそう》*として第一七次遣唐使に加わり、二度の渡航失敗の後三度目に実現したのが承和五年であった。揚州滞在中に、新羅人の王請の訪問をうけた。王請は八一九（弘仁一〇）年、唐人の張覚済らとともに交易のために渡海し、悪風のため三ヵ月も船が流され出羽国に漂着し、その後長門に行ったと、上手な日本語で語った。

通訳としての新羅人の存在も散見する。円仁は帰朝する一行から別れ、唐に留住する方法を、新羅訳語《おさ》金正南や劉慎言に依頼しているなど、現地案内者として深い役目を求めている。帰国する遣唐使一行の船団は九隻の新羅船であった。留住して天台山での求法を悲願とする円仁は、一行と別れて海

＊　師を尋ねて疑を決するを目的とする短期入唐研究僧

州東海県東海山付近の岸上から船団を見送った。直後「海賊」「悪賊」十余人に出交《でくわ》した。恐怖におそわれたが、じつは新羅人の船のりであった。新羅人の住む家に案内され、旅の目的を問われ、円仁らは新羅僧と名乗るが、新羅語でも大唐語でもないことを見破られ、日本僧であることがわかってしまう。官憲の取調べをうけ、遣唐使船に連れ戻された。

ところが山東省邵村浦《しょうそんほ》に碇泊中、張宝高についての情報を得て、ふたたび唐に留住する決意が起った。新羅訳語の金正南と留住の相談をしたとき、張宝高の支援を受ける必要がある、と助言されていたからである。

張宝高（?〜八四一）、弓福・弓巴・張保皐。新羅人、唐の徐州に渡り軍人となり、のち新羅に帰り、清海鎮（全羅商道莞島《ぜんらなんどう》［木浦南方］）を根拠地に海賊討伐に功を挙げた。八三九年、王位継承争いに敗れて清海鎮にのがれた金祐徴《ゆうちょう》を助けて閔哀王《びんあいおう》を討ち、祐徴《ゆうちょう》を王位（神武王）につけた。その功によって感義軍使・鎮海将軍に任じられ封戸二千戸を賜わった。

神武王の子文聖王は、父王と宝高の約束にもとづき、宝高の娘を王妃に迎えようとしたが、海中の島の住民の娘は王室の配偶者にふさわしくない、という重臣の反対で実現しなかった。

宝高はこの違約を怒り清海鎮で反乱をおこした。だが、八四一年、朝廷側がさしむけた刺客により暗殺された。

一小島の海商にすぎない宝高が国王擁立にまでのしあがった理由は、唐・新羅・日本にまたがる貿易活動による巨富にあった。円仁が頼ろうとした在唐新羅人は、宝高の息のかかった海商（または海賊）といってもよい。宝高が海賊であったわけではないが、海賊を統禦できる海の王であったから、円仁はその庇護を王に頼るのが確実であった。

宝高暗殺は貿易の利権をめぐる争いがその背後にあったともいわれる。彼の部下李少貞は八四二（承和九）年、部下四〇人を率いて大宰府にやってきた。少貞の来意は、宝高は死に、副将李昌珍は叛いたがそれも平定された、残党が日本に遁《のが》れて不穏な行動に走るようなことがあれば、所在に命じて逮捕されたい、また、先に日本へ送られた新羅の廻易使李忠揚円らのもたらした貨物は、部下官吏・張宝高の子弟らが遣わしたものであるから、すみやかに返却せられたい、というものであった。朝廷側は、不遜であり、交易を行なうための口実にすぎないから牒状を返却させることとし、廻易使李忠らを同行帰国させるべきでない、と議した。

宝高と交際のあった前筑前守文室《ふんや》朝臣宮田麻呂は意見を徴されて、次のように述べた。宝高はかつて唐との貿易のため、我が国の絁《あしぎぬ》を用いた数は少なくない、その報償として李忠らがもたらした貨物は取っておくべきである、と。

朝廷は、たとえ境外の者でも土産を得るため我が国にやってきているのだから、かれらの喜ぶものを得させるべきである、廻易の便を奪い、商賈《しょうこ》の権を絶つことは「王権の制」無きことをあらわすものである、大宰府に命じ、受け取ってあるかれらの貨物を細かに勘録して返給し、糧食を与えて帰国させるべきである、と結論し、その旨を大宰府に令した（『続日本後紀』承和九年正月条）。宮田麻呂は翌年、新羅商人と結び反乱を企てたとし、謀叛人として伊豆国へ流され、没後、御霊会の祭神の一人とされた。

これより一年前、承和七年一二月にも、「蕃外新羅臣張宝高、遣レ使献二方物一、即従二鎮西一追却焉、為二人臣一無二境外之交一也」（同上）とあって、臣たる身分の者と他国同志の交渉はできないと日本は拒否している。

長沼賢海氏は、このような三国にまたがりそれぞれの国民を配下として横行闊歩《かっぽ》して、富豪となり王位継承にまでかかわった例は、明の鄭成功《ていせいこう》、日本では大内氏がやや似ていると述べている。*もう一例は平氏三代くらいか。

円仁は、張宝高の反乱が勝利に終わったと思ったようである。「張宝高は新羅王子と同心して、新羅国を罰し得たり。便《すなわ》ちその王子をして新羅国王と作さしむること既に了《おわ》る」と記している。

文登県清寧郷赤山村辺に赤山法華院《せきさんほっけいん》がある。円仁は、法華院を「本張宝高が初めて建つる所なり」（承和六年六月条）と記している。今の管理は、円仁が留住を相談した邵村《しょうそん》の村長正訓であった。法華院滞在中、宝高の貿易船二隻が赤山浦に入港、夜、宝高の部下崔暈《さいうん》を派遣し慰問させた。崔暈は第十二郎という日本名をもつ清海鎮の兵馬使（部隊長）で、円仁の支援者であった。「和上《わじょう》求法帰国の時、事は須《すべから》く此の名紙（名刺）を将《も》って漣水に到るべし。暈《うん》が百計して相送り、同じく日本に往《ゆ》かん」（承和一二［会昌五］年七月九日条）と、六年後の再会のときも帰国の便宜をはかる好情を示した。

円仁が宝高に宛てた書状には、円仁が日本を出発するとき筑前の太守（筑前権守小野末嗣か、または前筑前守文室宮田麻呂か）から託された宝高への手紙を、遣唐使船が浅瀬にのりあげたときに所持品とともに波に流され、失ってしまったことを詫びたものがある（承和七、開成五年二月一七日、清海鎮張大使宛書状）。

筑前大守の添状は宝高との親しい関係を物語る。単なる両国高官同士の友好という程度のものではなかろう。

法華院住僧信恵は、日本に六年居住した（承和七、開成五年正月一五日条）。

円仁の入唐留住—帰国に新羅の巨人海商がかかわり、その部下にはあきらかに日羅双方の血を引い

＊　長沼賢海『日本の海賊』至文堂、1955年。

た人々が活動していた。国家レベルの交流は停滞しても、現実には海上を舞台とした文化や経済交流は双互に活気があったことを「入唐求法巡礼行記《にっとうぐほうじゅんれいこうき》」は物語っている。

3 海賊の発生と跳梁

『雄略紀』一二年に、播磨国御井隈《みいくま》の文石小麻呂《あやしのおまろ》が、商客の船を止めて積荷を奪い取っていたという記事が海賊の古い例である。

杉山宏氏の指摘のように海運の状態を無視して・海賊の実態・行動の把握はできない*。官物（調庸の貢納物・米穀など）は官船・私船の区別なく、掠奪の対象となった。海上のみにとどまらず、陸上物資集積所を海上から襲撃するように拡張された。商権の拡大は日本・朝鮮・中国にまたがる行為となってゆく。

跳梁の時期には二つのピークがある。

一期、八六二—八一（貞観四—元慶五）年頃までの約二〇年間

二期、九三一—四一（承平元—天慶四）年までの約一〇年間

一期は、八五八（天安二）、対馬の郡司百姓による国司射殺、八六六（貞観八）の新羅人との提携による前司・郡司などの対馬襲撃計画、そのほか丹波国守陵轢《りょうれき》事件、筑後守殺害事件など国司に対する告訴・襲撃事件が頻発する。また応天門の変（八六六）、新羅人の来寇（八九三）、坂東俘囚《ばんどうふしゅう》の反乱・

＊　杉山宏『日本古代海運史の研究』法政大学出版局、1978年。

出羽夷俘の反乱など続発した。

二期も半世紀の距りがあるが、国司襲撃、群盗・偸児《とうじ》（盗人）の横行と、一期と共通した特徴がある。当然一期の海賊の活動も政治・社会の関連においてとらえなければならない＊。

一期以前は、京と諸国に陸海ともに掠奪行為は見られるが、海賊の害よりも漂損の方が大きく大問題にいたる段階ではなかった、と杉山はいう。

(1)第一期の海賊——九世紀

新羅海賊は日本・唐にまで行動範囲をひろげていた。弘仁二年対馬に新羅海賊（『日本後紀』）、同年新羅人が「海中逢レ賊」というように往来は賊も含めて頻繁であった。

円仁ゆかりの張宝高は海賊退治で功を挙げ新羅王朝の重臣にまで出世したが、海商行為による巨額の富が背後にあった。海賊退治は海賊を支配下に置いたことであり、制海権・交易権を独占し、合法的に利益を独占した。

日本の海賊もまた、新羅海賊と連携した。貞観八年、新羅人珎賓長《ちんひんちょう》と肥前藤津郡領葛津貞津《さだつ》、同高来《たかく》郡擬大領大刀主《たちぬし》、同彼杵《そのぎ》郡人永岡藤津らが共謀して新羅に入り「兵弩器械《ひょうどきかい》」の製作法を教え、武力を強化して対馬を襲撃しようというものである（『三代実録』）。対馬がつねに海賊のターゲットにされている。物質上のメリットは何もない。日羅とも、対馬を本拠地にしたいがためにほかならない。

八六九（貞観一一）年六月、新羅海賊船二艘が博多に来航、豊前国の貢納絹布を奪って逃走するという事件が発生している。同年一二月、大宰少弐藤原元利万侶が、新羅と通謀し反乱を企てることがあった。「大宰府は西極の大壌、中国の領袖なり、東は長門をもって関となし、西は新羅をもって拒《ふせ》

＊　小林昌二「藤原純友の乱」［『古代の地方史（2）』］朝倉書店、1977年。

ぎとなす」（『文徳実録』仁寿二年二月条）といわれたように、大宰府は新羅を意識したものであった。大宰府の事実上の長官みずから新羅に通じたほど、両国は一衣帯水の間柄であった。おそらく海賊的民間交渉が常態ではなかったか。

八九四（寛平六）年九月、新羅海賊船四五艘が対馬に来寇、島民と戦闘を交《まじ》えている。この年、菅原道真《すがわらのみちざね》の建議で遣唐使が廃止されたが、その理由の一つに渡航の困難をあげている。唐の国情が安禄山の変以来不安定であることと重なって、海賊跳梁の危険も大きな困難の要素であったろう。

一〇世紀半ば、藤原純友軍にボート・ピープルとなった新羅人・渤海人・唐人らが合流、水手として働いた可能性もあったのではないかといわれるほどである。

これらアジアの海賊の動きが、日本海賊の動きに刺激を与えた相乗効果は否定できないところである。

八六二（貞観四）年五月、「近者《ちかごろ》、海賊往々群を成し、往還の諸人を殺害し、公私の雑物を掠奪す」というありさまで、備前国からの報告には「官に進める官米八十斛（石）」が海賊によってことごとく侵奪され、百姓（水手か）一一人が殺されたという。即刻中央政府は、備前・備中・備後・播磨・安芸・周防・長門・紀伊・淡路・讃岐・伊予・土佐などの国に下知し、人夫を差発し、海賊を追捕《ついぶ》させた（『三代実録』）。八〇石程度の荷を襲奪するのに一一人も殺害したのは両者とも必死の闘争を展開したことを物語るし、異常に近い。また、山陽道・南海道諸国全域に追捕命令が出されたことは、海賊行為が日常化し、この事件が象徴的なものとしてとらえられたためであろう。

すでに八三八（承和五）年二月、「山陽・南海道等の諸国司をして海賊を捕糺せしむ」（『三代実録』）

との下知が出されていたにかかわらず、いっこうに成果はみられていない。取り締りの武力にしても「人夫を差発」するという泥縄的な編成であって、職業的な官憲の兵士とはいいがたい。

公私の雑物とは、年貢の舂米《しょうまい》（脱穀した米）、調庸物、交易雑物などであり、群をなす盗賊は官人・百姓・商旅の徒で、商いや運漕・漁民など、種々雑多で、海賊として固定された専門集団とはいいがたいが、殺害行為の事実からも、しだいに専門化の方向にすすみつつあったのだろう。

八六六（貞観八）年四月、摂津・和泉・播磨・備前・備後・安芸・周防・長門ならびに南海道諸国に、次のように下知している。貞観四年・同七年の二度、海賊追捕の下知にもかかわらず、群盗の掠奪はやまない、その理由は国司が粛清に努力しないからである、もし捜し捕えなければ厳科に処し許すことがないだろう、捕獲の数を詳しく言上せよ、と。下知の宛先が摂津・和泉の畿内にまで及んでいるところに、海賊の活動範囲の拡大が知られる。

それにもかかわらず、翌年（貞観九）、伊予宮崎（波方町《なみかた》）に海賊群居し、掠奪もっとも激しく、そのため官私の船の航行が絶えてしまっている。「寇盗の活動の休むことがない、それも国司らが〈一境の咎《とが》〉を消すこと、つまり自分の領海のみしか考えず、〈天下の憂〉として考えず、策略をつくさず、精魂こめて対応しないからである」と朝廷は諸国の行政の怠慢を責めている。新羅海賊の跳梁もこの前後に相俟《あいま》ってっているから、こと海賊対策については無政府状態といってよい。

国司の無能無策ぶりに業をにやした朝廷は、俘囚の召募により「その厓穴《がいけつ》（住居）を捜《さが》しその風声を尋ね」、掃討させようとした（『三代実録』）。八八三（元慶七）年、備前国では浪人二二四人を募集し、武器・舟・官舎を支給して、稲一〇万束を出挙《すいこ》してその息利を糧食として海賊退治の「禦賊兵士《ぎょぞくへいし》」とすることを申請し認められている（同上）。

備前国一例とはいえ、浪人傭兵部隊はいわゆる水軍として公的に組織された初例といえよう。俘囚とは、政府に帰服した蝦夷のことで、一部は賎民化した。九世紀には移送された関東各地で反乱が頻発した。「群盗の徒これよりおこる」ともいわれている中での俘囚の召募であるが、毒をもって毒を制すの方策である。

八六七（貞観九）年には「保」の制度をとっている。凶徒は絶えることなく水陸に浮行しているので、五戸を一保として、長を一人おき相検察せよと命令している（同上）。監視すべきところは「市津及要路、人衆猥雑《わいざつ》之処」である。杉山宏のいうように、海賊の生活の本拠は陸上であり、機に臨んで海賊行為を行なったことを物語っている。八六九（同一一）年、讃岐国の男二人女二人の海賊を捕え、女はとくに放免されたという『三代実録』の記事が見えるが、女を交えた海賊とは家船《えぶね》によるものか。海のコソ泥的海賊で記事に価しない小事が記事化するところに、海賊対策の深刻さがあったとみるべきだろう。

八八一（元慶五）年五月一一日、山陽南海二道に官符が出され、あい変わらず「海賊群をなし、諸人を殺略し、公私の物を多く掠奪し、往帰の人々、侵害をこうむる」ことが多いといっている。人の殺害が特記されているところにますます海賊の凶暴化がうかがわれよう。事態は国司への期待薄から、朝廷が直接に衛門府の武官を山城・摂津・播磨などに出動させる方向に移った。

二日後の五月一三日、左衛門少志従六位下紀朝臣貞城・府生正七位上穴太田佐門継・右衛門府生従七位上善友朝臣益友・従八位下阿刀連良縄、左右火長《かどのをさ》一〇人を、山城・摂津・播磨などの国に向かわせ、海賊を追捕《ついぶ》せしめよ、と勅命を下している（『三代実録』）。

ここで注目されるのは、紀貞城の登用で、古代からの水軍豪族としての伝統や背景が考慮されたものだろうか。衛門府の中央軍事貴族の一人であろう。

海賊発生の要因は、人民の生産物の収奪による貧困にあることはもちろんだが、それにともない海上の運送品が増大し、船舶・梶取・水手らの充足、津・泊・浦などの港湾施設の整備充実がはかられてくるにしたがい、これらの運送品を目当に、商旅不逞《ふてい》の輩が横領・略奪のため、個人・集団を問わず、海上・港湾に活動の場を求めてくるところにある。一方政府側も安全航行のため、つまり運送物は京都の貴族・寺社・天皇家の権門への納入物が大部分であるから、保護と統制がはかられる。

八六六（貞観八）年、唐商人が過書《かしょ》（通行許可証）をうけず入京したため、豊前・長門の両国司が政府から譴責をうけている。だがすでに七九六（延暦一五）年、豊前国司の過書を受けないで難波の津に集まる商旅の徒が多くいた。国内外とも国家的規制を無視して瀬戸内海を航行する傾向が増え、自由な往来がみられた。

市津要路には種々雑多な人々が集まり、「類にふれて弾ずべき事、多くは山崎・与渡（淀）・大井等の津頭にあり」（『三代実録』）と、八七四（貞観一六）年の検非違使の起請に述べられ、八九四（寛平六）年、これらの地は非違巡察の対象たる治安上の問題を抱えていた（政事要略、糺弾雑事）。

八五五（斉衡二）年、山崎は延焼三百余家（『文徳実録』）といわれる棟をつらね「漁商比屋の地」・「此の地累代商売の廛《みせ》、魚塩の利をもとめるところ」（『三代実録』）で、淀や宇治は「東南西三方通路の衝要」（同上）であった。

これらの地は、「諸司・諸家の輩がみだりに威勢を仮りて、強引に車馬を傭うため、行旅の人は往還の煩いをし、傭賃の輩は活計を失なう」（『類聚三代格《るいじゅさんだいきゃく》』）というありさまで、「諸司・諸家の徴物使らが多くの党類をあつめ、郡司雑掌らが調庸雑物を運んで入京するや、寄ってたかって、前分だ、土毛だと称して、官物・旅の私粮まで奪ってしまう」と、八九一（寛平三）年に、丹波・伊予・土佐の国などが中央に訴えている（同上）。八九四（寛平六）年、「諸院・諸宮・諸家の使が党を路頭に結んで騎馬を追い妨げ、類を津辺に率いて運船を覆奪する」（同上）と上総・越後の国から訴え出ている。

全国から布津要路を通過し、集中してくる富に対する先取争いは、貴族権門の勢威の下に下級官人・地方豪族子弟らを組織し、その組織をもって実力行使に及んでゆく。また、これらの組織からもれたアウトロー的小集団・分派も存在した。

山崎津は、瀬戸内海を通じた西国からの調庸雑物が集積し、大津は東方のそれらの集積するところで、「諸司諸家の党類・不善の輩が集まる代表的な舞台」で、「海賊は、津へとつながる延長線の瀬戸内海上に広く出現する」のである。*

海賊の群居・掠奪・殺人それに対する国司への追捕命令、怠慢への譴責・俘囚の利用、禦賊《ぎょそく》兵士の召集、中央武官の派遣、とくに俘囚と兵士の動員は、律令政府が人民を「軍事的に動員できない状態」に陥っていることを示す、と小林昌二は指摘している。

強力な武装集団をもたない律令体制の弛緩ゆえに、海賊の跳梁や、貴族権門の党類・不善の輩が「跋扈《ばっこ》」した。それでも八九〇年代以降、寛平・延喜年間（八八九—九二三）の政治改革の影響のゆえか、海賊活動は鎮静化した。

しかし、八八六（仁和二）年、讃岐国司として赴任した菅原道真が、零細な農民や商人の姿を「寒は早し、賃船の人、農・商《なりわいあきない》の業《わざ》を計らず、長《とこしなえ》に直《あたい》に僦《やと》はるる身《やと》となる」・「寒は早し、魚を釣る人、陸地に、産《なりわい》を生むすべなく、孤舟に、独り身を老いしまくのみ」と（『菅家文草《かんけぶんそう》』「寒草十首」）うたわざるをえないほど、人々の貧困さは目に余るものであり、海賊を生み出す社会的要因は解消されてはい

＊　小林昌二「藤原純友の乱」［『古代の地方史（2）］、朝倉書店、1977年。

なかった。

⑵第二期の海賊——一〇世紀

藤原忠平（左大臣、摂政、関白）の日記『貞信公記《ていしんこうき》』承平元（九三一、四月改元）年正月二一日、海賊出現の文を弁（官）に渡した、とあって、半世紀ぶりの不穏な報告がもたらされた。その後海賊跳梁を物語るかのように、翌年四月二八日には、追捕海賊使を定めている。一二月一六日には備前の海賊のことが報告された。さらに翌年九三三（承平三）年七月、「兵革賊」を慎むべしの占が出され、山陽諸国など警固に勤むべきの官符を請印した（『扶桑略記《ふそうりゃくき》』、裡書）。一二月一七日「南海国々の海賊、いまだ追捕に従わず遍満す」と海賊のさかんなる様を伝え、国々の警固使を定め遣した（同上）。

九三四（承平四）年に入ると事態は切迫してくる。四月、海賊平定の諸社奉幣使《ほうべいし》を立て、五月にも山陽南海両道一〇カ国一八所諸神に、臨時幣帛使《へいはく》を立てた。六月、右衛門志《さかん》貞直、内蔵史生宗良、左近衛常蔭ら武官が神泉馬出殿で弩《ゆみ》を試した。「海賊所」へ派遣するためであった。七月、兵庫允在原相安《ひょうごのじょうありはらのすけやす》は「諸家兵士ならびに武蔵の兵士等」を引率して海賊追捕に出征した（同上）。一〇月、追捕海賊使を定めた（『日本紀略』）。事態はますます進行する。

『扶桑略記』承平五年（九三五）正月九日条に次の記事がみえる。

> 海賊いまだ追捕《ついぶ》に随わず。去年の末、伊予国喜多郡不動三千余石を盗運ぶ。

伊予国喜多郡（大洲市に郡衙《ぐんが》があった）* の非常用備蓄米の不動倉の米三千余石が盗み取られた。国の

＊　吉田東伍『大日本地名辞書』冨山房、1907年。

許可なしに開封できない倉庫から租米三千石を運び去るためには、数百～千人位の堂々たる襲撃・略奪で、船舶を用いたことであったろうし、各地の海賊の連合行動と考えるのが自然である。

三千石は今の四割程度の大きさの桝として考えても、三千俵以上という数になる。肱川《ひじかわ》水運をさかのぼった郡衙を襲い、官米略奪は海上略奪とちがった権力体制への挑戦であり、従来の犯罪的なものから計画的・組織的・政治的な性格を帯びるものへと変化した。翌（九三六＝承平六）年、藤原純友の党が日振島に千余艘集結したこと、二五〇〇人の海賊、その幹部が国守の寛仁な態度に、従順となり帰降したということなどから、その性格を知ることができる（『日本紀略』・『扶桑略記』）。

海賊側には集団を統率する地方豪族が育ってきた。また官側にも直接軍をもつ地方豪族軍がうまれ、貴族などの「諸家兵士」として鎮圧の先鋒となる組織軍事力もみられるようになった。

純友の乱は、これらの動向の中でどのように位置づけられるのだろうか。

4　藤原純友の乱

(1)乱の経過

九三六（承平六）年三月

是日（某日）、伊与前掾《いよさきのじよう》藤原純友、党を聚《あつ》め伊与に向かう。河尻に留《とどま》り連《つづ》け、内を掠《かす》む（『吏部《りぶ》王記』）。

「前伊予掾」(前国司三等官) 純友が肱川《ひじかわ》河口(とみられる)を根拠として内陸部(国府は今治市)を侵略した。前年には喜多郡の不動倉の米三千石が海賊集団によって略奪されている。

　六月、南海の賊徒の首、藤原純友党を結び、伊予国日振島《ひぶりしま》に屯聚《むれあつま》り、千余艘を設け官物私財を抄却《しょうきゃく》す。
　爰《ここ》に紀淑人《きのよしひと》をもって伊予守に任じ、追捕《ついぶ》事を兼ねて行いせしむ。
　賊徒その寛仁を聞き、二千五百人、過を悔い刑に就《つ》く。魁帥《かいすい》小野氏彦・紀秋茂《きのあきしげ》・津時成《つのときなり》等合三十余人、手を束《つか》ね交名《きょうみょう》(名簿)を進め帰降す。
　即ち、衣食田畠を給し種子を行《てだて》し農業を勧めしむ。これ前に海賊を号す(『日本紀略』)。

南海賊徒の首領純友らの集団は日振島に千余艘の船団をくみ、官物私財を奪い取った。政府は追捕南海使・左衛門権佐紀淑人を伊予守に任命し追捕にあたらせた。海賊らは寛大な処遇を知り、二千数百人が投降し、三十余人の幹部らも名簿を捧げて帰服した。衣食田畠を与えられ農業生活の安定を保証されたという。

首領純友については『本朝世紀』によると、

　前掾《まえのじょう》藤(原)純友、去る承平六年、海賊を追捕すべきの由、宣旨《せんじ》を蒙《こう》むる。

とある。『本朝世紀』は六国史《りっこくし》を継ぐ国史として編集されたものである。「賊徒の首《おびと》」が「追捕《ついぶ》」を命じられていない。純友は決定的な海賊とはみられていなかったようである。また海賊らが素直に伊予守に従い平穏に収拾したこととも関係があろう。

ところが三年後の天慶二（九三九）年一二月、騒ぎが再発した。随兵らを率いて巨海《こかい》に乗り出そうとしたので伊予部内、人々が不穏な行動に驚いた。紀淑人は制止したが聞き入れないので、京都に召喚し国中の騒ぎを鎮定されるよう中央政府に連絡をとった。

さっそく、純友召喚の天皇御璽・太政官印の内印外印を請い、摂津・丹波・但馬・播磨・備前・備中・備後の諸国にその旨の召喚応待の命令書が下された。

伊予という辺境の騒ぎを、国司の現地解決の域を越え中央召喚という政治的解決にゆだねたのはなぜか。内外印の命令伝達を山陽道中心の七カ国に下されたのはなぜか、伝達の内容は何か、地方の掾の動きが中央政府に大きく反映するのはなぜか、種々の謎がある。

「巨海」に乗り出した五日後、備前介藤原子高《さねたか》が摂津国須岐駅（西宮市）夙川、葛屋（芦屋）駅において、純友郎党に囲まれ合戦に及んだがかなわず捕虜となり、子の高太郎は殺され、妻は奪われた。子高《さねたか》は、「耳を截《き》り鼻を割《そ》」がれるという残酷な制裁をうけた（『純友追討記』）。同じく播磨介島田惟幹も捕えられた（『日本紀略』）。殺傷のむごさはかなり深い怨みのこもったものであり、単なる襲撃事件とはいいきれない背景の深刻さを推測させる。

摂政・太政大臣藤原忠平は、伊予からの報をうけるや、純友召喚の官符を作成させ、藤原明方《あきかた》・伴彦真・平安生らの派遣を命じた。子高襲撃が報ぜられるや、公卿を召集し「所行の事」対策を協議した（『貞信公記』）。京都では「純友乱悪」（『日本紀略』）と受けとめている。坂東では平将門の乱が猛威を振っており、この東西の兵乱の警固および固関《こげん》（鈴鹿《すずか》・不破《ふわ》・愛発《あらち》三関・諸国関所の警固）が行なわれた。

翌九四〇（天慶三）年正月一日、東海・東山・山陽道追捕使《ついぶし》一五人を任じ、山陽道使には正五位下小野好古《おのよしふる》を任じた。三日、宮城諸門に矢倉（『圓太略』《えんたいりゃく》）、一四日、諸門に兵士を配置（『貞信公記』）、同日、追捕凶賊使を任命、二四日には「西国兵船多く来り、備中軍逃散」の報告がもたらされた（同上）。

⑵純友の叙任

同月三〇日、純友を従五位下に叙任することが議された。二月三日、藤原明方（純友の甥）が伊予より帰り伊予国解文《げもん》、純友の申文《もうしぶみ》などを進上した。純友任官の位記を蜷淵有相《になぶちのありすけ》にもたせ伊予に派遣した（同上）。三月二日有相帰京、純友は「悦びを申す状」を有相に渡したが、有相は紀淑人の解状《げじょう》とともに政府に提出した。

この間、二月一四日、坂東では平将門が敗死し、前門の虎の脅威は除かれていた。

忠平の日記『貞信公記』には、藤原文元《ふみもと》の軍監任用がみえる。文元は、子高《さねたか》襲撃の「純友郎侗《ろうとう》」（『追討記』）である。これらの叙任は何を意味するのだろうか。文元は備前・播磨・但馬を基盤にしたともいうから、子高や島田惟幹らとのトラブルは純友与党としての文元兄弟らの策謀の匂いが強い。いわば国への反抗というより在地勢力同士のトラブルの性格が濃い。しだいに国家的事件になってゆく。「山陽道使をして純友暴悪の士卒を追捕せしむべきこと」（『貞信公記』）、「南海凶賊藤（原）文元等を討滅」する祈祷のため、石清水・加茂社などに臨時の奉幣使《ほうべいし》を派遣した（『師守記』裏書）。文元はむしろ純友と同盟関係にあった山陽道の豪族で、「軍監」に補せられるだけの力量はあったのだろう。

純友・文元らの叙任は、一種の懐柔策で、純友は最初から反乱者としての扱いではない。純友の行動が、瀬戸内海を舞台として反国司分子が相呼応することを、朝廷は怖れた。

純友を刺激することを怖れた朝廷は、小野好古に「しばらく前進しないよう」に定めた。純友が有相に任官を喜んでいると伝えた報が入ったからである。*

二月二二日、山陽道使小野好古《おののよしふる》は摂津守藤原成国を通して「純友乗船、海に浮かび漕上る」ことを報告させていたが、朝廷の命令もあって形勢をうかがっていた。四月六日「凶賊発起の疑い」ありと判断し、解文をおくった。約三ヵ月間の一見不可解なこの間の事情は、純友の反朝廷的行動のようにみえる実態が、じつは伊予・備前・播磨などの国司・郡司らを含む在地土豪・貴族層の勢力争いであり、将門の乱とは異なり、朝廷に直接津波のように波紋が押し寄せるとは思っていなかったのではなかろうか。

純友の反乱が決定的になった翌年、好古軍は、純友軍を壊滅させてゆく。

(3) 小野好古・源経基《つねもと》軍出動

純友海上に漕上るという好古からの報が入った、翌、

二三日、山崎・淀川尻などの警固使を定め、
二六日、備後などの警固使補任、
二八日、外衛（衛門・兵衛）・検非違使などに夜警の強化、兵士各二人で宮城一四門の警備を指示、
三月四日、追捕南海凶賊使補任（『日本紀略』）
四月六日、藤原村蔭を阿波警固使に補任、
　一〇日、凶賊発起の疑いありとの好古解文、

* 『シンポジウム・藤原純友の乱』愛媛県文化振興財団、1988年。

五月一〇日、平将門の首を外樹に懸ける、
六月一八日、純友暴悪士卒追捕を好古に命令、（以上『貞信公記』）

ここではじめて朝廷は公的に純友与党の討伐を命じた。東国将門の乱が鎮圧され、その軍事力を西国へ向けられるようになったのも大きな朝廷の方針の転機であろう。
好古は小野篁《たかむら》（学者・歌人・参議）の孫で、かつて備前権介として海賊退治の経験を買われた*。征東副将軍源経基《つねもと》（清和天皇六男貞純親王の子、六孫王といわれた）は、追捕凶賊使次官として好古と協同、右衛門尉藤原慶幸《よしゆき》、右衛門志大蔵春実《さかん》の四等官で、播磨から讃岐へと向かった（『扶桑略記』）。

八月二二日、阿波討伐のため近江に勅符、兵士一〇〇人を徴発（『日本紀略』）、
二六日、讃岐・伊予・備後は風雲急を告げ、讃岐・伊予は賊船四〇〇艘に襲われ焼き討ちされ、二八日、その一団は備前・備後を襲い「兵船」百余艘が焼亡した。朝廷は「南海凶賊」藤原文元討伐の祈祷を行なわせ諸卿を召集、小野好古を「山陽南海両道凶賊使」として、また勅符を発し、国々から兵士を徴集させた（『師守記』）。
九月二日、賊将紀文度、讃岐で逮捕（同）、
一〇月二二日、大宰府追捕使左衛門尉相安、賊軍のために敗れる（『日本紀略』）、
一一月七日、周防鋳銭司《じゅせんし》焼亡（同）、
一二月一九日、土佐八（幡）多郡焼亡、敵味方とも、箭に当り死者多し、

* 長沼賢海『日本の海賊』至文堂、1955 年。

九四一（天慶四）年正月一五日、純友対策が議された（『北山抄』）。
一六日、追捕南海使の解文到来（『日本紀略』）、
二一日、前山城掾藤原三辰《みたつ》の首、伊予より進上される（『師守記』）、
三辰は「海賊の中、暴悪の者也、讃岐国の乱はここにおこる」と、乱の首謀者であったと特記されている。西の獄所辺にさらされた。
二月九日、讃岐国の飛駅（令制下の至急の駅使）より、兵庫允宮道忠用《みやじただもち》・藤原恒利等、伊予国に向い、すこぶる賊類を撃つの報あり（同上）、

とあるように政府の力が次第に上まわってゆく。

純友の従五位下叙任の効果はなく「純友野心、未だ改まらず、猾賊弥倍す《かつぞくいよいよばいす》」（『扶桑略記』）というように、讃岐国の大激戦で介藤原国風軍は敗れ、国風は警固使坂上敏基を招き寄せ、その護衛のもとに阿波国へ逃れた。国府は焼かれ公私の財物は奪われた。国風はさらに淡路へのがれ、窮状を政府に訴えた。好古・経基らの中央軍の到着が待たれた。

藤原恒利は純友次将であったが、追討軍南下の報をきくや賊陣を離脱し、国風の軍に寝返った（同上）。賊の宿所隠れ家、海陸の諸道・航路を熟知しているので、国風は勇桿の兵士を副えて案内者として、大いに戦果を挙げ、勢力を挽回《ばんかい》した。

純友軍は「散った葉の如く海上に浮かび、陸路を防がれ、便道を絶たれ、海上の泊るところを追わ

れ、風波の難に遭い、向かうところを失った」（同上）状態になって、五月の大詰の段階に入ってゆく。

五月に入ると、三辰・文元らの次将クラスから、主将純友の直接対決へと展開する。

一九日の好古からの報告によると、賊徒は大宰府を虜掠したという。政府は参議右衛門督藤原忠文を西征大将軍に任じ、また副将軍軍監以下を任命し、好古らの編成とは別に総軍的な西征（征西）大将軍を任命した。ところが報告が京都にもたらされる前に、好古軍は博多で純友軍を大破した（『本朝世紀』）。

博多の会戦の場面をみてみよう。

大宰府を襲った賊軍は、防戦につとめる大宰府兵士の努力にかかわらず打ち破り、大宰府累代の財物を略奪し、府を焼きつくした。

> 部内を寇賊するの間、官使好古、武勇を引率し陸地より行向かう。（中略）棹を鼓し海上より筑前博多津に赴き向かう。賊即ち待ち験す。一挙死生を決せんと欲す。（藤原）慶幸、（大蔵）春実、戦い酣《たけなわ》、裸袒乱髪（ざんばら髪もろ肌ぬぎ）にて、短兵（刀）を取り振い呼ばわり賊中に入る。恒利・遠方等、又相随う。遂に入りて数多の賊を截《き》り得る（『扶桑略記』）。

官軍は賊船を次々に焼き、捕殺し八百余艘を得た。死傷数百人、海中に投ずる者数知れずという。

純友は扁舟（小舟）に乗り伊予に逃げ帰ったが、伊予警固使橘遠保の捕虜となった。遠保によって息子の重太丸とともに斬られ、首は都に送られた（『師守記』裏書）。獄死したとも、舟で響灘《ひびきなだ》に入り上陸後京都に入った（河海抄）ともいわれるが、『師守記』の記すように遠保の手で処断されたとみるのが自然であろう。

⑷掃蕩戦――乱後の処置

八月、日向に押し寄せた佐伯是基《さえきこれもと》は捕えられ、藤原包貞《かねさだ》は討伐の功を賞されている。九月には源経基は、豊後佐伯院にて賊将桑原生行を捕え、「馬船絹綿戎具《じゆうぐ》」などを戦利品とした（本朝世紀）。

同月一九日、備前国馳駅使《ちえきし》健児《こんでい》額田《ぬかだ》弘則が参着し、解文を提出した。その内容は、

凶賊藤原文元その弟文用・三善文公等下邑久《おく》郡桑浜に到着す（『同上』）、

とあり、残党の上陸を伝えているが、その後文公は播磨で誅され、一〇月二六日文元・文用兄弟は加茂貞行によって但馬で誅戮《ちゅうりく》*された（同上）。

一〇月二三日
山陽・南海両道諸国の警固使・押領使ならびに撃手使を停止すべきの由、官符請印（同上）、一一月には
今月以後、天下安寧、海内清平（『日本紀略』）、

の宣言がなされた。小野好古はすでに八月に凱旋入京、同月昇殿を許された。大宰大弐・参議・従三

＊　罪ある者を殺すこと。

位に、源経基は、大宰少弐・右衛門権佐・正四位に、橘遠保は美濃介、大蔵春実は対馬守・従五位下とそれぞれ栄誉と地位をかちえた。

「東国・南海の賊らの伏誅」に功にあった伊勢神宮以下の諸社に対して手厚い奉幣《ほうえい》がなされ、四月、京中の「飢饉疫疾の輩」に対して、銭一〇〇貫文を施す賑給《しんごう》を行なった。

災害時や飢饉・疫病流行のときに、京中の貧窮者や病者・老人などに米・塩・銭を与える賑給は、のちには形式化・朝廷の年中行事化されてゆくが、天慶五年四月のこの賑給は、東西の反乱平定を謝し、帝徳を天下に宣布し、動揺する人心の鎮静をねらった一種の政治的デモンストレーション、すなわち「徳政」であった。*1 朝廷にとっては衷心からの安堵《あんど》のあらわれであった。

⑸純友は海賊か

九三五（承平五）年は、将門・純友の乱の直前の頃である。土佐国司紀貫之《とさのこくしきのつらゆき》を任期が終えて都へ帰るまでの航路を、「海賊むくい」*2を怖れるあまり、「頭もみな白けぬ」ほどおびえたことは『土佐日記』にて有名なところである。国司として権力の頂点に立った貫之は、海賊から糾弾されるべき何かがあったのだろう。

対照的に伊予国司紀淑人《きのよしひと》は、海賊の魁帥はじめ二五〇〇人を帰順させた。民政の安定第一につとめたことがその原因であろう。純友も淑人の政策を支持した。純友は最初から海賊であったのではない。*3

純友の出奔が国郡の騒ぎになったのは、伊予の人々にも直接かかわったからであり、紀淑人が朝廷の直接事情聴取によって解決できると期待したのも、政治的な問題であったからである。備前介《びぜんのすけ》・

＊1　棚橋光男『王朝の社会』［大系日本の歴史（4）］小学館、1988年、　＊2　取締まりに対しての海賊の報復。　＊3　小林昌二「藤原純友の乱」『古代の地方史（2）』朝倉書店、1977年。

播磨介が摂津国で純友兵士と争闘となったのも、両介が伊予の利害ともかかわったからとも想定される。

伊予の調庸《ちょうよう》・官物、純友らの地方官・富豪層の私物が、瀬戸内海を経て山崎津に運ばれ、保管管理にあたった伊予山崎「宅」（『貞信公記』天暦二年六月四日条）に収められたと推定されるが、私物は他の必要な品と交換し、私腹を肥やすものとなったと同時に、それによって国元の利益に還元されるものともなった。山崎津は諸司諸家の党類はじめ盗賊のはびこるところであり、伊予のそれら公私の品物もトラブルを生じ、経済的利害が複雑にからみあっていたことであろう。

純友は終始海賊の首領として記述されているのが一般的評価である。

その原因として『日本紀略』・『扶桑略記《ふそうりゃくき》』および同書に利用された『純友追討記』・『本朝世紀《ほんちょうせいき》』・『貞信公記《ていしんこうき》』・『師守記《もろもりき》』などの主要史料が、承平《じょうへい》・天慶《てんぎょう》年間の海賊活動を、すべて賊徒純友の所業に関連づけ、一括しようとするかのような、編者・著者の史観が色濃く投影されているところにあるという。＊

そもそも、承平《じょうへい》六（九三六）年六月、「南海賊徒首」純友が日振島《ひぶりじま》に拠り、紀淑人《きのよしひと》がその寛仁さで賊徒を帰順させたという『日本紀略』の記事が発端であった。

三年後の天慶《てんぎょう》二（九三九）年六月、純友は前伊予掾《いよのじょう》として海賊追捕《ついぶ》の宣旨《せんじ》を朝廷から与えられた、という『本朝世紀』の記事がみえてくる。

『扶桑略記』の承平六（九三六）年の事件の記述には、純友賊首、投降した前海賊の記述が見あたらないところがら、『日本紀略』の文は、天慶二（九三九）年の知識をもとに述作したものという史料批判がなされ、承平六（九三六）に純友は伊予掾に任命され、警固使《けごし》を兼帯したものという説が発表され、

＊　『愛媛県史』［古代Ⅱ・中世］愛媛県、1984年。

当初からの賊首説は否定された。*1

これに対して、福田豊彦氏は『吏部王記《りぶおうき》』の記述をもって、次のような見解を発表した。*2

夷をもって夷を制するに群盗をもってするのが、朝廷の基本政策であって、前海賊であってもなんら差支えないし、「前掾《まえのじょう》」として党をあつめて侵略行為を行なっている。淑人は追捕南海使・伊予守兼左衛門権佐としての権限をもって、高度な政治的工作で純友に海賊追捕の宣旨を与えた。純友のねらいと性格は政治工作をうけ入れる余地のあるもので、純友の海賊追討宣旨のうけ入れによって、その配下の海賊が降伏したのは当然であり、海賊集団の予定の行動であった。いわば現代版のクーデター的示威行為であった。

矛をおさめた純友は、豊後から山城までの内海の海賊集団の盟主となり、制海権と伊予警固使・追捕南海道使（?）の顕職を得た。日振島の屯聚はこれら海賊集団の連合結成式であった、と。

以上の説は『吏部王記』・『日本紀略』の記事を肯定的に解釈したことを前提にしている。純友の叙任は、西国の当面の軍事的危険を避けたもので、東国への軍事的制圧へエネルギーを集中するためのものであった。「東を片付けて西を」の政府方策のワナにはまったともいえる。純友その人への危険よりも、純友の周辺勢力の暴発がより大きな脅威であった。

次将クラスに、次の名が登場した。

藤原文元┐
藤原文用┘——藤原子高・島田惟幹襲う。軍監任官、博多から脱出、備前桑浜に上陸、但馬で殺される。

三善文公——備前桑浜上陸、播磨で殺される。

＊1　小林昌二「藤原純友の乱」［古代の地方史 (2)］朝倉書店、1977 年、小林昌二「藤原純友の乱研究の一視点」［地方史研究 172、1981 年］・下向井龍彦「警固使藤原純友」［芸備地方史研究 (133)］、　＊2　『シンポジウム・藤原純友の乱』愛媛県文化振興財団、1988 年）↙

藤原三辰――前山城掾「海賊中暴悪の者」伊予で殺さる。
藤原恒利――讃岐介藤原国風のもとに走る。
紀文度――讃岐で捕えられる。
佐伯是基――藤原包貞に捕えられる。
桑原生行――豊後で源経基に捕えられる。

紀淑人に帰順した魁帥《かいすい》小野氏彦・紀秋茂・津時成らの名前からみるかぎり、藤原・紀・三善など中央貴族の流れを汲む権門の出であることが想像され、三辰のような掾クラスの地方土着豪族的地位の者であった。

「前司が組織者」となって「大規模な略奪」へと発展し、国衙機構を襲ったのは、自由な交易や支配を望むこれら豪族層であった。支配・収奪の強化をはかる国司との対立が海賊活動へと展開してゆく過程で、組織的統率者・棟梁的存在と仰ぐ純友はかっこうの「凝固剤」であった。

(6) 日振島屯聚の意味

純友を討ち取った伊予警固使橘遠保は、南伊予の宇和荘を恩賞として与えられたという（『吾妻鏡』嘉禎二年二月二二日条）。

日振島《ひぶりしま》は豊予海峡に近い宇和海にあり、豊後・日向とも近い。大隅を含めた地域からの物資の輸送もさかんな海域で、海賊活動にも軍事上にも絶好の地点である。

宇和島港から西方約二八キロの海上で、東南東から西北西にかけて細長く「痩せた鳥が羽をひろげ

↘・「承平・天慶の乱と都」［朝日百科・日本の歴史（59）］1987）・「藤原純友とその乱」［
本歴史（471）］1987年）。

て翔んでいる形、[*1]「羽抜け軍鶏《しゃも》が喧嘩の相手鶏を蹴立てて飛び上がった形」[*2]をしている。周囲約二七キロ、面積四平方キロ、能登・明海《あこ》・喜路《きろ》の三ヵ所の入江がある。明海湾背後城が森と呼ばれる純友公園が、純友の城跡という。尾根伝いに「えじが森」と呼ばれる山頂がある。白村江の敗戦後、日本は国内の防衛体制を固め、対馬・壱岐・筑紫・長門・讃岐などに城を築き、砦・烽《とぶひ(のろし)》台などを備えた。

豊後・伊予の境界に衛戍《えいじゅつ》がおかれ（『続日本紀』）、日振島にも砦・烽台が置かれたのではないか、火の邑《ムラ・ムレ》—火フレの転訛が日賑[*3]か。

城跡は「中世築城の縄張が多い」ようにみうけられるという報告[*4]もあり、「純友を語るものは自然しかない」ようである。[*5]

日振島は、集結するには要衝であるが、二千五百余の集団が生活を営める場所ではない。小林昌二氏は、橘遠保に与えられた宇和荘は、純友の営田所領であったのではないか、と推測するが、この地に流入定住する農民をかかえこみ、かれらの保護者（同時に利益取得者）としての純友が、たぶん分配利益の争いから、国衙と対立し、一方、国衙機構の支配・収奪の強化・圧迫により困窮した農民が海上にのがれ、純友の拠る日振島に群れ集まった、という解釈もある。

農民といっても漁業に従事する浦の住民である。瀬戸内海には「家船《えぶね》」という夫婦単位で船上生活をする形態がある。土佐国幡多郡の農民のように、農事用の種子・苗・農具・食料を積んだ船によって、浦から浦へと移動する例があるように、補給能力は十分であるし、陸上と連携をとりながら、広範囲な生活圏をいとなめる。専業農民にくらべれば、行動の制約は少ない。天慶三年に幡多郡が海賊に襲われ焼打ちに会い、合戦の末、敵味方とも多く死傷したことが土佐国から奏上されている。海賊が単なる略奪のために襲ったのではなく、幡多郡の浦に居住する人々もまた海賊的住民であったから

＊１　海音寺潮五郎『海と風と虹と』富士見書房、1981年　＊２　村谷正隆『海賊史の旅』海鳥社、1990年　＊３　同書　＊４　『伊予水軍関係資料調査報告書』愛媛県教育委員会、1975年、　＊５　『中世瀬戸内をゆく』山陽新聞社、1981年。

ではないか、そうでもなければ死傷者多数にいたるほどの戦闘にはなりえない。

千五百・千余・八百余艘と諸書にみられる純友側の襲撃船団が、家船程度の小舟だとしても、当時の人口からみれば大軍団・大船団というべきだろう。伊予・讃岐からの報告によれば、四百余艘が帆をつらね集団をなして襲来、人民舎宅や供御人らの住居が焼打ちされたという。その勢いで備前・備後の国の兵船百余艘を焼亡させた（『師守記』裏書）。

日振島　同市観光課提供

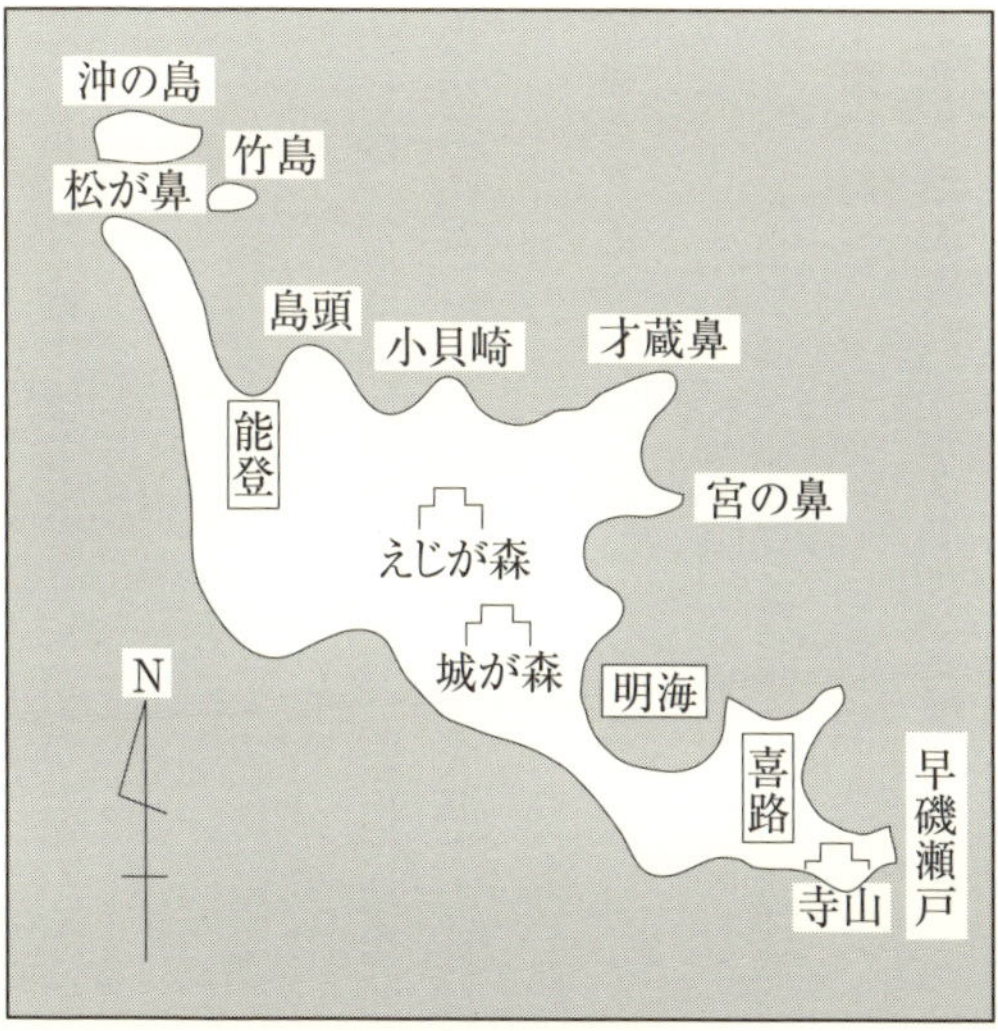

図９・日振島略図
村谷正隆氏『海賊史の旅』より

政府水軍は天慶三年、播磨・讃岐二国に二百余艘を造らせた（『扶桑略記』）。規模の大小はともかく、絶対数において政府水軍は「西国兵船多く来り、備中軍逃散す」（『貞信公記』）というように、あきらかに劣勢であった。

(7)越智氏

政府がこれら海上勢力に対抗するためには、海賊集団の陸上（島）の根拠地を叩くか、現地の水軍力を有する豪族を懐柔し起用するかの方法に頼るしかない。潮流・島々浦々の地形に通じているからである。

『予章記《よしょうき》』の次の記事は右のような事情をよくあらわしている。

伊予越智《をち》郡の在国押領使越智好方《よしかた》は、天慶二年、純友討伐の朝命をうけた。被官奴田《ぬた》（沼田）の新藤次忠勝を差遣し、純友の首を取った。同じ頃村上という者が、新居《にいい》の大島に流謫《るたく》されて年久しい。海上の案内者、船上の達者であるので、好方は勅許を得て同伴せしめ、その外中国西国の武士を引率し、かれこれ三百余艘で九州大宰府に押し渡り、純友を退治し、武名を揚げ、御感《ぎょかん》の綸旨《りんじ》を蒙むつた。このとき三島大明神の託宣に、吾れ朝廷を守り奉ることのほか余念なし云々。

河野水軍の祖である越智氏は、饒速日命《にぎはやひのみこと》から出て、越智国造となった小致命《おちのみこと》（小千命）の子孫とも、孝霊天皇の系統ともいわれるが、大化改新後、越智郡が設置されたとき、越智郡司となり、以後ひき続きこの職にあった。

神護景雲元（七六七）年二月、越智郡大領外正七位下越智直《をちのあたえ》飛鳥麻呂《あすかまろ》が、絁《あしぎぬ》および銭一二〇〇貫を献上した功によって、外従五位下に昇叙された（『続日本紀』）。『日本霊異記《にほんりょういき》』に見える越智直の観音信仰の説話のように、大山祇《おおやまずみ》神社（三島大明神）を祖神として、地域社会に根をおろした有力豪族であった。

純友の乱後の天暦《でんりゃく》二（九四八）年、越智用忠が海賊討伐の功により叙位され、好方一門はやはりその功により、越智押領使のほか、好峰が野間押領使に任命された。

伊予野間は、薩摩の南端野間崎にちなむ。野間の一体は大山祇神を始祖とする一族で、それが日向宮崎へ移って青島鵜戸《うど》神宮となり、瀬戸内海へ入って、伊予の野間へと枝分れしたという。

海上交通の守り神に娘媽《のうま》神・媽祖神がある。中国大陸の福建省に発祥した信仰である。この神を祀《まつ》る廟が媽閣廟《マーコーミャオ》である。[*1] 澳門《マカオ》や馬祖島もそれにちなむ。遭難した人々が黒潮に乗って漂着し、船に祭ってあった娘媽神を陸に安置し、野間神社となる。移転分布した先々に野間神を勧請する。

知多半島愛知県美浜町、源義朝が平治の乱で清盛に敗れ、落ちのびて頼った先の、野間内海荘《うつみしょう》の家臣長田忠致《をさだただむね》に殺されたのはこの地で、のち頼朝によって供養のために建てられた大御堂寺《おおみどうじ》は、通称「野間の大坊《たいぼう》」といわれる。

越智氏発展のコースは、神武東征の神話の世界を暗示する。

純友父子を捕え斬った伊予警固使橘遠保は、越智氏との連携なくしては功を挙げ得なかったのではないか。遠保はまもなく海賊によって殺されてしまうが、子孫は恩賞として与えられた伊予宇和郡に土着し、南伊一円に勢力を張り、鎌倉時代には御家人として存続した。[*2]

＊1　沢史生『鬼の日本史』彩流社、1990年、＊2　『吾妻鏡』嘉禎2年2月22日条。

(8) 船舶

船舶に関する政府側の数量や動員・編成ははっきりしない。いいかえれば、水軍らしき対応は、純友軍の一千余艘の日振島集結、備中を侵した多数の西国兵船、伊予・讃岐を侵し、備前・備後の官軍兵船百余艘を焼いた「賊船」四〇〇艘、播磨・讃岐で官船二百余艘を造るも、待ち迎える純友軍千五百余艘、博多で捕獲する賊船八百余艘、というように、賊船の方が圧倒的多数である。

朝廷側もそれなりに水軍力を備えていたことは、官軍兵船が焼かれたことや、造船につとめたことなどによってうかがわれるが、その実態は在地豪族軍（あるいは在庁官人あがりの土着の開発領主）の私兵・手兵であろう。

越智好方の被官奴田新藤次忠勝を差遣、純友の首を取り、新居大島の流鏑人村上氏を海上達者の案内とし、中国西国の武者を率い、「三百余艘」で博多に押し渡り武名を挙げた、と『予章記』は伝えている。

一方、日振島屯聚の二千五〇〇人、一千余艘、魁帥三十余人の構成は、魁帥一人・八十余人、船三十余艘ということになるから、その上級魁帥は一〇人の魁帥を大軍団とすれば、越智好方軍団に匹敵する。好方クラスが三軍団あれば、純友軍に充分対応できる水軍力編成は可能となろう。

もっとも、このほかに純友余党の次将クラスは、瀬戸内海一帯に蟠踞していたろうから、追討軍は、好方クラスの軍団（船団）の相当な倍数を必要としたろう。藤原国風のもとに走った純友次将藤原恒利も好方クラスの海賊大将とすれば、敵味方にとってプラス・マイナスの差は何倍もの大きさになったにちがいない。掾《じょう》・介《すけ》クラスの在庁官人層（土着化した）が多いのも、乱の双方の特徴である。瀬戸内海沿岸部の南海道・西海道諸国には、かつて、新羅遠征のため節度使を設置、各道船舶一二二艘（隻）、兵士一万二千五〇〇人、水手四千九二〇人をそれぞれ動員する計画がたてられたことがあった。実現はしなかったが、可能性は高かった。諸国の国司のもとには船舶・兵士の動員能力は期待できたものとみてよい。

律令制下の海運は貢納物が中心であるが、貢納の責任者の郡司は、調庸物輸送の船舶、すなわち課船を提供したようであるが、官船に入れられなかったのは、その所有者が郡司やそれに準ずる資力の所有者であったためという。* 船舶の所有、それにともなう水手らは郡司層のもとにあり、同時にそれらの提供者でもあった。

(9) 主船司

船舶の国家管理には主船司《しゅせんし》（ふねのつかさ）がおかれた。職員令兵部省の条には「公私舟楫《しゅうしゅう》及び舟其事を掌《つかさど》る」とあり、主として摂津にある官船が対象であったようである。主船司船と一般官船があり、主船司は一般官船に対しては直接管理は行なわず、国司が保護修理を行なっていたと考えられるという。

かつて住田正一氏は昭和二年『日本海法史』において、主船司を次のように解説した。

> 主船司は兵部省の管轄内に在って、その舟楫事務は、軍船官公私船を主とし、現在の海軍省および管船局に相当し、平時は艦船の訓練、保管および監督をなし、海上警備に任ずるとともに、戦時はその艦船をもって軍事に従事せり。
>
> 主船司は海上の警備を任とするものなるがゆえに、大宰府の如き海防上重要なる関係ある地に

＊　杉山宏『日本古代海運史の研究』法政大学出版局、1978年。

もまた、これを置き大工少工をして、その事務を取扱わしむ。
　またそのたの沿海要路の地には官船の設備をなし、海上交通の取締り警備の任に当れり。

杉山宏氏は、海軍と海上保安庁を兼ねたような権限はないこと、「軍防令」に軍船の訓練に主船司が直接かかわっている記事がみられないことなど、住田説が過大評価であることを指摘している。

松原弘宣氏は、令規定から知りうる船舶の管理のあり方を次のように要約している。[*1]

一、全国官私の船の最終的な掌握官司は主船司であった。
二、官船は軍事的性格の強いものであった。
三、官船は太政官所属船である（国衙所属船ではない）。

ただし、国衙が独立化すれば国衙所属船に転化する。

⑽船　所

右の規定からみた船舶管理は奈良時代を中心とするものであるから、令制のゆるんだ承平《じょうへい》・天慶《てんぎょう》年間にあてはめるわけにはゆかないが、国衙や大宰府にはその機構の余韻めいた機能はなかっただろうか。

後年源平合戦に、周防の船所五郎正利からの兵船提供（『吾妻鏡』文治元年三月二一日条）があった例などは一つの裏づけであろう。[*2]船所は新城常三氏によれば周防のほかに加賀・近江・摂津・紀伊・安

＊1　松原弘宣『日本古代水上交通史の研究』吉川弘文館、1985年。　＊2　佐藤和夫『日本中世水軍の研究』錦正社、1993。

芸・隠岐などにも確認されている。これらの事実から西国地方における国衙船所のかなりの普遍性を推測させるに十分なものがあると、新城氏は述べている。船所の機能は国衙正税・国家貢納物の中央輸送、官使・国司・勅使などの接待・輸送などがあると同時に、周防の船所のような軍事面もあった。国家的行事に差遣される場合（勅使・院の御幸など）には船舶の徴発権さえ有したのではないか。備前国にその例がみられる。[*2] 船所は国衙のほか荘園各地にもみられる。

これら船舶の本来の目的は物・人ともに輸送にあり、軍船・兵船に転用しうるものであっても、組織的・計画的に編成された水軍の成立はまだみられない、と結論されよう。

また、律令体制における中央常備の水軍はもちろん存在しない。いったん乱が発生すれば、諸国の在庁のもとに編成された、豪族的水軍がその主力であって、かれらの力に頼らざるをえない。

荘園制の発達は中央国家の統制力を弱め、荘園権門の独自の武力が巨大化し、藤原摂関家・平氏のような、西国・瀬戸内海に多くの荘園をかかえる権門は、国衙・在庁の機能を自己陣営としてゆくことによって、とくに平氏のような、水軍力を基盤とした私的軍事力が、公的軍事力に転化する。奈良時代の新羅遠征計画時に比べれば、国家的水軍力は後退したといってよい。

⑾在庁と船

在庁の勢力を物語る次の例がある。長元元（一〇二八）年から長元四（一〇三一）年にかけて関東地方で発生した平忠常の乱でのことである。忠常は「上総下総《かずさしもふさ》ヲ皆我ママニ進退[*3]シテ、公事ヲモ事ニモ為《な》サザル」者で、また国守常陸守《ひたちのかみ》の命令も無視したほどの「勢有ル者」で、追討使平直方《なおかた》は鎮圧に失敗、かわって源頼信《よりのぶ》が派遣された。両者は香取浦に対峙した。

＊1 『中世水運史の研究』［国船所考］塙書房、1994年、 ＊2 同書、 ＊3 「進退」（しんたい）は「しんし、しんじ」に同じで、土地・財産・人間を支配・処分すること。

忠常は「渡ノ船ヲ皆取リ隠シテ」しまったので、頼信軍は渡る術なく攻めあぐねた。しかし味方に真髪の高文という武者が、馬で渡れる浅瀬を知っており、その者の案内で攻め落とすことができた。

忠常は「海ヲ廻テゾ寄来テ責メ給ハム、船ハ取隠シタレバ、否渡リ給ハズ」、船は皆隠してあるので、頼信軍は海を迂回しなければ渡ってこられないだろう、と安心しきっていた。最後は頼信の威に服し、戦わずして降伏するという有名な話である（『今昔物語集』）。

祖父良文―父忠頼と、代々武蔵、下総に地盤を固めた豪族で、忠頼は陸奥介《むつのすけ》ながら武蔵の所領に住んだほどで絶大な支配権を有していた。忠常の子経将から経長―経兼―常重と続き、源頼朝挙兵に二万騎を率いて加わった千葉介常胤へとつながってゆく。受領層《ずりょうそう》が在地化し、豪族層を組みこみ領主化していった実力のほどがうかがわれる。古代末期の水軍の担い手は、このような在地（地方）豪族軍であった。

⑿海夫動員

一一二〇（大治五）年、下総権守であった平（千葉）常重の伊勢神宮への注進証文の中に、「布瀬郷内保村田畠在家海船等注文」*1というのがある。布瀬郷は、下総相馬郡内の相伝所領であるから「海《あま》船《ふね》」なども、その所領に付随した権利として徴用しえたものであろう。

千葉氏は千葉六党と称され、千葉介常胤以後・嫡子・庶子がそれぞれ相馬・千葉・香取・葛飾国分《かつしかこくぶ》・香取東庄《とうのしょう》を領し、海上《うながみ》千葉氏は三崎庄を領し、銚子から利根水系に拠点をおき、一族は銚子から海上・飯岡・旧常陸川、香取浦沿岸の台地荘園に城廓を構えていたことが知られている。*2

これらの在地勢力は航行する船舶に対し、通行料として関手《せきて》を徴収していたことが知られ、源頼朝

＊1　櫟木文書［平安遺文 2161 ～ 3］、＊2　小笠原長和「下総三崎庄の古寺と海上千葉氏」［金沢文庫研究 155］・吉村・加藤・佐藤他著『千葉県の歴史』山川出版社、1971 年。

は一一八二（治承六）年正月、伊豆山神社灯油料として五〇艘（分の開手料か）を寄進し、梶取などが灯油役を勤仕する特権として、諸国の関手料支払を免除した。*1 しかし、この下文《くだしぶみ》にもかかわらず、下総国神埼の開手料を徴収されるので、千葉為胤と伊豆山《いずさん》神社側との間に訴陳が展開された。*2 この開手料は千葉氏の得分であった。

香取神宮も灯油料所として、行徳・戸崎・大堺・武蔵猿俣・長島関を管理している。*3 右の場合は、航行権に関する支配の一形態であるが、梶取・水手などの人的支配の一形態として「海夫」に対する徴用権を考えることができる。

「香取文書」に散見する海夫注文*4は、香取神宮への貢物進納のためと思われるが、常陸・下総にかけて香取神宮大禰宜《ねぎ》家の進止権が及んでいた。この進止権は、のちに千葉氏の勢力が強くなるにつれて、武士の手にゆだねられるようになり、海夫の動員力はそのまま武士団の水軍力になり得たのである。在庁支配という合法的な形をとる形態が多い。

「香取文書」貞治五（一三六六）年四月付の大禰宜長房安堵申状によると、常陸・下総両国海夫は長房が「譜代相伝進止」してきたものであると述べている。かなり古くから徴用権をもっていたものであろう。

香取神宮

頼朝が伊豆挙兵に失敗、安房にのがれ、千葉介常胤や常陸介らの在庁勢力の武士団を動員、態勢を立

＊1　伊豆山神社文書、源頼朝下文案、[鎌倉遺文 3974]、　＊2　伊豆山神社文書、源頼朝下文案、[鎌倉遺文 11156]、　＊3　佐藤和夫「鎌倉期関東水軍について」[軍事史学 8-2] 1972 年「香取文書」千葉県史料中世編（86・116・132）、　＊4　「注文」（ちゅうもん、↙

て直し、鎌倉へ進軍したとき、隅田川・太日河《ふとい》（江戸川の古称）に舟橋を架けて渡したのは千葉氏であった。

一三七二（応安五）年の足利義満《あしかがよしみつ》の御教書《みぎょうしょ》に、*香取社造替の義務を怠った千葉竹寿丸・大須賀左馬助らを責める文面がみられるが、この当時には、すでに一族の国分《こくぶ》・海上《うなかみ》・木内・東《とう》・神埼・多田・粟飯原《あわいばら》などの地頭らが、香取社家の権威に服さず、海夫注文も、これらの諸氏の手に完全に掌握されてしまった。

さかのぼって考えれば、海夫注文施行の実権は、浦々に支配権をもつ、在庁のこれら諸司の手中にあったのであり、香取が常陸・下総利根川水系の枢要の地として、東国の水軍の拠点としての由緒を有するのであれば、千葉氏祖の常重、さらに忠常時代のこの地での活躍にみられる水上権（水軍）の意義は、大きいものといわなければならない。

三浦介・千葉介・常陸介・上総介という東国在庁官人系譜である諸豪族が、頼朝挙兵の背後で軍事力の中核となったことは、単に関東武士団の結束という表現にとどまらず、水軍史からみれば今まで述べてきたように、在庁とその配下の水軍力という面で重要な意味をもってくるのである。

⒀純友と越智氏──出自の謎

純友は摂関家に近い系譜を引く名家で、父良範は、左大臣時平・太政大臣忠平とは従兄弟の関係にあった（『尊卑分脈』）。忠平の日記『貞信公記』には、純友が伊予国を出奔した天慶二（九三九）年一二月、その報が入るや四日後の二一日、忠平は

↘しるしぶみ）は、人名、物品の種類数量を記して正式に提出する文書。　＊「御教書」（みきょうしょ、とも）は、三位以上かそれに準じる貴人の意思を奉じて家臣が発する文書。

純友の事により国々に給う官符を草せしめ、明方・彦真・安生等に仰せて、早く進め遣わすべき事

とあり、藤原明方らに持たせ派遣したという。系図では、明方は純友の甥であり、忠平はそのような縁者を人選したという。明方は忠平に重用されていた。平将門も忠平に名簿を奉呈した家人《けにん》であった。純友も家人集団の一人であったとすれば、摂関政治の権力を背景に家人集団が、国衙の支配強化と相対立する構図の中で、直接摂関家へ国司の圧迫ぶりを訴えることも可能であり、また摂関家からの説得も可能であるということである。

藤原一族説に対し養子説がある。「実伊予前司高橋友久男」(『系図纂要』有馬系図)で藤原良範の養子という。高橋氏は伊予の豪族越智一族河野氏の出で、北条・越智・今治三郡の郡司を務めた家柄である。[*1] 松岡進氏は越智氏嫡家の出とする。[*2] 邦光史郎氏は、純友のもとには越智氏の三島水軍の本流からあぶれ者、落ちこぼれ海賊が集まったという。[*3]

紀淑人は越智一族を敵にすることを避け、また、越智氏も純友の禍が一族に及ぶのを避け、純友を孤立させる共通点において、純友一派の切り崩しをはかったという。その結果、小野氏彦・紀秋茂・津時成ら首領クラス三十余人が、純友から離反したとみる。藤原恒利もそうである。『系図纂要』の養子説は、なかなか根強い人気がある。後世の人々は、将門と同様に純友の反朝廷行動が、弱者の立場(?)に立ったという歴史的共感から、在地の豪族高橋―越智氏とつないでいったものであろうか。

後者の土着豪族出身説は、大三島の越智氏と藤原氏を結びつけたもので、『系図纂要』が唯一の史料であるから根拠は弱い。国司三等官の掾《じょう》は高官であり、伊予と深い地縁・血縁があったらしいこと

＊1　松本新八郎「藤原純友」『日本史の人物』未来社、1958年、　＊2　『瀬戸内海水軍史』瀬戸内海文化研究所、1966年、　＊3　邦光史郎『物語・海の日本史』上・講談社、1987年。

は、松岡進氏の詳細な研究から[*1]も推測できるが、従五位下の叙位、乱の発生から終息にいたるまでの、朝廷の純友への慎重な対応の仕方などからみて、中央貴族出身とみるのが妥当であろう。

海賊集団の統率力の背景に摂関家家人としてのパイプが有効に働き、貴種なるがゆえに土着豪族の結集が可能であったといえようか。

九世紀にはじまる年貢官物舟運の中で重貨（米）の比重が高まり、官物だけでなく種々な貢納物が安全に届けられるためには、内海海賊の協力が不可欠であった。純友配下には沿岸豪族が次将として名を連ねるが、かれらは海運連合集団ともいえる。かれらはしだいに力を蓄えて、一地域をこえ、社会的国家的上昇気運が生まれると、その盟主として貴種純友をかつぎ上げたのは当然のなりゆきである。

しかし、この勢力もゆきすぎると王朝国家の支配収奪の基礎をゆるがすことになる。

東国の将門の乱が終息した段階において、純友とそのグループが弾圧されるべき存在として、明確に鎮圧の対象となってゆく。豪族層の中にも反政府軍・反乱軍を鎮圧することによって、在地勢力確立のステップにしょうとする者も多くなる。

大宰府管内の国司らが、子弟を率いて調庸租税の妨げをなすことの禁が[*2]出されるほど、国司の職権をかさにきた威力は絶大なものであるから、国衙機能への癒着《ゆちゃく》は誰でも望んだ。在地勢力の土豪層や土着官人たちは、それゆえ国家権力の手先となり忠誠者となる。

天慶二年六月、相模・武蔵・上野の橘・小野・藤条らの「権介」に国内群盗追捕を命じ（本朝世紀）ているのも、かれらが現地に詳しいからである。これらの存在は両刃の剣である。

越智用忠は乱の七年後「海賊の時の功によって叙位すべきの解文等を（後から）申し」叙位されて

＊1　『瀬戸内海水軍史』瀬戸内海文化研究所、1966年。　＊2　政事要略51、交替雑事11、調庸未進事、天慶9年12月7日条

いる（『貞信公記』天暦二年七月一八日条）。乱後即刻申請できるほどの協力姿勢をとらなかったゆえのためらいであろう。

宗像《むなかた》水軍なども、純友軍に協調した節がある。伊予方面から博多津までの船団の航行には、筑前沖を通過しなければならない。ほとんど問題なく博多へ直撃していることは、暗黙の諒解があったものか。一方では、大宰府の馳駅使《ちえきし》に宗形貞仁の名がみえるように、政府側にも立っていた。[*1] 乱後、政府は宗像社に正一位勲一等の位階を与えているが、ある種の懐柔策であろうか（『類聚符宣抄《るいじゅふせんしょう》』）。

純友次将で、官軍に走った藤原恒利《つねとし》が頼った相手は讃岐介藤原国風であった。国風は反乱軍に追われ淡路まで逃げた。恒利は追った側である。投降してきた賊を鵜呑みに信用して先兵とするからには、どちらの側に立っても不自然ではない状況があったのだろう。現代的に味方でなければ敵という見方は、真実を誤まる。

兵庫允在原相安《ひょうごのじょうありはらすけやす》・越智用忠《おちもちただ》・好方・藤原倫実《ともざね》・兵庫允宮道忠用《みやじただもち》・藤原国風・藤原包貞《かねさだ》・藤原慶幸《よしゆき》・橘遠保ら立場をかえて、反乱者の藤原文元・三辰らのそれと律令国家体制の中でのステータスに大きな違いはない。

承平・天慶の乱の承平年間に乱は発生していないが、なぜ二つの年号が事件名になるのだろうか。純友党の不穏な動きが承平におこっており、海賊行動全般が、純友の所為と中央貴族に認識され、そのように記述されてきたことと大いに関係があろう。

海賊・乱として問題化されるのは、不動倉官船など公的機関への襲撃、海路の危険などからである。王朝社会の豊饒《ほうじょう》な穀倉、大宰府と王城を結ぶ幹線道路大和路筑紫路に沿った山陽・西海・南海道の回廊瀬戸内海諸国は「柔かな下腹」であった。[*2] そこへ刃をつきつけたのが純友党であった。「まつろは

＊1　正木喜三郎「中世の宗像大宮司と海」『亜中世の海人あと東アジア』海鳥社、1994年、
＊2　棚橋光男『王朝の社会』［大系日本の歴史4］小学館、1988年。

ぬ夷」どもの住む坂東とは異なり、従順な世界のはずであった。

純友と将門の直接の交際については『将門純友東西軍記』には、両人が比叡山にのぼり、「平安城ヲミヲロシ、互ニ逆臣ノ事ヲ約ス。本意ヲトグルニヲイテハ、将門ハ王孫ナレバ帝王トナルベシ。純友ハ藤原氏ナレハ関白トナラント約シ、ヲハリテ帰洛シ、其後両人相トモニ国ニ帰ル」

『大鏡』は、

「此純友は、将門同心にかたらひておそろしき事をくはだてたるもの也。将門はみかどをうちとりたてまつらんといひ、すみともは関白にならんと、同じく心をあはせて……」と、まことしやかな記述をしているが、直接にはもちろん、当時の貴族間に推測されていたことさえ疑わしい。[*1]

ただ『本朝世紀』のように、

「去ぬる(天慶二年十二月)二十六日、備前介藤原子高を虜し已《すで》に了《おわ》る。平将門と謀をあわせ心を通わせ、此事を行うに似たり。よって東西に警固使を遣わす」とある。役所日記をもとに書かれたものであるから、共同謀議の事実はなかったにしても、当時そのような見方もあったということは、重視する必要があろう。中央にもたらされる東西の乱の動きは、また東西それぞれに現地の敵味方に、情報・噂として伝えられ、認識されたことであろう。直接盟約は不可能ながら、同時期に両者の乱が発生したという点に、当時代の有する共通した背景が問題となる。

北山茂夫氏は乱の共通性を次のように指摘している。一、前国司の貴族的土着性、二、党組織者的属性、三、国衙への武力行使、これらは律令体制の解体に根ざすものであると。[*2]

乱自体が示した新しい階層の参加、公然たる国家機関襲撃などの特徴は、新時代の到来を予知させるものであるゆえに、古代国家の貴族支配が、保元・平治の乱、治承・寿永の源平の合戦を経て、鎌

＊1　小林昌二「藤原純友の乱」『古代の地方史（2）』、朝倉書店、1977年、　＊2　「摂関政治」旧岩波講座［日本歴史・古代4］。

倉幕府成立によって大きく動揺し、その基盤を失ってゆく、その後の歴史の変化の上から、「承平・天慶の乱」を「古代末期の叛乱」と評価した石母田正氏によって「もっとも注目すべき政治的事件」といわれるゆえんである。*

⒁乱後の海賊

海賊対策として政府がとったのは、五保の制、俘囚の利用、浪人の採用（禦賊《ぎょぞく》兵士）、懐柔という消極的なものにすぎず、「諸家兵士」や「武蔵兵士」は中央軍事貴族の私兵に依存するか、地方軍事豪族軍（賊にもなりうる）の連携に頼るほかなかった。

追捕海賊使・警固使・凶賊使等々各種の名称がみられるが、小野好古のように「山陽道追捕使」・「追捕山陽南海両道凶賊使」という同人物が、同年内に異なる肩書を与えられている。方面派遣軍船司令官というところだが、具体的には直属の軍団はもたなかったのではなかろうか。天慶三年正月、東海・東山・山陽道追捕使以下「十五人」（『日本紀略』）とある一五人は、諸家兵士をひきいる貴族軍の長ではなかろうか。

警固使は、阿波警固使・備後警固使・伊予警固使の例など、国単位の臨時に編成された貴族（国司級）の軍団ではなかったか。諸国傭兵の勅符、ならびに追捕凶賊使右近衛少将小野好古らの勅符、のことを定め行なったという『師守記』の記事は、右の事情を物語っている。大乱が終ればこの機能は消滅する。

純友の乱の平定で、海賊は消滅したわけではなかった。九八二（天元五）年二月、海賊蜂起のことが報ぜられた。「月来、海賊蜂起す、縁海の調庸、已《すで》に以《もっ》て運び難し、愁苦極まりなし。（中略）賊徒、

＊「古代末期の政治過程および政治形態」［社会構成史大系］6・7、日本評論社、1950年・『古代末期政治史序説（上）』未来社、1956年。

鼓を打ち金を叩き、往還人を劫《おびやか》し、随身物《みにしたがえるもの》を掠《かす》め、朝威無きに似たり」（『小右記《しょうゆうき》』、同月七日条）、ということで海賊追討の定文《さだめぶみ》を奏した。二〇日、伊予国から、海賊の首領能原兼信、および与党一五人追討の解文《げぶみ》が到来した。

　当事京都では群盗が溢れ、殺害事件は毎日のようであった。海賊追討の報告は朗報ゆえ、早速賞を定めた（同二七日条）。伊予方面では、大規模な海賊集団が跳梁していた。九九八（長徳四）年には、備前鹿田《しかた》荘の梶取佐伯吉永《さえきよしなが》が、秋篠寺《あきしのでら》封米美作国米一八〇石そのほかを輸送したとき、摂津国長渚浜《ながすはま》住人らが、船や雑物を掠奪したので、糺返して欲しいと検非違使庁に訴えている（「二条家本北山抄裏文書」『平安遺文』三七四号、備前国鹿田荘梶取解）。海損物という住人の主張もあるが、合法性をよそおった海賊行為であろう。

⒂乱の国際的背景

　純友の乱を国際的な背景においてとらえようとした、生田滋氏の次のような見方もある。

　九世紀後半、朝廷の新羅海賊鎮圧および国内海賊鎮圧による唐貿易独占の方策は、それなりの効果をあげた。九〇七（延喜七）年唐が滅亡し、五代十国の乱世が宋王朝の成立まで続いてゆく。

　九一八年、新羅が滅び、王建による高麗《こうらい》王朝が成立した。王建は海賊出身ともいわれるほどだから、今までとは反対に海賊対策もきびしかったし、日本海賊の活動も影響されるところがあったと思われる。唐の衰退は、日本側との間に私貿易を促進したものとなったであろう。これら私貿易の活動をめぐって、瀬戸内海の海上活動に従事する人々の、集団内部に紛争がおこり、純友らの官人層が誘いこまれ、結果として大事件になった感じがしないでもない。朝廷の海賊対策は、鎮圧するより、むしろ体制側にくみこみ、海上活動の専門集団、体制側の水軍として活用しようとする。純友の敗北は「朝廷」ではなく、「水軍」による瀬戸内海の海上貿易支配の確立を意味するもの、ととらえられる。*

右の論は具体的な論拠を示していないので、水軍が何をさすかあきらかではないが、後世の倭寇の活動を考える上での示唆となる。

5　一二世紀の海賊——平氏登場

一一一四（永久二）年、鎮西安成寺別当が、備前国赤尾泊の海賊を同伴、上京した（『中右記《ちゅうゆうき》』）。同じ年、検非違使別当藤原宗忠は、院旨によって熊野別当長快らをして、南海道の海賊追捕を命じている（同上、八月一六日条）。熊野新宮速玉《はやたま》大社が、熊野水軍として海賊取り締りの一翼を担うものとして、歴史の表面に登場してきたことは興味深い。

源平合戦の立役者、熊野別当湛増《たんぞう》は、田辺闘鶏《たなべとうけい》神社を拠点として、紀州西南部に海賊のおさえとなった。

熊野水軍は本来海賊であろう。海賊はいわばその地域の制海権の掌握者である。その地域なりに一つの海賊世界の秩序が形成されてゆく。対立するものから協調するものへと体質が変化しはじめる。

そのような、海賊のエネルギーを水軍へと転生していったのが、平氏である。

(1)南海・西海のうろくず——海賊退治

平氏は、桓武天皇—葛原《かづらはら》親王—高見王—高望《たかもち》王へと続き、平姓を賜わり上総介となり臣籍に入った。

＊　生田滋『藤原純友とバイキング』「日本の古代（8）」中央公論社、1987年。

その子国香《くにか》は、甥将門《まさかど》と争い殺された。さらに、貞盛―維衡《これひら》―正度《まさのり》―正衡《まさひら》と続き、正衡は伊勢平氏の祖となった。その子正盛―忠盛―清盛とつながる。

国香より正盛まで六代は、諸国の受領《ずりょう》（国司）をつとめたが、地方官にすぎず殿上人《てんじょうびと》より一段低い地位にいた。国香は鎮守府将軍、常陸大掾《ひたちだいじょう》を歴任し、坂東の開発を積極的に行ない、坂東八平氏を生み出すもとをつくりあげた。ただ一族の勢力争いも激しくなり、将門の乱や忠常の乱の如き大乱をひきおこしており、将門は貞盛に討たれ、忠常は直方の追討（最後は源頼信に鎮圧される）を受けるというように、内部の対立や分裂が生じてゆく。

維衡は、一〇〇六（寛弘三）年伊勢守となり、伊勢平野に開発をすすめて荘園を拡大、正盛の代に伊賀の鞆田《ともだ》荘を六条院に寄進、白河法皇とつながったともいわれる。

(2) 平正盛《たいらのまさもり》

正盛は、一一〇八（天仁元）年正月、源義親を追捕・誅殺した。源義家の子対馬守義親は、在任中住人を殺害、公物を押取るなど不法行為が多く、大宰府からの報告により罪科に処せられ隠岐国へ配流となった。それにもかかわらず出雲へ出張して乱行に及び、目代を殺し、官物を略奪した。また、入洛の噂もとびかい、都にも不穏な空気が流れた。

因幡守《いなばのかみ》正盛は追討を命ぜられた。承平・天慶以来の大事件であった。「悪人義親」と従類五人の首を携え、帰京した。入洛の光景は、鉾先に生首をつきさし、赤い布切に名前を書き、行列の先頭に立たせた。甲冑武者四～五〇人の後に、正盛の郎従一〇〇人ばかりが、「剣戟《けんげき》」をそろえ、見る人の目を驚かせた。七条河原で検非違使《けびいし》に首を渡し、首は西獄門の樹に縣けられた。

見物の車馬は道をせはめ、京中の男女は道に溢れ、一人々狂の如し」であった（『中右記』）。

この追討の功により但馬守に叙任された。「大山寺縁起《だいせんじえんぎ》」には、船をつらねて蜘戸《くもど》の岩屋城に向かう場面が描かれている（大山寺旧蔵―大日本史料第三編の十）。あきらかに水軍と海賊の対決である。

五年後、一一一九（元永二）年一二月、肥前藤津荘司平清澄の子直澄の首とその郎党たち「鎮西犯人」を、京都に連行し、人々の耳目を驚かせた（『中右記』・『長秋記《ちょうしゅうき》』・『百練抄《ひゃくれんしょう》』）。その功により、備前守正盛は従四位下に叙位された。

(3) 平忠盛《ただもり》

一一二九（大治四）年三月、忠盛は山陽・南海両道海賊の鎮圧を命じられた。諸国に宛てられた検非違使からの通達によれば、海賊が「数十艘の船で〈百万里之波〉にうかび、往復の旅客や公私の貨物を掠奪している。悪行は益々はびこるにもかかわらず、国司らには勇気がなく心が臆しているゆえである。ゆえに忠盛朝臣を派遣するので、その指揮に従い協力せよ」というものである（朝野群載《ちょうやぐんさい》、大治四年三月、検非違使移）。二〇〇年前の純友の乱の頃の状況と大差はない。

一一三三（長承二）年八月、鎮西（大宰府か）に唐人船（宋船）が入港した。備前守忠盛は、みずから下文《くだしぶみ》を作成、院宣《いんぜい》であると号して船載貨物を収納してしまった（『長秋記《ちょうしゅうき》』）。皇室領肥前神埼荘の預所《あずかりどころ》でもあり、大宰府に無断で押買《おしかい》のような独占貿易・密貿易はなかば公然のものであり、中央貴族の憤懣《ふんまん》やるせないものがあった。

翌三四（長承三）年一二月、平家貞は海賊追捕の功により、兵衛尉《ひょうえのじょう》から左衛門尉《さえもんのじょう》に叙任された（兵衛大尉は正七位下、衛門少尉は正七位上）（『中右記』）。

翌三五（保延元）年三月、海賊追討の宣旨《せんじ》が出された。国司は国内の「猛者《もうざ》」に指示して海賊を押えさせよ、というものであったが、猛者そのものが海賊であるから、実効は期待できないと、『長秋記』の記者権大納言源師時《もろとき》は、あきらめ顔である。（長秋は皇后宮の唐名）。

四月、忠盛は海賊追討使に任命された。検非違使源為義を任命したならば、路次の国々は人・物の徴発によりみずから滅亡する、忠盛は備前国司ゆえ便宜がよい、という『中右記』記者中御門右大臣藤原宗忠の推挙の理由である。為義と忠盛の人柄のちがいもあろうが、追討には多くの人と財が要る。「縁海の近国」西国に基盤を持っている忠盛が、海賊退治に軍事的能力を高く評価されていることのあらわれである。悪左府藤原頼長は、「富巨万をかさね、奴僕《ぬぼく》国に満ち・武威人にすぐ」（『宇槐記抄《うかいきしょう》』仁平三年正月一五日条）と評している。

六月八日、海賊の首領「僧源智」が追捕された。八月、忠盛によって、日高禅師を首領とする海賊七〇人が連行され、都で検非違使に引き渡された。例によって見物人でにぎわったが、人々の噂では「此の中多くはこれ賊に非《あら》ず、ただもって忠盛家人に非《あら》ざる者・賊と号して虜進《とらわれたてまつ》る」（『長秋記』）、つまり平氏の家人でないものが賊として連行されたにすぎない、いいかえれば平氏こそ黒幕であり本当の海賊である、というわけである。朝廷もその点は心得て、海賊には海賊を、という純友と同じような懐柔策を用いたわけである。諸国の国司に取締りの誠意がみられないのも、そのような談合的慣れあいの裏側が読めていたからであろう。

子清盛《きよもり》は、従四位下兼兵衛佐《ひょうえのすけ》に任ぜられたが、忠盛の海賊追討の賞によってであった（『長秋記』）。「僧源智」と「日高禅師」は悪僧ではあるが、寺社の荘園管理にかかわり、平氏と対立する何か介在する原因があったものだろうか。

(4)平清盛

一一四六（久安二）年、清盛は、正四位下安芸守に叙任、翌年、清盛従者が祇園《ぎおん》の神人《じにん》と闘争、そのため忠盛・清盛父子は、延暦寺から流罪を訴えられ、清盛は院宣《いんぜい》によって贖銅《しょくどう》三〇斤を賦課された（『台記』・『百練抄』）。相当な経済力を物語る。

清盛の母は、白河法皇晩年寵愛の祇園女御《ぎおんにょご》という。父忠盛に法皇から下賜された。清盛が一二歳で兵衛佐、一八歳で四位に叙せられた栄達ぶりの子細を知らぬ人が、「花族《かしょく》ならばいざ知らず」と不審がるのを聞いた鳥羽院は、清盛は花族の人には劣らないものだと仰せられたという。

一一五六（保元々）年、保元の乱では後白河天皇方に立ち、乱後、源氏が義朝によって為義・為朝ら肉親を処分するなど、義朝以外は急失速したのに対し、平氏勢力を拡大させた。

一一五八（保元三）年、大宰大弐《だいに》となり直接赴任した。弟池大納言頼盛《いけのだいなごんよりもり》も、一一六六（仁安元）年、大弐として赴任した。「無比の温職」といわれた貿易の利益の独占が目的であった、筑前・豊前・肥後・壱岐・薩摩などは平氏知行国であり、平氏家人が受領《ずりょう》・目代《もくだい》となり、在庁官人や郡司層にいたるまで把握するところであった。

一一五九（平治元）年、平治《へいじ》の乱では、対立した源義朝を敗走させ、嫡男頼朝を伊豆に流し、源氏の息の根を止めた。

一一六七（仁安二）年、太政大臣に進み、嫡男重盛、その子維盛《これもり》、異母弟宗盛はじめ一族は高位高官にすすみ、妻時子の妹滋子《しげこ》は後白河法皇の寵をうけ、高倉天皇生母、娘の徳子（建礼門院）は、高倉天皇の中宮となって安徳天皇の生母となった。同じく盛子は関白忠通の嫡子基実夫人となって、皇室・摂関家とも閨閥をつくった。

音戸の瀬戸

肥後・播磨・安芸の国守・大宰大弐を歴任、三代にわたる西国の基盤を確立した。海賊の鎮圧と支配、西国海民の掌握とともに日宋貿易の推進にともなう航路や泊《とまり》の整備・修築は、音戸《おんど》の瀬戸の開削*、大輪田泊《おおわだのとまり》・経ケ島《きょうしま》の修築など、虚実とり交ぜて平氏の力の成果であった。厳島社への崇敬も海洋貴族平氏の誠意と打算のあらわれであった。神官佐伯景弘は、清盛の家人である。

松浦・山鹿・伊予河野・越智・阿波田口氏など西国水軍が平氏麾下《きか》におかれたことは、北九州から瀬戸内海の制海権掌握を意味する。平氏の積極的な貿易に対する重商主義・海洋主義は、伝統的海民豪族であるこれら諸氏の利益とも一致し、歓迎するところであった。制海権掌握は、海賊に対する不安が除かれ、貴重な貿易品や貢納物運送の安全の保障でもあり、水軍力と富の独占を意味する。

嫡男重盛も父と同様、海賊追捕《ついぶ》を行なっている（『兵範記』仁安二年五月一〇日条）。

一門の公卿一六人、殿上人三十余人、受領、衛府、諸司あわせて六十余人、平氏知行国全国六十余カ国の半数（実数は二十数カ国）荘園五百余ヵ所ともなれば、おのずから北陸・東山・東海もまた平氏の覇権下にくみこまれ、東国武士団も大部分が家人化されざるをえない。源家譜代であっても平氏家人として従わざるをえなかった。

＊　広島県呉市の、本州～倉橋島間の幅約 90m の狭い海峡。平安時代に平清盛が日宋貿易の航路として開削したという伝承がある。

「(平氏)一門にあらざらむ人は皆人非人なるべし」と平大納言時忠が広言したのは、誇張した表現ではなかろう。石橋山の源頼朝軍に対し「蟷螂《とうろう》の斧《おの》」という大庭景親《おおばかげちか》の嘲弄《ちょうろう》も平氏に刃向かう者への実感であったろう（『源平盛衰記』）。

第4章　鎌倉時代の水軍

1　頼朝挙兵——貴種再興

(1)石橋山の合戦

一一八〇（治承四）年八月二三日、石橋山合戦の平氏方総大将大庭景親《おおばかげちか》*と、源氏方代表北条時政の口合戦（ことばいくさ）のやりとりを聞いてみよう。

まず景親

①そもそも平家は、桓武《かんむ》帝の御苗裔《ごびょうえい》葛原《かずらはら》親王の御後胤として、代々将軍の宣をかうむり、はるか朝家の御守りたり、天下の逆乱をやわらげ、海内の賊徒をしたがえ、武勇の名他家にすぐれ、弓矢の誉れ当家に伝う。

②なかんづく、太政入道殿（平清盛）の、保元《ほうげん》・平治《へいじ》の凶賊を鎮めしよりこのかた、公家の重臣としてその身太政大臣に昇り、子孫顕官顕職におわします。

これによって南海西海のうろくずに至るまで、その感応にしたがう。東国北国の民なんぞ忽緒《こっしょ》（ゆるがせ）し奉るべき。

＊　相模の国の武将。挙兵した源頼朝を平家方の武士を率いて石橋山の戦いで撃破。安房に逃れた頼朝が再挙して東国武士に迎えられ鎌倉に入り、富士川の戦いで平氏に大勝した後に降伏し処刑された。

ここに今たやすくも平家の御代を傾け奉らんとの合戦の企て誰人ぞ。恐らくは蟷螂(かまきり)の斧をあげて竜車に向かう譬《たとえ》かは。名乗れ〳〵。

北条時政は、これに対して、

Ⓐ 汝知らずや、わが君（頼朝）は、これ清和天皇第六皇子貞純親王の御子六孫王より七代の後胤八幡殿の四代の御孫、さきの右兵衛権佐殿ぞかし。傍若無人《ぼうじゃくぶじん》の景親が申し状、すこぶる尾籠《おこ》なり。

Ⓑ 平家は悪行身にあまりて朝威をないがしろにす。これによって早くかの一門を追討して逆鱗《げきりん》を休め奉るべきよし、太上法皇（後白河）の院宣を下されたり。錦の袋に納めて御旗の頭に挟みたまえり。かつは拝み奉るべし。

Ⓒ されば佐殿こそ日本の大将軍よ。平家こそ今は朝家の賊徒よ。景親たしかに承れ。故八幡殿（太郎義家）奥州の（安倍）貞任《さだとう》・宗任《むねとう》を攻められしよりこのかた、東国の輩代々相ついで誰人か君の御家人にあらざる。したがって景親も父祖のものなり。馬にのりながら子細を申す条、奇怪なり。後勘かねて顧みざるべきか。下《お》りて申すべきなり。

景親はこれに反論する。

③ 昔、八幡殿の後三年の戦さの御供して出羽国仙北の金沢城攻めらるるとき、十六歳にて先陣をかけ、右の目を射させて答《とう》の矢を射、その敵を討ち取って、功をその庭に施し名を後代に留

めし、鎌倉権五郎景政が末葉、大庭三郎景親、大将軍として兄弟親類以下三千余騎なり。これほどの大事を思い立ち給いながら、勢のかさこそ少なけれ。まことに誰かは随い奉るべき。ただ心にくき体《てい》にて落ち給えかし。命ばかりは生け申さん（中略）。

④ 先祖はまことに主君、ただし昔は昔、今は今、恩こそ主よ。源氏は朝敵となり給いて後は、わが身一人の置きどころなし。家人の恩までは沙汰の外なり。景親は平家の御恩をかうむること、海山の如く高く深し。恩を知らざるは木石なり。なんぞ世になき主を顧みて今の恩を忘るべき。勇士はへつらえるが如しということあり。ただ今追い落し奉るべきなり。

時政はこれにまた反論する。

Ⓓ 欲は身を失なうといえり。まさなき大庭がことばかな。一旦の恩に耽《ふけ》りて重代の主を捨てんとや。弓矢取る身は言葉一つもたやすからず。生きても死しても名こそ惜しけれ。景親よ、権五郎景政が末葉と名乗りながら、先祖の首に血をあやす、欲心の程こそ不当なれ。

右は『源平《げんぺい》盛衰記《せい(しよう)すいき》』の叙述である。一二四〇年代（宝治・建長頃）に成立、『平家物語』の一異本ともいうべきもので、内容豊富、記事精密で、「物語」が語りを対象としているのに対し、「盛衰記」は読みを対象とした文体、と辞典の解説があるように、文章が豊かで、源平合戦終結後、四〇年ほど経ってからの軍記物（著者不詳）であるから、鎌倉人《かまくらびと》の歴史観・源平観がよく表現されている。

まず、この場面の情景をみておこう。

清和源氏の嫡流、遠流の罪人、三四歳の頼朝は山木判官兼隆館を夜討ちし、兼隆の首を挙げ、三〇〇騎ほどの武士をひきいて、伊豆韮山《にらやま》から、熱海《あたみ》・伊豆山《いずさん》、そして土肥実平《といさねひら》の本拠地湯河原《ゆがわら》町（土肥郷）から、海沿いの石橋山に到着した。

現在は、白い波の打ち寄せる海岸沿いの東海道線を見おろすミカン山の急斜面で小さな谷間〝ネジリ畑〟が、古戦場である（小田原市）。

ここで頼朝の先鋒として豪雨の中、俣野《またの》五郎景久と組みうちし、討ち死した佐奈田与一《さなだよいち》義忠の与一塚のある佐奈田神社と郎党豊三家安《ぶんぞういえやす》の塚が、今はわずかに古戦場の名残りをとどめているにすぎない。

大庭景親軍三千騎が集結できる空間はない。たぶん山々谷々を埋めつくし、頼朝軍三〇〇騎を包囲したものであろう。石橋山で敗れた頼朝軍がどのようなルートで、湯河原背後の椙山《すぎやま》、いわゆる鵐《しとど》の岩屋まで落ちのびたか、今もって土地の人々も謎としている。

大庭景親を大将に、景親弟俣野《またの》五郎景久・川村・渋谷《しぶや》・長尾・熊谷《くまがい》以下三百余騎その郎党あわせて三千余、背後から伊東祐親《いとうすけちか》らの三百余に包囲された。

(2) 大庭景親

頼朝がはじめて遭遇した難敵であった。相模大庭荘《おおばのしょう》（藤沢市）を本拠とする大庭党の棟梁である。

大庭党は鎌倉党で鎌倉権五郎《ごんごろう》景政（正）を祖とする。その先は高望王《たかもちおう》―良文とつながる桓武《かんむ》氏である。

景正は一六歳で、後三年《ごさんねん》の役（一〇八三―八七）に、八幡太郎源義家に従い、出羽国金沢柵（秋田県横手市）で、敵清原軍の射た矢によって右目から首筋まで貫ぬかれたが、ものともせず相手を射倒し自陣に帰った。三浦為次《ためつぐ》（継）がその矢を引き抜くため、顔に足をかけたところ、いきなり景正が下から為次を刀で突き刺そうとした。「こはいかに、などかくはするぞ」と為次が驚くのに、「弓箭《ゆみや》にあたりて死するは、つわものの望むところなり、いかでか生きながら足にてつらを踏まるる事あらん。しかし汝をかたきとして、われここにて死なん」（『奥州後三年記』）と景正の怒りである。そこで為次は非を詫び膝をかがめ、顔をおさえて矢を抜いた。この剛胆さと名誉を重んじた景正は、鎌倉党の誇りとするものであった。

保元《ほうげん》の乱（一一五六）で、源義朝の麾下《きか》であった大庭景能《かげよし》（義）・景親兄弟が・敵将となった鎮西《ちんぜい》八郎為朝《ためとも》（義朝弟）の強弓の前に立ちはだかって、次の名乗りをあげる。

御先祖八幡殿の後三年の合戦に、鳥海の城落されし時、生年十六歳にて右の眼を射させて、其矢ぬかずして答《とう》の矢を射て敵をうち、名を後代にあげ、今は神と祝れたる鎌倉の権五郎景政が四代の末葉、大庭の庄司景房が子、相模国住人大庭平太景能・同三郎景親とは我事にて候（『保元《ほうげん》物語』）。

同じく鎌倉党―大庭党の頼朝側近梶原景時も、源平の一の谷合戦で、「当の矢を(ママ)ゐて其敵をゐおとし、後代に名をあげたりし鎌倉権五郎景正が末葉、梶原平三景時《かじわらへいぞうかげとき》…」（『平家物語』、二度の懸《かけ》）と名乗っている。景正は鵠沼《くげぬま》郷（藤沢市）を中心に開発をすすめ、死後、御霊《ごりょう》大明神として祀られ、分流した一族、大庭・梶原・俣野・長尾・長江・香川《かがわ》氏らの御霊社に分祀された。

もともと三浦党とともに「源氏の忠士」（『吾妻鏡』）といわれたようにゆかりの深い一族ではあるが、

大庭御厨への源義朝の乱入事件（『天養記』）などもあり、源氏没落後はそれほどの恩義はなかったといってよい。

挙兵への加勢を頼朝の腹臣安達藤九郎《あだちとうくろう》盛長が使者として、景親に働きかけたとき、景親は、「源氏ハ重代ノ主ニテオワシマセハ、尤参《もっともまいる》ベキナレ共、一年囚《とらわれ》ニ成テ、既ニキラルベカリシヲ、平家ニ宥《なだめ》ラレ奉《たてまつ》テ、其恩山ノ如シ、又東国ノ御後見シ、妻子ヲ養事モ争《いかで》カ忘レ奉《たてまつ》ルベキナレハ、平家へコソ」（『源平盛衰記』巻二十）と答えて断った。「恩コソ主ヨ」という景親の心境がよくうかがわれる。平氏は景親を「東国ノ御後見」（総支配人）としての信頼ぶりである。

石橋山古戦場（下はJR東海道線，前方真鶴岬）

北条時政と比企掃部允能員《ひきかもんのじょうよしかず》らが頼朝を擁立して謀反との噂の実否を、平氏坂東八カ国奉行上総介忠清から問われていることや、清盛からの命令で、宇治川で以仁王《もちひとおう》を擁して反平氏として挙兵し敗死した、源三位頼政の子息仲綱の追討にあたっていること等々、平氏家人としての徹しきった姿勢であった。「兄弟親類」以下三千騎という点に、大庭党一族郎党としての地方豪族軍の特徴があった。

当時の東国武士団が平氏家人化していたのは、大庭氏のみではない。畠山《はたけやま》重忠は、父重能が平氏従者として大番《おおばん》在京中のため、父の代りに武蔵秩父《ちちぶ》一党をひきいて、平氏与力のため石橋山に向かったが、途中間に合わず、やはり引き返す途中の源氏与力三浦氏と衝突、三浦大介《おおすけ》義明を衣笠《きぬがさ》城に攻め、討死させている。熊谷直実《くまがいなおざね》も、新中納言知盛の家人であった。伊東祐親《すけちか》は頼朝への過去の仕打を恥じ自殺し、山内経俊《やまのうちつねとし》もかろうじて助命されるなど、挙兵時には平氏方として頼朝包囲軍であった。

景親は石橋山で頼朝をとり逃したあと、追討の平維盛《これもり》軍に合流しようとしたが、安房から勢力を盛り返した頼朝軍に行手をはばまれ、降人となり、斬罪、片瀬川辺で梟首《きょうしゅ》という運命をたどった。

景親と時政両者のやりとりには、源平両勢力の特質がよくうかびあがっている。

両者の言い分には、それぞれ一理あり是非善悪の判定はつけられない。武士団は「一所懸命」の言葉どおり、所領の維持拡張に命をかけ、一族郎党の将来の繁栄のために、棟梁となるべき貴種を見定め、御恩と奉公の関係をもったのである。「恩こそ主よ」は、現実的な論理であり、道義的（後世の儒教的人倫道徳）価値観では、計ることのできない、成立期武士社会の道義なのである。

時政のいう「東国の輩代々相ついで、誰人か君の御家人にあらざる」という源氏サイドの考え方もそうである。ただし両者とも本人自身が、このように演説したかどうかはわからない。おそらく、往時の執筆者の景親・時政に仮託した言葉であろう。

「海内の賊徒」を平氏が従え、「南海・西海のうろくず」にいたるまで、その威に服したのだから、東国・北国の民も従うべきだという主張の中に「海の平氏」の面目が、遺憾《いかん》なく表現されている。

平氏方といっても大庭景親を大将とする関東武士団は、あきらかに陸の軍団であり、沿海部に勢力を振っていても、水軍としての能力も価値もほとんどゼロに等しい。

この盲点が、皮肉にも頼朝の逃避行にはプラスに作用した。

(3) 真鶴から安房へ——海の武士団

頼朝が伊豆挙兵後、韮山から山を越え、熱海—伊豆山—真鶴《まなづる》—石橋山へと海岸線沿いに東へと軍勢をすすめたのはなぜだろうか。この疑問に触れた説明は管見のかぎり皆無である。

伊豆は幽閉された地である。伊豆半島は奈良時代から遠流《おんる》の場所であり、役《えん》の小角《おずぬ》（役行者《えんのぎょうじゃ》、修験道の開祖といわれ、妖言の罪で流される）、橘逸勢《たちばなのはやなり》（奈良麻呂の孫、三筆の一人、承和《じょうわ》の変の首謀者の一人として流される）、などが知られる。幕末、タウンゼント・ハリスが、開港地下田に着任し、体《てい》のいい隔離に不満をもらしたのも、その不便さのゆえである。

伊豆介狩野《かのう》氏・伊東祐親《すけちか》・北条時政・宇佐美・加藤・新田・天野氏など、伊豆半島の平氏の息のかかった諸武士団が存在した。そのような中で・文覚《もんがく》上人が、頼朝に、故義朝のシャレコウベをつきつけて奮起を促したということでは、簡単に挙兵というわけにはゆかないのである。

伊豆挙兵は、伊豆からの脱出であって、挑戦というような勇ましいものではなかった。それでも最初から負け戦《いくさ》で臨むほど軽はずみではない。ある程度の勝算はもっていた。

一つは、反平氏の時代の流れである。この気配《けはい》は平氏家人として京都に交代在番した東国武士たちが、実感として抱いて帰国したものであろう。梶原景時や工藤祐経らの和歌・歌舞音曲などの教養面のみでなく、時流を見抜く政治的感覚も身につけてきたものであろう。

もう一つは、頼朝をかつぎあげ、源氏棟梁と仰ぎ、新しい在地支配を意図する武士団の協力である。

それら武士団の顔ぶれは、

北条時政・宗時・義時・時定

狩野茂光・親光
安達盛長
宇佐美助茂・政光・実政
土肥実平・遠平
土屋宗遠・義清・忠光
岡崎義実・義忠（佐奈田）
佐々木定綱・経高・盛綱・高綱
天野遠景・政景・光家
加藤景員《かげかず》・光員《みつかず》・景廉《かげかど》
堀親家・助政
中村景平・盛平
鮫《さめ》島《じま》宗家・七郎武者宣《のり》親《ちか》
中四郎惟重《これしげ》・八郎惟平《これひら》
大庭景義・豊田景俊・仁田《にった》忠常・大見家秀・近藤国平・平佐古為重・那古谷《なごや》橘《きつ》次頼時・沢宗家・義勝房成尋《せいじん》・鎌田新藤次俊長・網代《あじろ》小中太光家

らの総勢三百余騎である。

以上は『吾妻鏡』記載の武士たちだが、『平家物語』には、他に城《じょう》平太・筑井《つくい》次郎義行・新開《しんかい》荒次郎実重・飯田五郎家義・大沼四郎・多毛《たけ》三郎義国・丸《まる》五郎信俊・安西《あんざい》三郎明(景)益ら、相模・伊豆以外の武士も記されている。もちろん、これら武士団の凝固剤的役割を果たした三浦氏の存在はもっとも大きい。

三浦氏は「貴種再興の秋《とき》にあう」と喜びいさみ、もっとも期待した源氏方東国武士団の随一であり、三浦義澄・和田義盛らを先頭に石橋山へ急いだのは、伊豆と三浦の武士団の合流地点と予定されたからであろう。しかし、それ以前に湘南地域の大庭党の動員が早く、行手をさえぎられ、やむなく石橋山決戦へ追いこまれたのである。

(4) 土肥《とい》氏

石橋山は足柄《あしがら》下郡土肥郷のうちである。土肥郷の当主は、土肥《とい》実平《さねひら》である。源平合戦で平氏を壇《だん》の浦《うら》に追いつめ壊滅させた最大の功労者で、終始一貫した頼朝への忠誠は、鎌倉武士の典型である。中村荘司宗平の子である。中村一族は相模南西部、現在の小田原市東部から、中井町一帯の中村荘を本拠とした。

長男太郎重平は本領中村荘を、次男実平は湯河原《ゆがわら》一帯土肥郷を、三男宗遠は大磯丘陵の東北斜面の土屋郷（平塚市）を、四男友平は海岸沿いの二宮河勾《かわわ》荘（二宮町）を、五男頼平は中村荘北方の堺（中井町）を所領として、それぞれ郷名を苗字とした。

宗平の娘は、三浦義継《よしつぐ》の末子岡崎義実《よしざね》の妻となっている。岡崎郷は（平塚市・伊勢原市）中村荘に隣接している。中村氏と三浦氏、土肥氏と三浦氏の関係が読みとれよう。

大庭氏の中でも、景親の兄景義は早くから源氏に全面協力を惜しまなかったし、大庭党の一人梶原景時のように、機会をうかがって源氏加担へと予定していたものもいる。梶原景時は、頼朝主従が鵄《しとど》

鵐《しとど》の岩屋（真鶴町）

の岩屋《いわや》に潜伏しているのを知りながら、その危難を救い、のち頼朝見参を許され、弁舌のさわやかな関東武士に似合わない才を気に入られ、鎌倉幕府の軍事・外交に大きな手腕を発揮するが、そもそもの帰参は実平の仲介によるものである。鵐の岩屋の物語はあらかじめ実平と景時の立てた筋書からなっている。平氏滅亡まで、両者の絶妙のコンビネーションはくずれることがなかった。

土肥一族の墓所がある城願寺の裏山に登ると、湯河原から真鶴《まなづる》一帯の海が広々と見渡せる。裏山から山中深く進めば鵐の岩屋である。石橋山といい、鵐の岩屋といい、土肥氏の手の内である。鵐の岩屋は、このほかに真鶴半島の先端真鶴港にもある。どちらが本物かの論議もあるが、どちらも本物であろう。* 転々と移り歩き、船出するまで隠れひそんだ跡はいくつあってもおかしくない。

石橋山に陣した夜大雨になり激戦の果て、椙山《すぎやま》に敗走し、さらに箱根権現別当行実《ぎょうじつ》弟の使僧永実《えいじつ》の迎えをうけて箱根権現に隠れた。行実は、父良尋《りょうじん》の時、源為義・義朝と親交があり、その好《よし》みから当山の別当職に補せられた。東国・駿河・伊豆の輩は行実の催促があれば従うべしとの下文《くだしぶみ》を与えられた。

頼朝が流人《るにん》時代の頃は、祈祷を致して忠貞の程を示した（『吾妻鏡』）。永実が駄餉《だしょう》（茶菓）を持って訪れたことは「公私餓に臨むの時なり、直《あたい》すでに千金」と主従を喜ばせ、実平は「世上無為に属さば、永実をよろしく箱根山の別当職に選補せらるべし」（同上）と激賞した。

* 中野敬次郎『石橋山合戦前後』名著出版、1976年。

まもなく、ここも危くなった。行実弟、伊豆山権現の智蔵房良暹が、頼朝に討たれた山木判官兼隆の祈祷僧であったため、行実・永実兄弟と対立し、頼朝襲撃を企てているとの報が入り、景親などの追討がありうるおそれが生じたからである。権現の山伏らの案内で土肥郷から真鶴へ、そして海上へとのがれたのである。

安房にのがれ二カ月後鎌倉入りした頼朝は、早川本庄を箱根権現社領として寄進した。土肥実平の所領を割いての寄進である。この一連の挙兵の行動に、実平の策略と献身が大きく働いていたことを感じとれよう。山と海を巧みに利用している。

(5)安房直航

小舟での脱出行であるが、八月二七日に北条時政は安房に先行、途中三浦党の船に出会いお互いの消息を交換した。

翌二八日、頼朝主従七名は岩浦*1を出発、翌二八日、安房の猟島*2に着き、先着の時政らの迎えをうけた。『源平盛衰記』によれば、間一髪で大庭勢の追撃をかわしたということになっている。海岸で手をこまねいて眺めていたとすれば、すでに追撃のための船舶は大庭軍が使えないような状態、隠とく、または漁師の逃散めいた手段がほどこされていたものであろう。

さらに途中で突風に会い、早川尻(小田原市)に吹きつけられ、浜辺の敵陣の中にまぎれこみ、かえって土肥実平の説得によって、敵兵たちが頼朝に酒肴を提供した(同上)。

真鶴から千葉県鋸南町《きよなんまち》まで、ほぼ真東に六〇キロの直線距離である。相模湾・浦賀水道を手漕ぎの小舟で、一昼夜かけて到着したわけだが、七人をのせた舟の漕手は何人かいたとしてもかなりの熟練

＊1 現在の神奈川県真鶴町岩海岸、 ＊2 現在の千葉県安房郡鋸南町竜島。

とスタミナを要する。それと、終始同じ舟であったのかどうか。前日、先行した北条時政・義時・岡崎義実・近藤七国平らは、海上に船をならべていた三浦義澄に出会ったとある。衣笠《きぬがさ》城をおとされて海上に脱出した三浦船団は、頼朝軍の敗走を海上援護しようとして待機していたことはあきらかである。

突風で早川尻に着いたということは、おそらく波浪を避けたためであろうから、安房まで直航というより、沿岸航行であったとみるべきだろう。一番最寄りで安全なのは三浦氏の居城衣笠《きぬがさ》城へ入ることであったろうし、あるいは、鎌倉（杉本城）・逗子《ずし》・葉山《はやま》（鐙摺《あぶずり》城）・油壷《あぶらつぼ》・三崎《みさき》（城ケ島）など、三浦半島相模湾沿いの三浦氏の拠点城に入ることであったものだろう。鐙摺城は三浦義明の三男大多和《おおたわ》義久の居城で、頼朝がこの城を訪れた際、道が狭く馬の鐙《あぶみ》を摺《こす》ったことに由来するという。

また頼朝挙兵を応援すべく、三浦義澄（義明二男、惣領）がここで旗を立て、小坪《こつぼ》坂での畠山軍との合戦を望見したとか（旗立山）、後年一五一三（永正一〇）年、三浦義同《よしあつ》が、後北条氏の様子を望見したので軍見《いくさみ》山とも呼ばれた。

杉本観音で有名な義明嫡男義宗の杉本城は、鎌倉市内で六浦《むつうら》方面と三浦方面の入口の要衝に位置している。鎌倉幕府の初期軍事力の重職をになった和田義盛の本拠としては、三浦に「和田城趾」が存在する（近年の説では東京湾に面した六浦の地にあるともいうが）。真鶴から鋸南町の直線上に城ケ島が位置している。

安房へ直行する以前に三浦半島へ向かって体制を整えるというのが自然な発想である。途中、岡崎義実の根拠地平塚、密約がなされていたと思われる梶原景時の寒川《さむかわ》一之宮、大庭景義らの茅ケ崎懐島《ふところじま》を通過する。近藤七国平は、伊豆の豪族で、文覚上人が伊豆国奈古谷《なごや》に流されたときの預り人近藤国澄（国高）の弟である（『源平盛衰記』・『平家物語』）。

船上の人々は相模湾沿岸豪族である。文覚の奔走も大きく影響したものと思われる。『義経記』には真鶴から三浦に向かうつもりが、安房に着いてしまったと記している。この方が真相に近いものを物語っていよう。

⑹文覚《もんがく》上人

頼朝挙兵の仕掛人は文覚上人である。

伊豆流人二〇年に及ぶ頼朝に、文覚は挙兵の機の熟したことを語りすすめた。頼朝は、平治《へいじ》の乱に斬られるところを助命嘆願してくれた清盛義母池禅尼《いけのぜんに》の菩提をとむらい、読経以外に自分の望みはないと答え、すすめを拒否した。

文覚は布袋から白布につつんだ髑髏《どくろ》（シャレコウベ）を取り出し、これぞ父義朝公のもので、乱の後獄舎の前の苔の下に埋もれていたのを獄卒からもらいうけ、以後二〇年首にかけて供養してきたと語った。頼朝はその熱意にうたれ、決意するにいたる。

文覚は早速上洛し、藤原光能《みつよし》を通して後白河法皇から、平氏追討の院宣《いんぜい》をたまわり、頼朝に伝えた（『平家物語』福原院宣）。後白河天皇の皇子以仁王《もちひとおう》の令旨《りょうじ》が挙兵促進の導火線というのが一般的であるが、院宣については具体的な裏づけはない。

しかし、このような物語りの背景となる状況はありうる。藤原光能は、安達遠元《あだちとおもと》の女を妻としている。その子は幕府初代政所別当大江広元・中原親能《ちかよし》（大友氏祖）である。光能妹は以仁王の妻となり、その間に真性（天台座主・四天王寺別当）を儲けている。遠元は安達藤九郎盛長の甥である。盛長は武蔵国足立郡の出身だが、比企局《ひきのつぼね》の女婿である。比企局は頼朝乳母として、流人頼朝を援助してきた人物である。盛長は、相模・武蔵を巡回し挙兵協力を説いてまわった頼朝の付人であった。切迫した危険な状況の中で、頼朝個人宛に院宣と称するものが出された可能性は考えられる。令旨よりは院宣が権威は重く、源氏の棟梁としての保証になる価値は大きい。

(7) 文覚と伊豆

「遠藤武者盛遠、上西門院《じょうさいもんいん》（鳥羽《とば》法皇第二皇女）の北面《ほくめん》の武士」で、大阪難波の水軍渡辺党の出身である。「天性不敵ノ荒聖《あらひじり》」といわれた出家への動機は、一八歳のときの、一族渡辺渡《わたる》の妻袈裟御前《けさごぜん》への恋慕による、袈裟殺害の過失といわれている。「文覚、道心ノ起ヲ尋レバ女敵也ケリ」（『源平盛衰記』、文覚発心ノ事）と記される。文覚の「四五カ条起請文」（『神護寺旧記』＝『続群書類従』二七上）は、みずからの半生と神護寺僧の守るべき寺規をきめたものである。

出家後、大峯《おおみね》・葛城《かつらぎ》・高野《こうや》・白山《はくさん》・富士・戸隠《とがくし》・羽黒の山岳霊場を遍歴、日本国のこる所なくおこないめぐる荒行を重ねて京都に帰り、神護寺《じんごじ》に入った。神護寺は、道鏡事件で有名な和気清麻呂《わけのきよまろ》が河内に創建した寺で、和気氏の氏寺とされる。最澄・空海も一時入寺、空海活動の拠点となった。二度の火災で衰微した。空海をしたう文覚は入寺し、再興につとめた。「扉は風に倒れて落葉の下に朽ち、甍《いらか》は雨露にをかされて、仏壇さらにあらわなり。住持の僧もなければ、まれにさし入る物とては、月の光ばかりなり」（『平家物語』・「勧進帳」）という有様であった。

思うように復興費用も集まらないため、文覚は後白河上皇の御所法住寺殿《ほうじゅうじどの》をおとずれ、寄進を求めた。ちょうど、太政大臣師長が琵琶を、大納言資賢が笛の役をつとめて、管弦の遊びが盛りあがっていた最中であった。文覚は勧進の中出を無視されたと思い、大音声にて一大慈大悲の君にてをわします。などかきこしめし入れざるべき」、法皇ともあろう方がなぜお聞き入れにならぬか、と呼ばわった。結局北面の武士に捕えられ検非違使に引き渡され、伊豆に流された。

源三位入道頼政の嫡子仲綱が伊豆守ゆえ、伊勢阿濃津《あのうつ》（三重県・津市）より船で送られ、伊豆の住人近藤四郎国高（国澄）に預けられ、奈古屋（韮山）に住した。『源平盛衰記』には渡辺党薩摩兵衛省《はぶく》にかわって上京中の近藤七国平が、文覚を伊豆まで具してきたとある。国平は頼朝挙兵時の側近で、石橋山敗戦後の安房脱出組の一人である。

同記には、鳥羽から船で淀川を下り、その夜は渡辺津に着し、渡辺党が交代で当番した。文覚は「故郷ニハ錦ノ袴ヲ着テ帰トコソ」、錦を飾って帰ってきた故郷渡辺の党のもてなしの薄さをののしったことが記されている。四、五日後、住吉沖―和歌山沖―由良―新宮沖と、熊野灘をまわり遠州沖、東海道沿いに伊豆に着岸上陸した。『平家物語』とそのコースは違った書き方をしている。「四十五カ条起請文」に伊豆配流の使者は「右京権大夫」「頼政朝臣の郎等源省なり」とあり、「源平盛衰記」の記事と一致する。

加地宏江氏は、右の事実から、「文覚を頼政に預け、配流の地を伊豆としたことに、誰かの、何らかの意志が働いていた」ことを想定されている。[*1] 一一七三（承安三）年から一一七八（治承二）年まで六年の流罪の後、京都に帰った。シャレコウベを見せて挙兵を促したという一一八〇（治承四）年には、伊豆にいないので、挙兵の勧めばありえない、という上横手雅敬《うわよこてまさたか》氏の説がある。[*2] ただし、その以前、治承三、四年頃再会しているのではないかと臆測している。

加地氏は、この時間上のネックを、「文覚は伊豆で四年間、朝夕頼朝と親しみ、後白河院の仰せは

＊1　加地宏江・中原俊章『中世の大阪～水の里の兵たち』松籟社、1984年、＊2　上横手雅敬『平家物語の虚構と真実』講談社、1973年」。

なかったけれども、その心を推しはかりつつ、頼朝にあれこれ申し出ていたのである」（『愚管抄《ぐかんしょう》』巻五）、「朝夕にゆきあいて仏法を信ずべきよう、王法を重く守りたてまつるべきようなど、いい聞かせ」（同巻六）、事成就《じょうじゅ》の暁には、神護寺に所領寄進を約束させ、頼朝もこのまま伊豆に終わる生涯ではない、出陣することあらばと意志の表明があったこと、『吾妻鏡』も、文覚が頼朝に勧めて「義兵を挙」げさせたという記事などから、配流中に両者の間には密接な連絡があり、この時点で文覚の強い働きかけがあった、と確言している。

浦賀水道（観音崎より安房方面をのぞむ）

　頼朝の情報網である前記の藤原光能、三善康信（頼朝乳母の妹の子、幕府初代問注所執事）は「毎月三ケ度」一〇日に一度頼朝に手紙で京都のようすを知らせていた（『吾妻鏡』）。「洛陽放遊《らくようほうゆう》の客、大和判官代」藤原邦通は安達盛長の推挙で関東に下向した人物で、頼朝の秘書役をつとめた。

　盛長は、情報を蒐集して通報しただけでなく、有能な人材のスカウト役もつとめ、大庭景親を説いたように義挙に加わるよう有力武士のヘッドハンティングに働いた、影の役者であった。三浦義澄・千葉六郎大夫胤頼《たねより》（千葉介常胤《つねたね》六男）らは番役終了、帰国するやただちに頼朝の許に参じ、「他人之を聞かず」という閑談の刻《とき》をすごしている（同上）。

文覚《もんがく》が、頼朝の成功を祈願するため、石清水《いわしみず》八幡を勧請《かんじょう》したといわれる、浦賀（横須賀市）の叶神《かのう》社は、文覚が君津市（千葉県）の鹿野山神野寺からやってきて創建されたことから、鹿野山が「叶」にゴロ合わせしたともいえる伝説や、江《え》の島《しま》の岩屋にこもって修行したとか、房総と三浦半島を舞台にした活動の事蹟が多い。伊豆流罪中の文覚はかなり自由に房総半島から伊豆半島まで海上往来をしていたのではないか。

伊豆守仲綱・近藤七国平・土肥実平・三浦一族・千葉一族などの沿岸武士団のネットワークを考えれば、容易なことであろう。

文覚の伊豆配流は、源氏挙兵に大きな影響を与えている。加地宏江氏はそこに「ある意志」、明言は避けているが、「後白河法皇」の影をうかびあがらせている。

一一八一（寿永元）年、文覚は後白河法皇より荘園寄進の約束をとりつけ、翌年、紀伊国桛田《かせだ》荘の寄進実現をみた。その後、播磨国福井荘などが神護寺領となった。一一八二（寿永二）年一〇月、頼朝は形式上の謀叛人の勅勘《ちょくかん》を解かれ、東国（東海・東山両道）の支配権公認の宣旨《せんじ》を受けたが、法皇と頼朝の提携に文覚が働いた。

荘園の寄進は、頼朝を決起させ、打倒平氏へ流れを変えていった文覚に対する後白河からの論功行賞であった。

文覚が、重要な役割を果たしえたのは、都に近い交通の要地渡辺津を拠点とし、情報・流通の要に位置する渡辺党を、その背景としていたからであるという。*渡辺党は、源平合戦に水軍として大きな働きを見せるが、それ以前の情報・流通の面での貢献度も見逃がせない。

石橋山の合戦には、単なる一《いち》か八《ばち》かの賭《か》けや局地的合戦ではない、かなり複雑で高度な政治次元の背景があったことを確認できよう。

* 加地宏江・中原俊章『中世の大阪～水の里の兵たち』松籟社、1984年。

2　源氏と東国水軍

(1)三浦水軍

三浦氏当主大介義明は、頼朝挙兵の企てを聞き、「吾は源家累代の家人たり。幸いに貴種再興の秋《とき》に逢う」（『吾妻鏡』・以下とくに注記しないかぎり出典は同書）と大喜びした。平氏方大庭景親が恐れたのは、東国の海の軍団ともいうべき、源氏一辺倒の三浦氏が、石橋山に到着すると合戦が長びき、その間に房総から千葉介常胤・上総介広常らの援軍が加わり、下手をすれば勝利はおろか、敗北になりかねない、五分五分の戦いでも、三浦―房総の東京湾海上ルートを扼《やく》する豪族軍の勢力圏内に、頼朝をとり逃すことである。

三浦軍は、頼朝が石橋山に着陣した夕刻、丸子川（小田原市酒匂川、『新編相模風土記稿』）に宿し、景親軍の宿営などを焼き打ちした。景親はその黒煙の立ちのぼる様子を望見し、三浦軍の迫ってきたことを知り、明日になれば三浦軍と全面的対立となる。今夜中に決着させようと強攻に転じた。佐奈田《さなだ》余一義忠・豊三《ぶんぞう》家安ら主従、武藤三郎らが討死、頼朝は心を寄せる敵方飯田五郎家義主従の働きにより、椙山《すぎやま》にのがれたのである。

三浦軍は、暁天をついて出撃のつもり（夜間の渡河を避けた）であったが、敗戦を知り、軍をかえした。

(2)衣笠合戦

その途中、鎌倉由比《ゆい》ケ浜で畠山軍に遭遇した。互いに和議をはかり通過しようとしたところ、そのことを知らなかった三浦軍の和田小次郎義茂が攻めかかったので、数刻合戦となり双方犠牲者を出し、引きあげた。

畠山重忠は、父重能が京都大番中であったので、代って討伐軍をひきいて相模にやってきたのである。重能は保元の乱で義朝に従ったが、頼朝挙兵のことをきき、清盛に「北条氏はいざ知らず、その他の輩で頼朝に味方する者はいない」（『平家物語』巻五・馬）と述べたように、源氏への恩義は薄く平氏への忠誠心にあふれていた。

畠山氏は桓武平氏良文流秩父氏で、良文の孫将常《まさつね》が武蔵権守となり、重能のとき畠山荘に居住し姓とした。一族は武蔵各地に広がり、稲毛・榛谷《はんがや》・小山田・河越・渋谷・江戸・豊島《としま》・葛西氏などを称した。現在の埼玉・千葉・東京へと分布し、三浦氏と境を接することから警戒心もあったようである。

由比ケ浜（稲村ケ崎より）

重忠はのち幕府に無二の忠誠をうたわれるが、このときは平氏家人の立場であった。由比ケ浜の恥と平氏重代の報恩のため、河越重頼・江戸重長らとともに合戦の翌日衣笠城を囲み攻め立てた。三浦軍は衣笠城を捨て海上に逃れた。老当主義明は城に留まり八九歳でもって討死した。
衣笠城残留について和田義盛は、海城の奴田《ぬた》城（横須賀市）に拠ることを主張した。奴田城は古い久里浜湾が入り込んだ台地上にある。舟倉という地名も残っており水軍城としての機能はすぐれていたようである。義明の死は面目か打算か、いずれにせよ一門は海上へ脱出、三浦義澄・和田義盛らの幕府内での地位に、その後の確立繁栄をみた。義明の源氏へ賭けた執念は実を結んだ。

　三浦氏は桓武平氏の流れで、良茂流とも良文流とも、系図類（『尊卑分脈』・『系図纂要』・『続群書類従』など）によって異なるが、

忠通―為通―為継（次）―義継（次）―義明―義澄

という線に落着いている。[*1] 太田亮『姓氏家系大辞典』のように、桓武平氏に後世仮託したもので、三浦の土着豪族出身という見方もある。いずれにしても為通以前は、「神話的時期」[*2] とみるのが妥当なところだろう。

　為通を三浦祖とする場合もあるが為継（次）をもって三浦氏「嚢祖《のうそ》」とする（『吾妻鏡』建保元年五月二日条）ようである。為継は、後三年の役に源義家に従い、鎌倉権五郎景正の目にささった矢を引きぬいた人物である。それゆえ、後世、景正は日本最初の「軍陣外科の祖」[*3] となり、為継は反対に矢に当らなかったのは、不動が皆矢をとってくれたからで、金峯神不動尊の信仰のゆえであったという（『大善寺縁起』）。衣笠城趾の箭執《やとり》不動（箭除明王）は為継の建立という。

　三浦氏は「祖父義明、天治以来相模国の雑事に相交るに依り、同じ御時検断の事、同じく沙汰を致すべきの旨、義澄これをうけたまわりおわる」（同上、承元三年一二月一五日条）とあるように三浦介・三浦大介は相模国務の次官クラスの実務をとる在庁の官人で「相模国大介職」[*4] が足利時代まで世襲公認されていた。

＊1　県史編集室『神奈川県史』［通史編（1）］1970 年、＊2　奥富敬之『相模三浦一族』新人物往来社、1993 年、＊3　奥富敬之［同書］、＊3　足利尊氏充行下文、建武 2 年 9 月 27 日、(5) 資料編 3233。

一一四四（天養元）年九月、源義朝の郎党清原安行・新藤太および在庁官人らが、伊勢神宮領大庭御厨鵠沼郷《みくりやくげぬまごう》に乱入、伊介《いけ》神社（烏森皇大神宮）供祭料の魚などを奪いとったうえ、翌日は鵠沼郷の大豆小豆を刈りとり馬八頭にのせて持ち去った。さらに夜更け郷内の住人を搦《から》めとった。抗議した神社の祝《はふり》（神官）荒木田彦松に重傷を負わせ、乱暴のかぎりをつくした。鵠沼郷は鎌倉郡内であるという一応の理由からである。

翌月、今度は、安行や在庁官人のほか田所目代源頼清（頼義弟）・三浦庄司吉次（義継）・その男吉（義明・中村庄司宗平・和田太郎・同助弘の所従一千余騎で押し寄せ、御厨を廃止すると称し境界の牓示《ぼうじ》（標識）を抜き取り、苅りとったばかりの四万八千弱束の稲を持ち去り、御厨下司の大庭景宗の館をおそい、私財雑物を掠奪し、神人らを簀巻《すまき》にして瀕死《ひんし》の状態にいたらしめ、あまつさえ、供祭料の米・貸付け用の種籾や預っていた熊野僧の米八百余石も行方不明となってしまった。

伊勢神宮から太政官に訴え出て、境界の保全、義朝らの悪行停止の裁定が下され、乱暴人の身柄召進、掠奪物の返済などが指示された（『天養記』）。ただし、当然のごとくこの裁定は無視された。源義朝と在庁官人・三浦党・中村党の在地土豪らの実力の前には一片の命令書は反古《ほご》に等しい。義朝はこうして「海道十五カ国の管領、数万騎の主」となった（『吾妻鏡』）。

大庭氏鎌倉党と隣接する中村党・三浦党の所領拡張による対立が、義朝の東国支配の動きの中で、このような事件をひきおこした。

三浦氏が義継・義明の頃に源氏と深い関係をもっていたことは、以上のことからもあきらかである。源氏没落後は表面上は三浦党・中村党と大庭党の勢力関係は逆転した。「恩こそ主」という大庭景親の述懐と、「貴種再興の秋にあう」という三浦義明の感慨には、両者それぞれの党の過去のこだわりがあった。それゆえ、景親の行動は、平氏の命令によるものばかりでなく「造意の企、すでに別儀あるに似たり」（治承四年九月三日条）と、『吾妻鏡』の記者をして語らしめているのである。

(3)三浦一族

岡崎四郎義実。石橋山から終始行動をともにしていた。三浦義継四男義明弟で、大住郡岡崎（伊勢原市・平塚市）を領した。石橋山で、景親弟俣野五郎景久と組討ちし討死した佐奈田与一義忠は、中村荘司宗平女との間に儲けた嫡子であった。義忠は同郡真田（平塚市）を領した。一一八〇（治承四）年一〇月、頼朝は父義明の亀谷《かめがやつ》旧跡に邸宅を建てようとしたが、義実がすでに義朝の菩提をとむらうために、一寺を建立したのでとり止めている（『吾妻鏡』）。

鎌倉悪源太義平の母は、義明の女であった（『続群書類従』五上「源氏系図」）。畠山重忠の母も義明の女である（三浦系図）同六上）。

義明嫡男義宗は、鎌倉郡杉本に根拠をかまえ、孫朝比奈三郎義秀が一昼夜で開いたという、俗にいう朝比奈切通し（義宗の頃完成）から六浦《むつら》へ進出し、六浦荘を成立させたという。*六浦荘は那珂《なか》（実経）氏が領有していた。実経は源氏被官であり、幕府成立後、義宗の嫡男和田義盛が支配した。義宗は一一六三（長寛元）年、安房国長狭《ながさ》氏との合戦に、着岸の際矢に当り死去（『延慶本平家物語』・『三浦系図』）したが、三浦氏が早くから房総と深くかかわっていたことを物語っている。

上総介広常の弟上総金田保（長生村）の領主金田小太夫頼次妻は、義明女である。三崎荘金田（三浦市下浦町金田）に移り住んだ。安房郡の西岸一帯は、三浦義継の弟安西《あんざい》三郎の領するところであった。一二四七（宝治元）年、宝治の乱で滅亡した三浦泰村の妹婿は上総権介秀胤で、秀胤は大須賀・東氏

＊　奥富敬之『相模三浦一族』新人物往来社、1993 年。

に上総一宮大柳の館を襲撃され討死している（『吾妻鏡』）。

義盛が六浦荘を領したのは、古くからこの地に深いかかわりをもっていたからであり、六浦に「和田の谷《たと》」など「和田」の地域名の存在したことから・従来、三浦半島南部の和田の里（三浦市初声《はっせ》）が本拠地と考えられてきたが、むしろ六浦がそうではなかったか、と石井進氏は指摘している。[*1] 父義宗は杉本に進出後六浦とかかわったことから義盛の支配となり、和田氏の土地ということから苗字が地名化したものであろう。反対に義盛は、三浦和田に分布していたので、地名から和田氏を称したものだろう。

ただ、六浦和田説のポイントは、六浦から房総をつなぐ軍事・交通上の要害の地として鎌倉、つまり、幕府がなぜ鎌倉に根拠をおいたのかという課題につきあたる。網野善彦氏は、要害の地であるから政権の中心として鎌倉に幕府を開いたのではなく、海と不可分の意味をもったからであると説いている。[*2]

六浦は房総と三浦半島を結ぶ海の道の玄関であり、侍所別当としての和田義盛が領有したことは、三浦水軍の実力を意味している。

北条氏が和田氏を抹殺し、一族の金沢氏を配置したことは、軍事的・文化的にも大きな利益をもたらした。

義明次男の義澄は、義宗が討死したため三浦氏惣領となった。義澄の妻は伊東祐親の女である。祐親は京都在番中に女の八重姫が、流人頼朝と結ばれ千鶴という男の子供をもうけたことを知り、子供を滝壺に漬けて殺させ、八重姫を江間小四郎に嫁がせてしまった（『源平盛衰記』巻十八）。

石橋山では、大庭景親とともに有力武将として攻撃した。その後、追討軍の小松中将平維盛《これもり》（清盛

＊1　「中世六浦の歴史」[三浦古文化（40）]、1986年11月、＊2　「金沢氏・称名寺と海上交通」[三浦古文化（44）]、1988年11月。

嫡孫）軍に合流すべく、伊豆鯉名《こいな》の港から海上へ漕ぎ出したところ、警戒中の天野遠景によって捕えられ、黄瀬《きせ》川に布陣中の頼朝の許へ引見され、娘婿ということで義澄に預けられた。

二年後、恩赦の沙汰を義澄から伝えたが、かえって過去の頼朝への仕打ちを恥じ、自殺をした（『吾妻鏡』治承四年一〇月、寿永元年二月条）。

祐親の二男九郎祐清は、かつて父祐親の対敵行動の企てを頼朝に知らせた功にかんがみ、恩賞を与えられようとしたが、父が怨敵として囚人となっているのに、子としてどうして恩賞をいただけようか、と断わり、暇を乞い上洛して平氏軍に加わり、加賀国で木曽義仲と対戦、討死した（『吾妻鏡』治承四年一〇月条。『平家物語』巻七、篠原合戦では九郎祐氏とある。参考『源平盛衰記』巻三十）。

土肥実平の嫡男遠平も、三浦（佐原十郎）義連もまた、祐親女婿である。源氏平氏それぞれ重代の恩は別々であっても、三浦半島から伊豆半島、さらに房総半島のこれら諸雄族は、水軍として現実には深いつながりがあった。

佐原義連は義明の末子で、佐原（横須賀市）を領した。のち義経の麾下として、一の谷の平氏を急襲すべく鵯越《ひよどりごえ》の絶壁に立ったとき、何のこれしき、「三浦ノ方ノ馬場ソ」とまっ先にかけ下っていったという武勇をうたわれた（『源平盛衰記』巻三十七）。

義明弟芦名三郎為清の子、石田太郎為綱（石田荘―伊勢原市）の甥、石田為久は木曽義仲を討ち取っている（『平家物語』巻九）。その功によって近江に所領（山室保＝長浜市石田）を有した。その子孫が石田三成というが、はなはだあやしい（渡辺世祐稿『稿本石田三成』）。

同じく義明弟津久井次郎義行は、三浦半島東南部の津久井郷（横須賀市）を本拠とした。

そのほか、大多和三郎義久・多々良四郎義春・長井義季・佐野平太・山口有綱・三戸友澄らがそれそれ三浦半島に分布、地名を冠した苗字を名のっている。

城郭も館を含めて、鐙摺《あぶずり》城・住吉城や城山の字名の残る海岸遺跡が多い。北条早雲によって落城した新井城（三浦市）は「三浦氏累世割拠の処」（『鎌倉九代記』）といいつがれている。戦国時代の外郭としての意義もあったのだろう。戦国時代の三浦氏は、これら古城阯を拠点に勢力を保ってきた。

(4)和田義盛と三浦義澄

当主義澄は、源平合戦の源氏水軍の立役ではない。和田義盛にいたっては侍所別当という役務柄にもよるが、もっぱら地上軍としての活動が主である。三浦半島の土着水軍としてこそ、その力を発揮できるが、水軍を編成して独自に西国で平氏と対抗できる能力はもちえなかった。

義澄・義盛は叔父・甥の間柄であり、義澄は三浦氏惣領、義盛は新興鎌倉幕府の侍所別当としての実力者となった。石橋山の敗北後、安房への脱出行という安否の定かでないとき、義盛が頼朝に、この職を与えられるべくねだったという（『吾妻鏡』治承四年一一月一七日条）。

侍所の職の原型は、平氏の家人上総介藤原忠清が「八カ国の侍の別当」（『延慶本平家物語』）・「八カ国の侍の奉行」（『源平盛衰記』巻二十二）を賜ったことにあった。忠清がこの職を「翫《がん》シ、カシツカレテ気色《きしょく》セシカ、余ニ羨《あまりうらやま》シカリカハ」義盛は、「兼テ申入ナリ、他人ノ競望《けいもう》アルヘカラストソ申ケル」という次第であった。忠清は富士川の合戦の平維盛《これもり》軍の侍大将であった。義盛はこの忠清の颯爽《さっそう》とした姿に魅せられていたのであろう。

侍所の所司（次官）は梶原景時であった。侍所は忠清のように初期は第一線の侍大将の役目であったが、幕府組織の中に位置づけられてくると、御家人統率の行政的なものに重点がおかれてくる。武人よりも官僚的能力が優先する。あとになると「侍所トハ、関東検断沙汰所也」（『沙汰未練書』）という検断沙汰（訴訟裁判・検察）の担当となっている。実務は御家人の召集・供奉の警固・戦功の賞罰など多岐にわたった。

当然ながら、「軍士等事、奉行せしめ」（『吾妻鏡』文治元年四月二一日条）るゆえ、義盛は源範頼に、景時は義経に軍監（軍目付）として付された。上洛の随兵の先陣・後陣として両者は供奉（同上、建久元年九月一五日条、同六年二月一〇日条）している。将軍の側に随従して身辺警固にも目を光らせ、挙動不審の者を検挙している。これらは平氏滅亡後のことで、この行政官としての能力になると、梶原景時に一歩先んじられ、後手後手にまわった。

別当職すら景時に奪われてしまう。一一九二（建久三）年、一日だけ別当職を景時が借して欲しいと懇望したので承知したら、そのまま八年間その職に居すわり、一二〇〇（正治二）年、景時が誅殺された翌月、還補されたという（同上、正治二年二月五日条）。

借用の理由についてはわからない。別当と所司には形式上大きな差はあろうから、名義を借用したのだろう。役所の行政権まで奪ったのだろうか。また、貸借りのできるような勝手な操作が許されたものだろうか。頼朝在世中であるから、景時が権臣であったとしても、義盛も同様な権臣であったから、ただ手をこまねいてみていたとは思われない。視点をかえれば、日頃はそれほど重視されていなかった程度のものであったのだろうか。

そのことがしこりとなって、頼朝死去後、景時追落しの中心となったというが、真相はわからない。貸借二年後の建久五年に、「侍所着到等の事、義盛・景時故障の時は、沙汰を致すべきの由、大友左近将監能直に仰せつけらる」と記録にある（同上、同年五月二四日条）ところをみると、別当職を明け渡したとは思えない。

ただ、事実上の「別当」が景時ではあったようである。*源平決戦の目前に迫った一一八五（元暦二・文治元）年、九州渡海の船が調達できず、東国武者たちは退屈のあまり戦意に乏しく、和田義盛・義茂・宗実兄弟・大多和義久など三浦一党はしきりに帰国を願った。和田義盛でさえそうなのだから、ほかは推して知るべしと、九州方面軍最高司令官であった範頼は、頼朝へ嘆きの報告をしている（同上、文治元年正月一二日、三月九日条）。まことに不甲斐ないありさまである。

義澄にも目立った働きはないが、源氏直轄水軍の大将として範頼の信用を得ていた。豊後の臼杵惟隆《うすきこれたか》・緒方惟栄《これよし》兄弟の兵船献上や、周防国宇佐那木上七《うさなぎかみしち》遠隆の兵粮米献上によって、範頼軍は豊後に渡ることができた。そのとき義澄は周防に残留を命じられた。

範頼は、かねてから頼朝に、周防《すおう》国（山口県）は大宰府に接し、また京都にも近く、ここでようすを京都と鎌倉に連絡し、計略せよと言い含められているので、しかるべき人物を配置したいが、誰が適任か、と千葉介常胤に相談した。常胤は即刻「精兵として亦多勢の者」として義澄こそと推した。義澄は「意を先登《せんとう》に懸《か》く」る者が、後方に置かれたなら戦功の機がなくなるとて必死に固辞したが、再三の命令で周防に滞陣した。

この後、京都に待機中の義経軍が動き出し、四国渡海、屋島の合戦で平氏を九州へ追いつめ、熊野水軍や河野水軍の合流もあり、壇の浦の決戦へ源氏水軍を移してきた。義経は周防在庁船所《ふなどころ》五郎正利の献上した兵船を加え、大島津（柳井）で義澄の迎えをうけ、義澄に「汝、すでに門司関を見る者なり、今案内者（最適任）と謂《いい》つべし、しからば先登すべし」と命じられ、主戦場に臨んで面目を保

＊　佐藤和夫『日本中世水軍の研究～梶原氏とその時代』錦正社、1993年。

った（同上）。

周防船所の兵船献上の裏には、義澄の工作があったろうと思われる面もあるが、現地水軍の協力をとりつけ、共同作戦を展開しえたことは三浦水軍にとって大きな貢献といえよう。壇の浦海戦での具体的な場面には登場しないが、双方必死の海戦に力のかぎりをつくしたことはいうまでもない。

先駆《さきがけ》を義経と梶原景時が争い、あわや斬り合いの同志戦《どうしいくさ》に及ばんとしたとき、土肥実平《といさねひら》は景時を、義澄は義経をおしとどめたという（『平家物語』巻十一）場面は、義澄の源氏軍営の参謀的重役の立場を物語っていよう。

源平合戦を通して、北条氏のきわ立った軍事的功績は見られない。いいかえれば、伊豆一党は挙兵後の軍事行動においては、三浦党や、梶原景時の鎌倉党の湘南グループから一歩遅れていた。

そのことが、幕府成立後の三浦対北条の構図となってゆく。

(5)房総水軍

『義経記《ぎけいき》』に「二十六日の曙に伊豆国真名鶴崎より舟に乗りて、三浦を志して押出す。折節風はげしくて、岬へ船を寄せかねて、二十八日の夕暮に安房国洲《す》の崎というところに御舟を馳せあげ」たとある。

頼朝が石橋山に向かった目的は、三浦党の参加を予定したからである。さらに房総の千葉氏・上総氏ら諸氏が、東京湾を横断して参加することを予定していたからであろう。

鎌倉を幕府拠点としての軍事基地構想は、三浦半島を軸に房総・伊豆半島を結ぶ水軍ラインとして、当初からもっていたものであった。その構想の挫折は、機先を制した大庭党の素早い立ちあがり、そして三浦党の反転・衣笠落城が大きな原因である。次に頼るべき勢力と場所は房総しかなかったのは当然である。

三浦氏や土肥中村党は、失敗した場合の最悪の対応策は考えていた。

「扁舟（小舟）に棹して安房国平北郡《へいほく》猟島《りようしま》に着」いたあと、安房国住人安西三郎景益をして、在庁らの武士に参上すべきこと、上総介広常のもとに向かうべきことなどを連絡させた。敗軍の将とは思えない姿勢は先に「（以仁王《もちひとおう》）の令旨厳密の上は在庁等を相催し参上せしむべし、また当国中京下の輩においてはことごとくもって搦め進むべし」（『吾妻鏡』治承四年九月一日条）との指令を発していたからであった。

景益は三浦義継の弟である（「三浦系図」）。頼朝幼稚の頃より昵懇《じっこん》の間柄であった。小山四郎朝政・下河辺行平《しもこうべゆきひら》・豊島清元・葛西清重ら武士団に参会を促した。平氏方の長狭《ながさ》常伴が襲撃するということもあって、三浦義澄が迎撃したが、在地武士の情勢まちという油断できない不安定な日々であった。長狭氏は、かつて三浦氏惣領義宗（和田義盛父）と戦い、討死させている。

景益は、長狭氏のような謀りごとはほかにもあるから、むしろ出向かず、召し寄せるべきであると進言した。進言に従い景益の館に止まり、上総介広常・千葉介常胤には、和田義盛・安達盛長を使者として派遣し、かれらから頼朝の許へ出迎えるよう促させた。

洲崎明神（館山市）に参詣、成功を祈願した。召集した軍士が無事帰還できたなら、功田を寄進し神威をかざりましょうと、奉賽の誓約を軍勢の前で示した。

丸五郎信俊の案内で、安房国丸御厨を巡見した（『吾妻鏡』治承四年九月一一日条）。源頼義が前九年の役平定の功賞として朝廷から拝領し、その後為義・義朝と相伝し、平治元年、義朝が頼朝の官位昇進を伊勢神宮に祈願して以来、神宮領御厨となった。その効験によって、同年頼朝は蔵人に補任された。「今懐旧のあまり、その所にのぞましめ給うのところ、二十余年の往事、更に数行の哀涙を催」した。

丸氏は代々源氏に仕えた家人で、おそらく御厨の下司ではなかったか。保元の乱に丸太郎（『保元物語』）が加わっている。頼朝から朝夷奈一郡の領有を認められたといい、丸本郷《まるほんごう》（丸山町）を拠点に勢威を振《ふる》った。

千葉氏は、一族三〇〇騎で下総国府に出迎えた。常胤長男胤正・二男相馬師胤・三男武石胤成・四男大須賀胤信・五男国分《こくぶ》胤通・六男東《とう》胤頼・胤正嫡男成胤を従えていた。これらの諸流は房総から東北方面にルートをのばし、千葉水軍を構成している。

上総介広常は、一〇日ほど経って、隅田川辺まで頼朝軍が進んだ頃、二万騎をひきいて参加した。広常は、内心、頼朝に源氏棟梁として「高峻《こうしゅん》」の器量の相がなければ、たちまち討ち取って平氏に献上しようと、二心を抱きながら表面は帰伏のポーズをみせた。ところが頼朝は、頭ごなしに遅参を怒りやわらぐようすがない。広常は、数万の軍勢の合力を得て感激して大喜びするかと思いきや、叱責の毅然とした頼朝の態度を見て意外さに打たれると同時に、これぞわが期待した「人主の体《てい》に叶《かな》えり」とて、本心から帰順した。

広常・常胤らの提供した船舶によって、三万余にふくれあがった大軍が、大井川《ふとい》（太日川・布止井川）＝江戸川・隅田川の両河川を渡り武蔵へ入った。『義経記』には「海人の釣舟を数千艘上て……折節西国船の着きたるを数千艘取寄せ、三日がうちに浮橋を組んで（千葉介と葛西清重の両人が）江戸太郎（重長）に合力」して打ち渡ったとある（巻三）。

西国とは主として九州をさしたらしい（古典文学大系『義経記』一三三頁、注）が、西国船多数を徴用して船橋を組んだという。事の実否はともかく『義経記』成立の室町中期頃には西国船の往来は多かったようである。

江戸川から荒川・隅田川一帯は、今日のような整備された河川ではなく、低湿地の複雑に交錯したデルタ地帯をつくって、渡河には大きな障害となっていたものと思われる。各河川の河口沿岸部の諸氏が、船舶の点定《てんじょう》・徴用権または交易権を握っていたことは容易に想像できる。

常胤の父下総権介常重の伊勢神宮への注進証文のうちに、「布瀬郷内保村田畠在家海船等注文」（『櫟木《いちき》文書』平安遺文二二六一—三）というのがある。布瀬郷《ふせごう》（沼南《しょうなん》町か）は下総相馬郡内の相伝所領であるから、海船《あまぶね》などもその所領に付随した権利として徴用しえたと思われる。千葉六党は常胤以後嫡子庶子が、相馬・千葉・香取・葛飾・国分・香取東庄を領し、海上《うなかみ》千葉氏は三崎荘（銚子《ちょうし》市）を領し、銚子から利根《とね》水系に拠点を置き、一族は銚子から海上・飯岡・旧常陸川・香取浦沿岸の台地荘園に城館を構えていたことが知られている。[*1] これらの勢力は航行する船舶に対し通行料として関手《せきて》を徴収していた。関手料徴収をめぐって伊豆山《いずさん》神社とトラブルのあったことはすでに述べた（『第三章4—(8)—④海夫動員』）。

香取神宮への供祭物進納のための「海夫注文」は、領内の各津ごとの動員を示したものだが、利根川・霞ケ浦《かすみがうら》の水系沿岸部に分布する。東京湾沿岸部においても同様に海夫・津の存在はみられ、千葉氏や葛西氏らは、地域に付随する権限として、古くから湖・河川・内海沿岸の津々浦々の支配権をもち、西国船のような交易船も掌握していたものと推察される。[*2]

常胤は下総の有力在庁職であったので、その権限のもと、頼朝軍の大井・隅田渡河の際は、庄公領を問わず広範な課役の賦課、舟檝《しゅうしゅう》の徴用を実施できた、と千野原《せんのはら》靖方氏は指摘しているが、そのとお

＊1　小笠原長和『中世房総の政治と文化』吉川弘文館、1985年、＊2　千野原靖方『房総里見水軍の研究』崙書房、1981年。

りであろう（前注）。国衙の行政機能は、武士の時代に移行のきざしがみえたとはいいながら、末端や地方にゆくほど、根強い支配力をもっていた。伊勢国留守所下文・太神宮司庁出船注文（後述）などにその具体的例がみられる。

千葉氏が三浦氏と血縁的・軍事的に深い関係にあったことは三浦水軍の項で触れたところだが、広常の弟、金田小大夫頼次は、三浦・畠山の由比ケ浜合戦では、七十余騎をひきいて三浦義澄軍に加勢したが、義明の女婿で衣笠城に籠った。いったん衣笠城から房総に渡り、また三浦に戻り三崎荘金田に移り住んだというが、確証はない。金田は戦国時代水軍の基地として重視されている。安房里見一族の正木兵部大輔は半役被仰付衆《はんやくおおせつけらるしゅう》として、金田一二〇貫ほどの所領役高を有した。安西景益は三浦氏である。上総権介秀胤は、三浦泰村の妹婿である。

(6)伊豆水軍

頼朝挙兵時に加わった四六人の武士は、伊豆や相模にかぎられていたことは、地理上やむをえないことであった。

中でも伊豆の武士、北条・狩野《かのう》（工藤）・宇佐美・新田《にった》・加藤・天野・近藤・堀・大見・那古谷・沢氏らが半数以上を占める。

伊豆の二大豪族は伊東氏と北条氏で、伊東祐親と北条時政は、流人頼朝の監視役であった。

(7)伊東氏

伊東氏は藤原南家武智麻呂《むちまろ》から八代の子孫、藤原為憲から出たという（『尊卑分脈』）。為憲の祖父は伊豆・駿河・相模の国司、父維幾は常陸介、自身は遠江守に任ぜられ、また木工助にもなったので、工藤大夫と呼ばれた。本家工藤氏のおこりで、伊東氏は分家である。以後武士化してゆく。平安時代の初めに、伊豆の東部に玖須美《くすみ》荘が成立、のち、伊東・宇佐美・河津の三荘に分れ、狩野川流域の狩野荘（天城湯ケ島町）を加え、工藤氏一族は四荘にひろがって分布し、伊東氏・宇佐美氏・狩野氏などに分家し、伊東荘はその本拠となった。

伊東氏当主祐親の一族が、工藤祐経《すけつね》である。所領問題で両者は対立、平氏にくいこんでいた祐親が勝訴した。一一七六（安元二）年、祐経は、祐親の長男河津三郎祐泰《すけやす》を殺害した。祐泰の遺児十郎・五郎は十八年後、富士の裾野の巻狩で父の仇を討つ。世にいう三大仇討の一つ、曾我兄弟（母満江御前が曾我氏へ再婚）の物語である。伊東氏は平氏家人であり、対立する祐経は源氏へ（弟が挙兵時に参加）と傾倒する。

祐親は、三浦大介義明の女を妻とし、祐親の女は義明の惣領義澄の妻となった。曾我兄弟の父河津三郎祐泰の母は三浦氏で、伊東・三浦氏の血縁・地縁（海縁）の深い間柄が知られる。次男が九郎祐清である。祐清は木曾義仲軍との合戦で討死した。

祐親は石橋山合戦後、平氏の追討軍の大将維盛の軍に合流すべく、伊豆無名（南伊豆町小稲）から海上発船したところ、天野遠景にはばまれ捕えられた。伊東氏は伊豆の地盤を失い崩壊した。

天野氏は伊豆国天野の住人で、遠景ははじめは狩野茂光に従って、保元の乱後に源為朝を討ったメンバーであった（『保元物語』巻三）。

祐親の家人松崎八郎重信・妻良《めら》三郎忠高らは、伊豆の松崎や妻良の水軍豪族であった。

源平合戦たけなわの一一八四（寿永四）年三月、無名と妻良の港から、三二艘の兵粮米を乗せた兵船が、西国の北条義時らの源氏軍に補給すべく出発したことが『吾妻鏡』の記事にみえている。戦場まで届いたかどうか定かでないが、頼朝挙兵時に「西国船」（『義経記』・本書前項②房総水軍）の往来などの記事などから想像をたくましくすると、伊豆半島は源氏の水軍基地の役目を果たすだけの機能を備えていたものであろう。伊東氏の水軍の遺産は源氏に継承された。

北条氏は、伊豆内陸部韮山を中心に勢力を発展させたので、水軍力には弱かった。

伊豆　妻良《めら》港

⑧狩野氏

『保元物語《ほうげんものがたり》』の源為朝《ためとも》配流のことから、狩野水軍を考えてみよう。為朝は、保元の乱に父為義《ためよし》とともに崇徳《すとく》上皇方に加わり敗北、その年（一一五六）八月伊豆大島に流された。鎮西《ちんぜい》八郎と称したように、為義八男、義朝《よしとも》の異母弟である。母は江口《えぐち》（淀川と神崎川の分岐点）の遊女だったといわれる。

一三歳のとき九州に下り武名を高めた。保元の乱の処分では死罪をまぬがれ、そのかわり強弓を使えないようにと、肩や肘《ひじ》の筋を切られ関節を外《はず》されたというが、大島に配流中に回復し昔よりかえって弓を引けるようになった。その強弓ぶりは『保元物語』に余すところなく描写されている。

「我《われ》清和天皇の後胤として、八幡太郎（義家）の孫なり。争《いかで》か先祖の（名誉）をぱ失なうべき、是こそ公家より賜わりたる領なれ」とて、大島を管領するのみか、五島（大島・新島・神津島・三宅島・御蔵島《みくらじま》）をうち従えてしまった。

　これら島々は、伊豆介狩野茂光が領するところであったが為朝は年貢を横領し、島の代官三郎大夫忠重の婿におさまり、武器もとりあげてしまった。昔の部下も尋ねてきたり為朝主従の威勢さかんとなり一〇年がすぎた。

　茂光は、院宣によって一一七〇（嘉応二）年四月中旬、伊東祐親、北条時政、宇佐美平太政光・平次実政兄弟、加藤太光員・加藤次景廉兄弟、沢六郎宗家、新田四郎忠常・天野藤内遠景ら総勢五百余人、兵船二〇艘で大島の館を襲撃した。為朝の大鏑矢《おおかぶらや》で船腹をつらぬかれ沈没した船の軍兵は多く漂った。「保元のいにしえは、矢一筋にて二人の武者を射殺しき、嘉応の今は、一矢にて多くの兵を殺しをわんぬ、南無阿弥陀仏」と軍記物的表現がみられる。今は思うことなしとて屋内に入り為朝は腹を切った。弓勢を怖れる軍兵は、自害したのを知らず、加藤次は後より狙い寄って長刀で首を打ち落した。

　為朝は実はこのときに死なず、八丈島《はちじょうじま》にのがれ、さらに琉球に渡り、豪族大里按司《あじ》（山南＝南山の覇者、首長）の妹と結ばれ、一子はのち初代の琉球王舜天《しゅんてん》になった、と為朝伝説として、海上はるかに広がって永遠に生きている。[*1]

　為朝は「西国にて舟には能く調練せられたる」（『保元物語』）と伝えられているように、海上民とつながるなんらかの基盤をもっていたのであろう。

　永岡治民の紹介している伝説によると、伊豆西海岸の大瀬崎《おおせさき》にある大瀬明神に「源為朝が武運再興を祈って、はるか大島から参詣に来た。そして甲冑弓箭を奉納していった」そうである。[*2]

＊1　羽地朝秀『中山世鑑』琉球王国、1650年・高良倉吉『琉球王国』岩波新書、1993年、
＊2　永岡治『伊豆水軍物語』中公新書、1982年。

伊豆半島から天気の良い日は大島が望見できるが、一棹《さお》三里といわれる黒潮（黒瀬川）の流れはのりきるのに簡単ではない。大島と半島間はともかく、新島以南については、

新島より八丈島へ押渡る船頭水主の物語を聞くに、新島の内、式根島に風待ちして、風の静かにして一天の曇りなき晴日を見たて乗り出し、帆をまともに八分にあげて、八丈の富士を目的として三宅島《みやけじま》を右に見、御蔵島《みくらじま》を左に取りて乗り通る。いなんばの沖を乗り通りて二三里走らすと、時によりて山潮というものに出あう事あり。八丈にては黒汐《くろしお》ととなえり。これに出あえれば、順風に帆をあげていても、船を二、三里、四、五里もあとへとおし戻さる。その戻ること、大空より逆になりて落つるがごとし。

と、江戸時代の記録『伊豆七島風土細覧』にみえる。* 往来にはそれなりの伊豆海上民の連携があったはずである。

為朝は、伊豆諸島の各地で「為朝大明神」として崇められているそうであるが、永岡氏は、為朝の一種の離島独立国とみている。海洋なればこそ可能であり、伊豆・三浦・房総半島の海賊衆の支持もあったのであろう。

離島独立意識は現実には負の発想である。その活動の世界は島の外の世界に広がるのであり、飛石伝いに陸地を目ざしてゆく。イギリス・日本の海国の歴史的展開、倭寇といった存在なども大なり小なり原理は同じである。侵略的展開は宿命といってよい。

永岡氏の紹介されている、南伊豆の多々度浜（下田吉佐美《きさみ》）の伝説がある。

* 永岡治『伊豆水軍物語』中公新書、1982年。

平安末期の久安年間（一一四五―五一）に、多々度浜に八丈島から悪鬼どもが押し寄せてきた。地元の藤原近信・猪早太《いのはやた》・進士《しんじ》・佐々木・石井・加藤・土屋・渡辺・進藤の諸氏や、近隣から馳せつけた人々が迎えうち、激戦の結果、ついに鬼どもを追い払った。鬼どもは大島へ敗走したという。

西伊豆町の堂ケ島には、停泊中の海賊船に、伊豆の浦人が火を放って退散させたと、語り伝えがある。毎年七月に「堂ケ島火祭り」が行なわれ、海賊船に火矢をかける催しが続いている。

このような伝説と、為朝の配流が結びつけば、『保元物語』のような構成になるのだろう。これらは伝説の世界であるが、太平洋沿岸の海民の広い活動状況を物語っているようである。

伊東氏が伊豆半島東岸に勢力を伸ばしたのに対し、狩野氏は南伊豆・西伊豆に勢力を伸ばした。狩野川は伊豆半島を縦に割り、沼津の湾にそそぐ動脈である。狩野の地は古代の「枯野舟」（軽野舟）を生み出し、鉄と船の生産力に恵まれていた。

在庁伊豆介は梶取・水手の点定権や徴発権をもっていたし、また伊豆は陸上交通は今でさえ不便なところであるから、日常交通・運輸手段は海上・船であらざるをえない。沿岸の熟練した優秀な水夫には事欠かない。伊東水軍や狩野水軍の動向は源平両氏にとって重大関心事であった。

『保元物語』の為朝討伐の狩野茂光軍の武士と、頼朝挙兵軍の伊豆武士はほぼ同じである。

祐親を捕えた天野遠景は伊豆国天野に住した。姓は藤原氏である。のち頼朝側近として重きをなした。一条忠頼（甲斐源氏武田信義の子、富士川合戦の功労者）を頼朝の命令で暗殺、平氏追討にも大功労者の一人として感状をうけ、さらに鎮西奉行となり、頼朝死後出家し蓮景と号した。北条時政に与《くみ》し、頼家の後見人比企能員《ひきよしかず》の暗殺計画に仁田忠常とともに同意し、時政屋敷に招き入れ、二人で能員の左右の手を取り竹藪につれこみ討ち取ってしまった（『吾妻鏡』建仁三年九月二日条）。

仁田《にった》四郎忠常は、伊豆仁田村（函南《かんなみ》町）の人で、一般には富士の巻狩に暴れ狂う猪を討ち倒したことで、戦前の武勇物語に登場した有名人だが、それ以上に曾我兄弟の仇討に、兄の十郎祐成《すけなり》を討ったことで知られている。天野遠景とともに、北条から比企能員暗殺をうち明けられているから、御家人宿老として重きをなしていたものだろう。

しかし走狗《そうく》煮らるで、四日後、北条時政邸に能員追討の賞を行なうとの理由で呼び出され、謀殺されてしまった。比企氏抹殺とともに妻子も失った頼家が忠常に時政暗殺を命じたが、露顕し返り討ちにあったと、例によって『吾妻鏡』の御都合記述だが、時政にとって仁田氏は秘密を知る厄介者にすぎなかった。急を知りかけつけた郎等は、加藤次景廉に討ち取られた。

加藤五景員とその子藤太光員・藤次景廉兄弟は、伊勢国より伊豆国への亡命者であった（『源平盛衰記』）。畠山・千葉氏を頼ったが、最後に狩野茂光に身を寄せた。加藤次は「きりもなき剛の者、そばひらみずの猪武者」（巻二十）と評判された。源平合戦には、九州渡海のとき病身をおして、小舟を都合してやっとの思いで先を争った。

第5章　源平の合戦

1　木曾義仲と水島海戦

源平の合戦は、当時の水軍がどのように覇権の盛衰に影響を及ぼしたかを、如実に物語っている。緒戦において、源氏は東国や陸上でこそ、その統率力（団結力）と機動力を発揮できたが、京都から西国、瀬戸内海へ舞台を移動させた後半の段階において、水軍能力はゼロに等しかった。

石橋山から安房に渡った頼朝は房総・武蔵の武士団をまとめ、「当時の御居所（安房）、指したる要害の地にあらず、また御曩跡《のうせき》＊にあらず、速《すみや》かに相模国鎌倉に出でせしめ給うべし」（『吾妻鏡』治承四年九月九日条）という千葉介常胤の言に従い、一〇月、鎌倉に入った。

鎌倉は、「鎌倉城」といみじくも、九条兼実《かねざね》が、日記『玉葉《ぎょくよう》』（元暦元年八月二一日条）で述べたように、要害の地であり、父義朝の亀谷《かめがやつ》の旧跡があったように、源氏ゆかりの地であり、古代郡衙《ぐんが》がおかれており、古東海道から藤沢—鎌倉—三浦—房総へと東西に陸路—海路ルートの要衝であった。伊豆—三浦—房総の水軍力を基盤とし、優に東国の中にいるかぎり、頼朝のクーデターは成功した。

頼朝は、自身先頭に立って静岡県富士川まで出陣、平氏の維盛《これもり》軍を粉砕した。黄瀬川で奥州平泉から駆けつけた異母弟義経《よしつね》と対面、以後、軍事指揮の正面に出ることなく、範頼《のりより》と義経を前線司令官と

＊　先祖由縁の地。

し、鎌倉に腰を据え、大本営として、壇の浦の平氏滅亡まで統帥した。そのことが結果的には、政戦両面での冷静な判断をもたらした。以後、舞台は西国に移る。

石橋山合戦から半月後、木曽義仲が信濃に挙兵した。義仲は頼朝とはいとこになる。父義賢は、甥の悪源太義平と争い殺された。義平は頼朝の長兄にあたる。義平は遺児義仲（駒王丸）の処分を畠山重能（重忠の父）に命じたが、重能は殺さずに、斎藤別当実盛に託した。実盛は、義仲の乳母の夫である木曽の土豪中原兼遠に預け保護した。二五年間、木曽山中ですごし成人した。根からの山育ちではない。兼遠につれられ京都には何度も往復し、都人《みやこびと》のようすは知っていたのである。

中原兼遠は、二人の子息、樋口次郎兼光、今井四郎兼平を側近とし仕えさせ、二人の娘、つまり義高と義基の生母となった女性と、武勇をうたわれた巴御前《ともえごぜん》の姉妹を妻としてさし出している。義仲挙兵の噂は京都にすぐ伝わり、平氏は在京中の兼遠に義仲追討を命じた。もちろん、追討ができようはずがない。

信濃武士、根井行親《ねいのゆきちか》・海野《うんの》幸広・矢田義清ら一千余騎は義仲のもとに馳せ参じた。信濃から上野に進出したが、二カ月後には、頼朝の武威がすでに関東地方をおおうようになっていたので、接触することを避け東海道へ出ることをあきらめ、北陸道から京都へ攻め上った。

越後には城《じょう》助永・助茂兄弟が立ちはだかった。越後・出羽・会津一万の兵をひきいて信濃へ進入した城軍を、平氏軍に偽装した井上光盛軍の迂回《うかい》作戦などにより、千曲《ちくま》川の横田河原で破り、さらに平経正・通盛軍を越前水津に敗走させた。

勢威を加えるにつれ、頼朝との関係はかえって不和のきざしがみえてきた。そこで表面的には嫡子義高と頼朝の長女大姫を結婚させるということで、質子として頼朝の許におくり、対立を回避した。

一一八三（寿永二）年、平氏は維盛・通盛・経正・行盛・知度らを大将・副将として一〇万の大軍を北陸に投入したが、義仲軍は、越中般若野《はんにゃの》や、砺波山《となみ》の倶利加羅峠《くりから》でこれを破り、加賀へ敗走させた。

三分の一に減った平氏軍は、加賀の安宅《あたか》・篠原でも防ぎきれず、義仲の恩人斎藤別当実盛も、白髪を黒く染めて若者に劣らじと奮戦、平氏に殉じた。

京都に進撃した義仲軍は比叡山の衆徒の支持を得、反対に平氏は都落ちした。

後白河法皇は、義仲と源行家《ゆきいえ》（頼朝の叔父）に平氏追討・京の治安維持を命じた。論功行賞は、頼朝第一・義仲第二、行家第三であった。

義仲・行家個人の資質はともかく、配下の武士たちの、京中での略奪・郊外での刈田狼籍の乱暴は、しだいに、京都での信頼を失わせた。義仲への非難は統率力の未熟さから、当然のことであった。「憑《たの》むところは、ただ頼朝の上洛」（『吾妻鏡』寿永二年九月五日条）と、人心は義仲を離れ、頼朝への期待がますます深まった。

義仲の不作法を示す、猫間《ねこま》中納言へのからかい、摂政基房の女の掠奪などのエピソードを『平家物語』は強調しているが、信用できる話ではない。貴族や都人の思いあがりが、いわゆるイジメ（隠微《いび》る）につながり、文学的修飾を加えてゆくのである。それでなくとも「八幡太郎はおそろしや」（『梁塵秘抄《りょうじんひしょう》』）というイメージで、武士をみているのである。*

それよりも、後白河法皇との対立、行家とも円満にゆかないしこり、頼朝と後白河とが連携した義仲排斥による孤立化が、最後は院の御所法住寺殿《ほうじゅうじどの》の急襲、法皇と後鳥羽天皇幽閉という強行手段を招くのである。

＊　野口実『武家の棟梁の条件』中公新書、1994年。

その結果、一一八四（寿永三）年正月一五日、征夷大将軍（『吾妻鏡』）の宣旨《せんじ》をもらった。『平家物語』には、前年「朝日の将軍」（巻八・名虎）の院宣《いんぜん》をうけたとあるが、由来は不明。

前年一〇月、「東海・東山両道の国衙領・荘園の年貢は国司・本所のもとに進上せよ、もしこれに従わぬものがあれば、頼朝に連絡して命令を実行させよ」（寿永二年一〇月宣旨）との、朝廷の命令により、年貢上進を大義名分とする鎌倉源氏軍は、義経を指揮官として京都を目ざしていた。

義仲は、将軍任官もつかの間、正月二〇日、近江粟津《あわづ》で、義経軍を迎えうち敗死、三一歳の生涯を終えた。

⑴平氏の都落ち

一一八三（寿永二）年、義仲によって般若野・砺波山・安宅・篠原の戦いで敗走、延暦寺も動かず、清盛亡きあとの平氏の総帥宗盛は、安徳幼帝・建礼門院、三種神器を奉じ、西海に赴いたが、一カ月後八月、大宰府にいたった。

しかし、ここも豊後《ぶんご》の緒方惟栄《おがたこれよし》・藤原頼経らの襲撃によって安泰ではなく、箱崎を経て藤原（山鹿）秀遠の山鹿《やまか》城に移った。惟栄らの追跡はきびしく、さらに船で豊前柳浦にのがれた。緒方氏は平重盛の家人であったが、豊後知行国主藤原頼輔が後白河院の命令として、目代藤原頼経を通して平氏追い出しの命令をうけたといって、平氏への協力を拒否した。*

大宰府に行宮《あんぐう》を造営するという平氏の目論見は、原田種直・菊池隆直・山鹿秀遠ら以外には九州家人で従う者は少なく、期待はずれであった。

緒方氏の平氏離反は、平氏の衰退を読み取ったこと、少弐原田種直・山鹿秀遠・宇佐公通ら平氏一

＊　渡辺澄夫『源平の雄・緒方三郎惟栄』第一法規出版、1981年。

辺倒の勢力の間にあって、妨げられていた領主的発展の道をきり開こうとしたことが大きな理由で、源氏の呼びかけとは直接関係はない。

一〇月、平氏は安徳天皇を奉じ柳浦を出立、讃岐に向かい、屋島に行宮を営んだ。屋島に隣接する阿波は、水軍田口民部大夫成良が拠を構えていた。吉野川下流南岸桜間城を中心に徳島平野に威を貯えていた。これにより平氏の軍勢は士気がもりあがり、播磨以西瀬戸内海から中国・四国・北九州までをおさえ、一部主力は福原（神戸）に入り、京都の貴族と連絡をとり、義仲との連合すら策した。

屋島平氏総門跡

義仲死後、頼朝が鎮西九国の武士に宛てた下文に、「鎌倉殿代官」義仲が「為平家和議、謀反之条、不慮之次第」なるがゆえに、追討したのである、と強調している（『吾妻鏡』寿永三年・元暦元年三月一日条）。

安徳天皇が都を去ったあと、空位の皇位に、寵愛の丹後局が夢想したという高倉天皇第四皇子四宮《しのみや》（母七条院殖子・後鳥羽天皇）を立て、義仲の推戴してきた北陸宮（以仁王の子）は受け入れられなかった。義仲と行家の関係も亀裂が深まり、法皇や公家たちは対立をあおるように、義仲の平氏追討を急がせた。

(2) 水島海戦

義仲は平氏追討の命令を受けながらも、法皇（院）の頼朝とのただならぬ連携や公家の策謀、行家との対立などから留守の京都が気がかりで、容易に西国へ出発しなかった。九月二〇日、法皇の再三の催促によって、樋口兼光を留守番として播磨に出発した。この出陣も、叔父行家討伐のためと噂されたほど、行家とも離反してしまっていた（『玉葉』寿永二年九月二一—二三日条）。播磨から先へは動かず、京都や鎌倉の頼朝の動きをみていた。

一方、屋島に移った平氏の勢威回復（山陽道八カ国、南海道六カ国都合一四カ国支配＝『平家物語』）をみた義仲は、その本拠を攻撃するために、矢田判官代義清《よしきよ》を大将、海野弥平四郎行広を侍大将に、七千余騎をもって、山陽道を馳せ下り、備中水島（倉敷市）から船団を揃えて屋島をつこうとした。

木曾軍が備中に侵入すると、妹尾《せのお》太郎兼康は、備前・備中の兵二千余人を募り、備中福輪寺畷《なわて》と笹が瀬に迎えうち、みずからは板倉の戦いで討死した。

兼康は、備中賀夜郡板倉郷の豪族で、妹尾荘を開発、妹尾姓を称した。平氏家人として維盛軍に加わり、木曾義仲軍とは加賀安宅の渡しで戦い、捕われて首を斬られるところを、その豪勇ぶりを義仲は惜しみ命を救けたが、先々西国への道案内をつとめさせようとした考えもあった。妹尾はその恩に感謝する風をよそおい、備中に下向するや、たちまち木曾軍に反撃した。義仲は思いがけない変化にとまどったが、大軍をもってこれを討ち取った。平氏与同《よどう》の瀬戸内海での勢力は根強かった。

閏一〇月一日、水島沖に源氏五百余艘、平氏千余艘が対峙した（源氏一千・平氏三〇〇とは『源平盛衰記』の数字だが、平氏の方が上まわっていたと考えるのが自然であろう）。

柏島の平氏は、新中納言知盛（清盛四男）を大手の大将軍に、能登守教経《のりつね》を搦手《からめて》の大将軍として、船団を二手に分け、一手をさらに三手に分けて包囲体制をとった。いわゆる鶴翼の陣である。千余艘の舟の前と後の綱をつなぎあわせ、板を渡して舟と舟とを自由に渡れるようにした。源氏は乙島に本陣を置いた（現在は埋立てられ島はない）。

源平双方ときをつくり、矢合わせ（開戦通告の矢を射ること）をして、互いに船をすすめ、「遠きをば弓で射、近きをば太刀で斬り、熊手にかけてとるもあり、とらるるもあり、引き組んで海に入るもあり、さしちがえて死ぬるもあり、思い思い心々に勝負」（『平家物語』水島合戦）した。西風も烈しく吹き、船がゆれて動きもままならず、「東国北国ノ輩、舟軍ハ習ハヌ事ナレハ、船ニ立チ得ズシテ、船底ヘノミ重ナリ」（『源平盛衰記』）平氏方によって散々に打ち負かされた。

あたかも日蝕で、天にわかに曇って日の光も見えなく闇夜のごとくなったので、源氏軍は方向を見失い、あてもなく逃げ散った。

矢田義清と海野行広は、討ち取られ、木曾義仲軍は完敗した。

天文の知識のある平氏が、日蝕を利用して源氏を誘いこんだというが、陰陽道の専門家や、宋の先進文化に接した知識人もいたことであろうから、さもありなんと思われる。* 海の戦いは天候や潮流に詳しい方が利を得ることは、この後の源平合戦からあきらかである。

「平家は水島のいくさに勝てこそ、会稽《かいけい》の恥をば雪《きよ》めけれ」（『平家物語』）というように、大将知盛はじめ一門は、都落ちして以来の鬱憤《うっぷん》をはらした。

もう一つ会稽の恥をそそいだ合戦に、源行家を破った室山の戦いがある。水島勝利の余勢をかって、京都奪還を狙った平氏は、一千余艘・二万人で播磨に押し渡り、室津港背後の室山《むろやま》に陣をとった。競争意識のはげしい行家は、帰洛する義仲と顔を合わせるのを避け、平氏追討の院宣を乞い、摂津をさけ、播磨路をとった。そこで平氏軍と遭遇し、惨敗したのである。

義仲軍は敗残のみじめな姿で京都に帰ってきた。「その勢、はなはだ少なし」と貴族はあわれんで

＊　森本繁『歴史紀行・瀬戸内水軍』新人物往来社、1987年。

一の谷古戦場

いる（『玉葉』寿永二年閏一〇月一五日条）。

義仲の死は、みずからの根拠地経営に力をそそがず、ひたすら京都のみ目ざして突進し、法皇以下権謀うずまく中にまきこまれた、飢餓状態の地方武士の悲劇、といわれる。その点、頼朝の上洛に反対し、鎌倉に帰って、以後もっぱら東国の地がために力を注がせた関東の有力武士団の見通しは正しかった、と評価される。*

水島海戦以後、平氏の軍は数を増し、勢はなはだ強盛となり、今はたやすく追討は困難である、と京都の九条兼実《かねざね》は日記に記している。「西海山陰（陽か）両道軍士数万騎相従え、城郭を摂津と播磨の境の一《いち》の谷《たに》にかまえて群集」（『吾妻鏡』寿永三年二月四日条）した。

一の谷は、播磨浦の西、塩谷浦との間の台地の山ひだが海岸に延びてせまり、その谷間を東から一の谷・二の谷・三の谷と呼ぶ。東は生田《いくた》の森、西は一の谷付近を城戸口《きどぐち》とし、北から西にかけて天険を背後とし、南の前面は海で、平氏の制海権の及ぶところで、補給にもこと欠かない。

『平家物語』には、「平氏は去年の冬の比（寿永二年＝一一八三）より、讃岐屋島の磯を出て、摂津難波潟へ押し渡り、福原（神戸市）の旧都に居住して、西は一の谷を城郭に構え、東は生田森を大手の木戸口とぞ定め、そのうち、福原・兵庫・板宿《いたやど》・須磨には、山陽道八カ国、南海道六カ国、都合一六カ

＊　石井進『鎌倉幕府』［日本の歴史 7］中央公論社、1974 年。

国の軍兵十万余騎が詰めた」、とある。

2　六カ度《ろっかど》の戦――平氏制海権回復

平氏が福原（または一の谷）へ前線基地を移すと、阿波・讃岐の在庁武士は、源氏へなびきかけていたが、唐突には信用してもらえないだろうということで、平氏へ攻撃をしかけて手みやげとして帰服のしるしをあらわさんとした。門脇中納言教盛《のりもり》（清盛の弟）・その子越前三位通盛《みちもり》・その弟の能登守教《のり》経《つね》父子三人の根拠地備前下津井《しもつい》が、第一のターゲットになった。

下津井は、今は瀬戸大橋の本州側の町となり、四国渡船場も旧下津井港も埋立てられてしまって「下津井節」に歌われてきたような面影《おもかげ》はなくなってしまった。潮待ち風待ちに適当な岬と入江を持つ下津井四浦は、岡山から九里（三六キロ）、海上四国丸亀金比羅街道まで四里（一六キロ）であった。

徳富蘇峰《とくとみそほう》が名づけた鷲羽山《わしゅうざん》山頂鐘秀峰《しょうしゅうほう》からは大小さまざまな島が望見され、純友の乱ゆかりの釜島・松島・櫃石《ひついし》島・六口《むくち》島などがみえる。さらに塩飽《しわく》諸島がならぶ。松島は〝潮待つ島〟に、釜島は〝塩釜〟島に由来するといわれる。松島は純友神社をまつり、純友の弟純基が居城をかまえ、釜島は純友がこもり相呼応して、朝廷軍に抵抗したという。塩飽海賊の活躍する海域であった。

鐘秀峰は、地元では〝陣屋〟とよばれ、源平合戦の平氏の陣取場であったと伝えられ、戦前までは、源平両軍の戦没者の霊をとむらうため〝なもで踊り〟が催されていた。六口島は〝能登守ふんばり岩〟の史跡を残している。

一三三六（延元元）年、足利尊氏《たかうじ》が九州から再起東上途中、備後鞆《とも》の浦から海陸二手に分かれ、船

福良港

路の勢七五〇〇艘は吹上（下津井）に寄港した。

四国勢兵船一四艘（または三十余艘＝『盛衰記』）で来襲するのを知った能登守教経は「にくゐやつ原かな、昨日今日まで我等が馬の草きったる奴原《やつばら》が、すでに契《ちぎり》を変ずるにこそあんなれ、その義ならば一人ももらさずうてや」とて十余艘の小舟にて「あますな、もらすな」とて攻めれば、四国勢は形ばかりの矢を射て、近づくこともできず退散し、淡路の福良《ふくら》港に逃げこんだ。

福良港は鳴戸海峡に臨む淡路島屈指の良港で、源氏ゆかりの二人の武将がいた。源為義《ためよし》の一門、賀茂冠者義嗣《かものかじゃよしつぐ》（掃部冠者《かもんのかじゃ》）・淡路冠者義久《よしひさ》の兄弟を頼んだ四国勢は、教経軍に攻められ、義嗣は討死・義久は負傷自害し、百三十余人の首の交名が福原へ報告された。『源平盛衰記』には、賀茂（掃部）冠者は、為義五男掃部助頼仲の子、淡路冠者は為義四男左衛門尉頼賢の子で、ともに為義の孫、頼朝とは従兄弟であるという（『源平盛衰記』巻三十六）。

さらに、平氏の召命に応じない伊予の河野四郎通信《みちのぶ》を攻めんとて、勢いにのる通盛・教経兄弟は、阿波国花園城へ、讃岐の屋島へとそれぞれ兵船を進めた。河野通信は、母方の伯父安芸国沼田《ぬた》（沼田郡沼田）の住人沼田次郎を頼って沼田へ渡った。教経はこれを追い、備後蓑島《みのしま》（広島県芦田川河口の島）から沼田城（三原市）へと兵船をすすめて、沼田次郎を降人とした。沼田次郎は福原へ送られた。

河野通信はなお抵抗を続け、五百余騎が五〇騎にまで討たれたが、さらに七騎、五騎、最後は主従二騎にまでなった。その郎党を討ち取らんとした平氏武者讃岐七郎を討ちとり、小舟で伊予にほうほうのていで逃げ帰った。

沼田氏は、純友追討に功のあった藤原倫実《ともざね》の末裔という。その功によって沼田七郷を与えられ、沼田荘として荘園化され、蓮華王院《れんげおういん》領となり寄進者沼田氏は下司として在地の実権者になった。源平合戦には平氏方として沼田五郎は周辺の武士をひきいて門司まで合戦に参加したといわれる。

沼田次郎と五郎は同一人か別人かはわからないが、平氏方に力で押えこまれていたようである。

淡路国の安摩《あま》六郎忠景（宗益＝源平盛衰記）も源氏に心を寄せ、大船二艘に兵粮米や物具を積み淡路冠者・加茂冠者に合流しようとしたが、両人が討たれたので、五十余騎にて兵船六、七艘に乗って都に上ろうとした。

これを知った教経は、福原から一二艘（または三十余艘）一五〇騎をのせ、漕ぎつらねて追跡、西宮沖にて追いつき、手きびしく攻め、忠景は和泉国吹井《ふけい》の浦（大阪府泉南郡岬町、深日《ふけ》港）に逃げこんだ。安摩氏（阿万氏）は阿万荘百三町（『淡路国大田文』）の領主、福良港は阿万荘の良港で、淡路水軍の根拠地の一つである。後年南朝水軍の一翼となり、「安間《あま》・志知《しち》・小笠原の一族共」が、南朝の大将脇屋義助を、吉野から伊予へ送る役割をになった（『太平記』）ように、伝統的水軍であった。

紀伊国の園部兵衛忠康は、やはり源氏に味方しようとしていたが、安摩忠景が教経軍に追撃されて吹井《ふけい》に入ったと聞き、一〇〇騎ばかりをひきいて馳せつけ応援したが、教経の攻撃がすさまじく、忠康・忠景とも防ぎきれず、郎党らが防矢している間に、命からがら京都へ逃げこんだ。

伊予では河野通信が、豊後の緒方惟栄《これよし》・臼杵二郎惟高（惟隆）兄弟らと協同して、都合二千余人が備前今木城（岡山県邑久《おく》町）にこもったが、教経は、手ごわい相手ゆえ、福原から大軍を差し向けるよう増員を要請した。大軍をひきいて教経軍が押し寄せる噂をきいた緒方・臼杵は九州へ、河野は伊予へいったん引き退いた。長門から淡路まで、つまり瀬戸内海の制海権は、平氏の手に完全に掌握されたのである。

教経は、今はうつべき相手はいなくなったとして、福原へ凱旋《がいせん》した。下津井から今木城までの阿波・讃岐・淡路・伊予・安芸・紀伊・豊後にまたがる反平氏との六連戦（六度の戦）は、平氏の水軍力、とくに教経の猛将ぶりを、遺憾なく示した。ただし、平氏が福原を回復していた一〇日間ほどのうちに、教経が一人で六回合戦して勝つことはありえないので、おそらく大小のいくつかの戦闘を一つの時期にまとめたのだろう、という見方が現実的かもしれない*。

3　一の谷合戦

源氏は制海権をもたない、伝統的に騎馬軍団にすぎない。しかし、この騎馬軍団の蛮勇ぶりが、陸上攻撃に源氏の全軍を結集させることになり、平氏を海上へ追い落とすことに成功する結果となった。以後、平氏は海上でしか勢力回復の機会はなくなった。

一一八四（寿永三〔四月一〇日に元暦と改元〕）三年正月二九日、源範頼・義経は、院に参り平氏追討のための西国発向を奏聞した。院より、三種の神器を無事に都に戻し帰ることの念を押された。

二月四日、平氏は故入道相国清盛の忌日《きじつ》（正しくは祥月命日《しょうつきめいにち》）ということで、仏事供養を行なった。

源氏はこの日を忌日ときいて避け、五日は西ふさがり、六日は道忌日（道虚日《どうこにち》・外出をきらう日）ゆえ、七日の卯剋（午前六時）に、一の谷の東西木戸口にて源平の矢合せと予定した。だが、四日は源氏に

＊　シンポジウム『河野氏の台頭と源平合戦』愛媛県文化振興財団、1986年。

とっては吉日であるということで、大手・搦手の二手に分れて出陣した。

大手の総大将は範頼、侍大将は梶原景時、都合その勢五万余騎、搦手の総大将は義経、侍大将は土肥実平、都合その勢一万余騎、二日路を一日に騎馬を駆けさせ、播磨と丹波の境の三草山の東の山口の小野原に着いた。

平氏は小松中将平資盛、侍大将平内兵衛清家ら三千余騎が、小野原より三里（一二キロ）距《へだ》てた三草山の西の山口に陣をとって、源氏に備えた。

その夜、義経は土肥実平に夜討ちか、明朝まで待つべきか相談した。伊豆の狩野氏の縁者田代冠者の進言により、夜討ちと決定、三里の夜道越えをして急襲した。うろたえた平氏は資盛を先頭に、播磨の高砂《たかさご》より船にのって屋島へ落ちた。

一の谷の平氏軍は、山の手方面の防備を重視し、教経、侍大将越中前司盛俊ら一万の軍でこれに備えた。

五日の暮、源氏は生田《いくた》の森に近づき篝《かがり》をたいたが、平氏の方はいつ寄せるかと気が気でなかった。

六日の早朝に、義経は一万の兵を二手に分け、土肥実平に七千騎を預け一の谷の西の手へ向かわせた。自身は三千騎をひきい一の谷の後、鵯越《ひよどりこえ》へ向かった。道を知らないので老馬を先導させた。弁慶は、老猟師を探し、案内させようとしたが、猟師の息子が馬の降りられる道の案内をつとめた。のち奥州平泉まで随従した鷲尾三郎義久がそれである。

熊谷直実《くまがいなおざね》は息子の小次郎直家に、このような難所では先駆けがつけにくい、それゆえ、土肥実平の受けもっている播磨路の一の谷で先駆けとしよう、と打ち明ければ、直家も同感と答える。平山季重《すえしげ》も同じ考えのようであるから、ようすをみて参れと従者をやったところ、平山はとうに出立していたという。急ぎ一の谷の西木戸口に到達、ほかの誰よりも早く先陣の名のりをあげた。そのあとに季重が駆けつけた。

直実父子と季重はここを先途と奮戦する。「保元・平治両度の合戦に先がけたりし武蔵国住人、平山武者所季重」、「生年十六歳」熊谷直家、「こぞの冬の比《ころおい》鎌倉をいでしより、命をば兵衛佐殿（頼朝）にたてまつり、かばねをば一谷でさらさんとおもいきったる」直実らは、「室山・水島二カ度の合戦に高名したり」と名のる越中次郎兵衛や上総五郎兵衛・悪七兵衛・教経ら高名を立てるにふさわしい敵を求めて、一・二を争った（二之懸）。

生田の森の範頼の大手軍五万の中にも、河原太郎高直・次郎盛直兄弟のようにただ二人、平家陣へつっこみ「東国の武士ほどおそろしかりけるものはなし」とあきれさせた勇猛な先駆け願望者がいた。梶原景時父子は、従者に海辺の逆茂木《さかもぎ》を除去させ、五〇〇騎にて駆け入った。次男平次景高は深入りしたが、兄の源太景季・三男三郎景茂（景義）が続き混戦の末、五〇騎ばかりになってしまった。その中に源太景季の姿がみえない。父景時は、「世に生きながらえるのも子供があるため、源太を討たせては命生きしも何の甲斐があろうか」とて、またとって返し敵陣に突入する。奥深く戦っている景季をみつけ、死ぬとも敵に後を見せるなと励まし、辛うじて危機を脱した。「梶原の二度《にど》の駆《か》け」の親子愛の場面である。

搦手軍の二手の一方義経軍は、一の谷の後背、鵯越から「互に混乱し、白旗赤旗色を交え、闘戦の為躰《ていたらく》、山を響かし、地を動かす」（『吾妻鏡』）浜辺の合戦を展望していたが、馬を落し、無事に降り立ったのをみて、義経みずから先頭に三〇騎ばかりで降った。途中の壇状の踊り場の先は、つるべ落しのように、大盤石の苔むした断崖で、さすがにこれで最後と途方にくれていると、佐原十郎義連は「三浦の方で我等は鳥ひとつたてても（追っても）、朝夕かようの所をこそは（馳）せありけ、三浦の方の馬場ぞ」、とてまっさきかけて、降り切った。続く三千余騎もどっと時をつくり平氏の陣に襲いかかった。屋形や仮屋に火をつけ、折からの風にあおられ、平氏は、前の海へ殺到して逃げのびた。

一度も不覚をとったことのない教経は、西へ落ちのび、明石浦から船で屋島へ渡った。討死と交名に記されている『吾妻鏡』の記事は誤りである。*

侍大将越中前司盛俊、薩摩守忠度《ただのり》、越前三位通盛、若狭守経俊、武蔵守知章、無官の大夫敦盛《あつもり》、業盛《なりもり》、但馬《たじま》前司経正、備中守師盛《もろもり》らが討たれた。重衡《しげひら》（清盛の子、東大寺焼打ちの大将）は梶原景季《かげすえ》・庄四郎高家らに生捕りにされた。

忠度は岡部六野太忠純《ろくやたただずみ》に名乗らぬまま討たれ、箙《えびら》に結びつけた「旅宿花《りょしゅくのはな》」という題の歌、

行《ゆき》くれて木《こ》の下かげを宿《やど》とせば
　花や今宵《こよい》の主《あるじ》ならまし　忠度

とあったことからはじめて名前がわかった。

(1) 敦　盛

平敦盛《あつもり》は、海上にのがれたところ、「まさなうも敵にうしろをみせさせ給うものかな、かへさせ給えしと、熊谷直実に呼び戻され、とってかえして組み打ちとなった。直実は組み敷いて頸をとろうと、かぶとを押し上げてその顔をみれば、薄化粧しておはぐろをつけた、我が子小次郎直家ほどの、一六、

＊　紀経戦死のことは、『吾妻鏡』のみにみえる誤りである、とは石母田正「一谷合戦の史料について〜吾妻鏡本文批判の一環として〜」『戦後歴史学の思想』法政大学出版局、1977年所収）（平田俊春氏のご教示による）。

平敦盛塚（神戸市須磨区）

七の美麗なる少年、あっぱれ公達、直家が負傷したことでさえ親として心が痛むのに、討たれたときいたら親はどんなに嘆き悲しむことか、一人討ったとて勝敗はみえている。「助けたてまつらばや」とて後を振り返ってみると、土肥・梶原ら五十余騎が迫っている。見逃がしてもいずれ討たれよう、それならみずからの手で、と泣く泣く首をとる。おなじみの名場面である。

腰にさした錦の袋に入っている笛から、修理大夫経盛（清盛の弟）の子息無官大夫敦盛《あつもり》であることがわかった。件の笛は、祖父忠盛が、鳥羽上皇より賜ったもので「小枝《さえだ》」と名づけられているものであった（青葉の笛は俗説）。別の記事によると、父経盛は笛の名手で、砂金一〇〇両で宋から漢竹をとりよせ、とくに良き両節間の一本をえらび、天台座主《てんだいざす》明雲をして、秘密瑜伽壇《よがだん》に立て七日間加持祈祷し、秘蔵して彫った笛という（参考『源平盛衰記』巻三十六）。

敦盛の首は、通盛・忠度らの首とともに都に送られ一部反対の公家もいたが、義経ら武家に無視され獄門に懸けられた。

敦盛の首は、直実によって「馬・鞍・冑・甲・弓矢・漢竹の笛、一つも取り落さず」手紙を添えて、屋島にいた父経盛に送られたので、敦盛の首だけは都になかったとも伝えられる（延慶本『平家物語』）。

一の谷で敗れた平氏の主力は、安徳天皇と三種の神器を擁し、船団を組んで淡路の東海岸沿いに南下し、福良湾に入り、鳴門海峡を通って、讃岐屋島に向かった。

福良港口に、煙島《けむりしま》がある。周囲四五〇メートルほどの小島だが、島の上に宗像社（弁天社ともいう）が祀られ、そのあたりに敦盛塚がある。

煙島の伝承は、送られた遺《い》体を父経盛は福良の僧をして煙島で無常の煙にしたからという（『淡国通記』）。煙島には敦盛の法名をとった紅蓮寺《ぐれんじ》という名の寺があった。同寺の本尊観音が、沼島《ぬしま》神宮寺にあった（『淡路草』）。煙島（竹島）は、安徳天皇の行在所ともなり、敦盛の首塚のほかに、最勝王経の石塔があったがいつのまにか失われ、江戸時代に再造立した。碑の下には最勝王経が、一字一石に写して埋められているという（『淡路福良竹島考』会下山人、大正一四年）*。

煙島，弁天社

吉川英治『新平家物語』では、福良の経盛のもとへ、敦盛を討ったとき包んだ小袖と青葉の笛に手紙を添えて送った、経盛は形見の小袖を火葬し、笛は有縁の寺へ送ったといい伝えられている、と書いているが、煙島の伝承がもとになっている。

⑵ 宗盛と重衡《しげひら》

捕えられた重衡は土肥実平の警固によって京都へ護送された。後白河法皇は三種神器と交換に釈放を伝えた（『平家物語』巻十、内裏女房・八嶋院宣《いんぜん》）。院宣が屋島に遣わされた事実はなく、重衡の書状と法皇近臣藤原定長の書状が、宗盛に届けられたに

＊　佐藤和夫『日本中世水軍の研究』錦正社、1993年。

すぎない（『玉葉』寿永三年二月一九〜二〇日条）。『玉葉』では、重衡の方から神器返還交渉を申し出たことになっている。

平氏の総帥宗盛は、一族多数が一の谷で戦死した今は、重衡一人が助かっても仕方がない、安徳天皇が都に還御しないかぎり神器だけ還ることはない、平氏は先祖代々朝廷に奉仕してきたが、その奉仕を忘れてなければ、むしろ法皇御自身が四国にお越しなされ、もし平氏が都に帰れることが絶望なら、鬼界ケ島・高麗・天竺・震旦までも赴くつもりであり、神器は異国の宝となるかもしれない、と返書した（請文）。

『吾妻鏡』では、昨年都落ち以来の還御問題に触れ、先月（正月）二六日には、還御せよとの院宣に従い、摂津福原まで行幸した、去る二月四日は亡父清盛の祥月命日のため仏事を修するため船を下りるわけにはゆかず、六日には、修理権大夫からの書状によれば、「和平の儀あるため、八日に都を出発し使者として下向する、勅答を聞いて帰るまでは、狼藉（合戦）あるべからずと、関東の武士に言い含めてあるので、平氏方もその旨通達しておいて欲しい」ということであった、正直にその仰せを守り、もとより抗戦の意志もなかったから、院使の下向を待った、しかるに七日、一の谷の浜辺に源氏が襲いきたった、院宣の仰せもあるので抵抗にとまどっている間に、平氏方は多数討たれてしまった。「この条、何様候事ぞや、子細尤も不審なり」と、宗盛は、後白河法皇に詰問している。

全体の趣旨は、和平と還御であるから、結果としては、安全かつ確実な院宣を賜わりたいというのである。神器・安徳天皇・生母建礼門院の還御と宗盛らの落着く先として讃岐一国の安堵という消極的な姿勢に変っている。

神器に対してそれほど京都はこだわらず、安徳天皇還御も、すでに後鳥羽天皇の存在があり、義仲亡きあと頼朝軍の入京の今、平氏への依存の必要はほとんど失われたといってよい。ただ神器の存在は平氏追討と奪還の表面上の大きな問題として、義経・頼朝兄弟の亀裂のクサビとなってゆく。「制法に拘《かか》らぬ」リアリスト後白河法皇の前に「大臣殿《おおいとの》」宗盛は、翻弄《ほんろう》された。

源氏の攻勢もそこまでであった。皮肉なことに平氏はかえって開き直りの姿勢に転じ、水軍平氏本来の精兵主義に転じていった。

出陣すれば敗北という不名誉をくり返してきた小松三位中将維盛は、三月中旬、屋島を離れて熊野に向かい、那智の海に入り自殺した。

九条兼実は、一の谷合戦以後の消息を日記に残しているが、屋島に帰住したこと、教経は健在らしいこと、「又、維盛卿三十余艘ばかりを相率い、南海を指して去り了《おわ》んぬ」と伝えている。

高野山で仏門に入り、平氏家人湯浅七郎兵衛宗光らに見送られて、岩田川を渡り本宮から舟で新宮に下り、神倉を拝礼して那智山に入った。那智の浜から船出して沖の島に漕ぎ寄せ、大きな松の木を削り泣く泣く名跡を書いた。

祖父太政大臣平朝臣清盛公、法名浄海、親父小松内大臣左大将重盛公、法名浄蓮、三位中将維盛、法名浄円、年二十七歳、寿永三年三月二十八日那智の沖に入水す（『平家物語』巻十）。

通盛（教経の兄）の死を悲しんだ美人妻小宰相の入水、忠度・敦盛の風流など、一の谷の合戦は悲劇のロマンに彩られている。風流では源氏方も梶原源太景季の、咲き乱れたる梅カ枝を箙《えびら》にそえて挿し、花は散りけれども匂は袖に残れり「数寄タル道モ優ナリケル」花箙《はなえびら》と『源平盛衰記』は叙述している。女々しい平氏は、屋島から壇の浦にかけて海の平氏の面目ぶりを再現した。

4　藤戸の合戦

一の谷を追われた平氏はふたたび屋島に拠点を置いた。源氏は追討すべき水軍をもっていない。『吾妻鏡』同月二五日に、頼朝から院近臣高階泰経《たかしなやすつね》を経て奏聞した言上四カ条、朝務・諸社・仏事・平家追討のうち「平家追討事」について、

右、畿内近国、源氏平氏を号し、弓箭に携わるの輩ならびに住人等、義経の下知に任せ、引率すべきの由、仰せ下さるべく候

と、その統率権を源氏大将に付与されることを願い、

海路輙《たや》すからずと雖《いえど》も、殊《こと》に急ぎ追討すべきの由、義経に仰する所也、勲功の賞においては、その後頼朝計らい申し上ぐべく候、

と、「海路輙《たやす》からず」と源氏に制海権のないことを自他ともに認めている。

三月に入ると、鎮西九国の武士は平氏追討に従うようにとの頼朝の命令にもかかわらず、平氏与同者が多くて成果があがらないので、院宣を乞うた。

「平家四国の辺に経廻せしめ、や、もすれば近国の津泊に出て浮び、人民の物を奪い取り、狼戻絶えざる者なり、今においては、陸地といい、海上といい、官兵を遣わして、不日追討せしむべきなり、てえり」

と院宣に頼るだけであった。

源氏は、二月一八日に洛中警固を命ずる使者を派遣すると同時に、土肥実平に備前・備中・備後三カ国の守護、梶原景時に播磨・美作二カ国の守護を命じた。いわゆる惣追捕使《そうついぶし》として、平氏追討のための臨時の職で、幕府成立時の守護とは性格がちがい、軍政官的なものであった。両人はその能力と信望という点から、頼朝の信用の厚い人物であった。

三月末には、実平は備中国に惣追捕使として、釐務《りむ》（国の政務）を執行し、在庁散位藤原資親以下平氏によって追放されていた数名を本職に復帰させている。

四月下旬、頼朝は、前斎院次官中原親能を督軍の使者として上洛させた。実平と梶原景時は、同じく首途《かどで》の「兵船を調え置き、来る六月、海上和気に属する期に、合戦を遂ぐべきの由、仰せ含められていた」からであった。おそらく「海上和気」の六月を期して決戦にもち込むということは、南海・西海（四国九州）の軍編成の目途の達成の時期を示したものであろう。

平氏はしだいに勢力を回復してきた。新中納言知盛（清盛の四男）は長門彦島に拠点をおき、屋島と結ぶ防衛領域を固め、下関海峡の航行権を握っていた。

六月に俄然、平氏の動きは活発になる。

平氏の党類、備後国に在る官兵を追散らすと云々、土肥二郎実衡（平）・息男早川太郎と云々、

仍《よ》って播磨国に在るの梶原平三景時、備前国に超し了《おわ》んぬ（『玉葉』元暦元年六月一六日条）

平氏が備後を襲い、土肥実平父子は危機におちいった。急を聞いて隣国播磨から景時軍が救援にかけつけた。

その隙を聞き、平氏等少々、室泊《むろのとまり》（兵庫県揖保《いぼ》郡室津《むろつ》）に来着し、焼払うと云々、仍《よ》って京都武士等を催し遣わさると云々（同上）、

というように、景時の留守につけ入り、京都から援軍がその隙を埋めるということで、神出鬼没の平氏水軍の行動力に悩まされた。

凡そ追討の間、沙汰はなはだ泥の如し、大将軍遠境に在り、公家事沙汰するに人なし、只天狗万事奉行する比《ころ》なり（同上）。

追討工作も泥を握るようなもので効果があがらず、頼朝は遠い地から動かないし、中央の政務のリーダーシップをとれる公家はなく、「天狗」後白河法皇の采配《さいはい》のまま、すべてが動くこの頃である、と九条兼実は、憤懣《ふんまん》やる方ない感情を隠さない。後白河と組んだのは摂政近衛基通であった。近衛家の祖基実を父とし、清盛の女盛子を養母とした。清盛の援助で、内大臣・摂政となったが、義仲によって罷免、義仲没落後、還任した。その後、兼実を推す頼朝にきらわれて、罷免にまでいたるが、そ

の後、院の側近源通親らに推され、関白・摂政に復帰した。兼実の前に大きくはだかったライバルであった。平氏に縁の深い人物であるだけに、平氏の活発な動きと追討の不徹底さを、院と基通の作為と、兼実は結びつけて考えたのかもしれない。

平氏の勢いはなはだ強し、源氏武士等気色損じ了《おわん》ぬ（同上、六月二三日条）
鎮西多く平氏に与し了《おわん》ぬ、安芸国は官軍に与《く》みす、六カ度合戦、毎度平氏理《利》を得ると云々（同上、八月一日条）
伝え聞く、教盛卿等の為に、長門国に在るの源氏、葦敷《あししげ》く追い落され了《おわ》んぬと云々、又、平氏五六百艘、淡路に着すと云々、（同上、一〇月一三日条）

とますます優勢ぶりが伝えられた。
源氏の方も必死で追討の努力をすすめた。
『吾妻鏡』同年九月一九日条には、

平氏の一族、去る二月摂津国一谷の要害を破らるるの後、西海に至りて、彼の国々を掠虜す、しかるにこれを攻め襲われんが為、軍兵を発遣せられ訖《おわ》んぬ

とある。橘次公業*をもって、一方の先陣とし、讃岐国の住人らを誘って編成し、平氏に対応させた。橘次公業は、かつて藤原純友を討ち取った橘遠保の子孫である。伊予警固使として活躍した遠保は、

＊　橘公業（たちばなのきみなり）、橘公長の次男だったので、通称を橘次といった。弓の名手とつたわっている。

乱平定後、宇和島荘を与えられた。鎌倉時代の後半に小鹿島《おがしま》公業と称した橘次は、常磐井《ときわい》入道太政大臣公経の宇和島所望に対し、「公業の先祖より代々知行す、就中、遠江掾《とおとおみのじょう》遠保、勅定を承り、当国の賊徒純友を討取りて以来、当郡に居住し、子孫に相伝せしむること年久し、咎《とが》無くして召放たるべからざるの由」を幕府に訴え認められている（『吾妻鏡』嘉禎二年二月二二日条）。四国の雄族といってよい。公業の工作によって源氏に志を寄せる讃岐の御家人らは西海道合戦に臨むべく交名《きょうめい》を注進した。平氏が屋島に再往したため、京都の源氏に加わった御家人らもいた。

梶原景時は、淡路に水軍の編成をすすめていた。

淡路国広田荘は、先日広田社に寄付せらるるの処、梶原平三景時、平氏追討の為、当時彼の国に在るの間、郎従等彼庄に乱入して、乃貢《のうぐ》（年貢）を妨ぐるか、仍《よ》って仲資王子細を申さる、更に改変の儀に非ず、かつは景時に下知すべきの由、今日御報を遣わさるると云々（同上、元暦元年一〇月二七日条）

広田庄は、この年四月に、幕府の使者、前斎院次官親能（中原氏、大江広元の兄、大友氏の祖？）の上洛にともない、追討無事のため、摂津国西宮広田社に、寄進されたものである。今の淡路洲本《すもと》市から緑町にかけての地域で、本所は神祇伯仲資王である。

おそらく景時は福良に源氏水軍の本拠を置き、鳴門海峡方面から屋島の平氏の背後を衝《つ》こうとしたのではなかろうか。すでに寄進と同時に、六月に海上の穏かな頃に、平氏と決戦すべきことを、景時と土肥実平は頼朝から命じられていた。本所神祇伯仲資王の猛烈な抗議によって、寄進が逆効果になることをおそれた頼朝によって、乱妨は即刻停止すべきことと指令された。

九月二日、西海に向けて京都を進発した範頼軍は、平氏に制海権をおさえられて、陸路かろうじて長門国にまでたどりついたが、兵糧も思うように調達できず、九州渡海の船もなく、立ち往生してしまっていた。

平氏は播磨室泊の源氏の西下にそなえ、小松中将資盛、少将有盛、侍大将飛騨三郎左衛門景経・越中盛嗣・悪七兵衛景清ら五百余艘にて、備前児島に向かい、藤戸に陣をとった。倉敷市藤戸の一帯は高梁《たかはし》川の運ぶ土砂の堆積で埋まり、その当時の面かげは失われているが、当時は島までは五町（五〇〇メートル）ばかりの距離があった。

平行盛を大将とする平氏軍は、児島の殿山・正盛山に陣を布き、対岸の高坪山《たかつぼやま》に陣を取る佐々木盛綱、日間山《ひるまやま》に陣を取る梶原景時ら源氏の軍勢に扇で招いて挑発したが、兵船をもたぬ源氏軍のかなしさ、腕をこまねいているしかなかった。佐々木盛綱は、現地の浦の漁師から馬で渡れる浅瀬をただ一人、郎党にも知らせず案内をさせ、その場所を知ったのち、男をさし殺してしまった。

平氏側の手招きに応ずるふりをして盛綱は浅瀬を渡りきった。範頼ははじめは無茶の振舞と制止したが、盛綱の企《たくら》みをさとって、大軍を攻め入らせた。頼朝はこの勝報をきき、昔より河を渡って敵を攻め破ったということは良く聞くところであるが、馬乗して海を渡った例はきいたことがない、「盛綱の振舞は、希代勝事なり《きだいのしょうじ》」と激賞した。

ただ、大軍が児島を占領したとしても、平氏は元の陣の屋島・彦島などへ引き揚げてしまい、戦略面では大きな成果とはいえない。盛綱は、この前に乗馬を頼朝からわざわざ贈られているから、拝領の馬による手柄を誇張したかったのだろう（同上、一二年二月二六日条）。

盛綱は戦功によって児島荘を与えられた。殺された浦男（漁師）の母親は恨み言をのべ、わが子の屍のありかをたずね、浮洲岩の深みに捨てられていた浦男の亡霊があらわれる、という謡曲「藤戸」の物語となる。佐々木といえば笹まで憎い、母が笹をかきむしったところから、その山を笹無山、盛綱が男の供養のため経巻を埋めた小島を経ケ島といった地名伝説がある。京都醍醐寺三宝院の庭の藤戸石は、かつてここの浮洲岩であったという。平氏兵船の拠点であった舟津原という地名もある。

一一八五（元暦二）年、年があけても源氏の苦境は変わらなかった。

兵粮欠乏の間、軍士等は一揆せず、各々本国を恋《した》いて、過半は逃帰らんと欲《ほつ》す、

という有様で、鎌倉へも「船無く粮絶えて合戦の術を失うの由、その聞えあるの間、日来沙汰ありて、船を用意し、兵粮米を送るべきの旨」を訴えている。寿永から元暦のこの頃は、西国では、大飢饉のときであった。

頼朝は、「かまえてかまえて国の者共ににくまれずしておわすべし」、「国の者の心を破らぬ様なる事こそ、吉事にてあらんすれ」「筑紫の者ともににくまれぬよう」「猶々も筑紫の事、よくよくしたためて、物さわかしからす、ことなきように沙汰せられ候べし」と西国（九州）武士を源氏へひきつけるため、反感を買わぬようにと、くどいほど、九州方面軍指揮の範頼に念を押している。

頼朝は、強行策によらず安徳帝や三種の神器の安全の確保によって、京都との関係を円満に保とうという考えのようであった。平氏の総帥宗盛（清盛の二男・重盛の弟）は「極て憶病におわする人なればば自害などはよもせられし」という頼朝の人物評価の裏には、平氏は自暴自棄の合戦はしないだろう

から、決定的な流血による終末は迎えたくないという判断もあった。
二月一〇日頃には、東国の船を仕立てて送る予定だが、豊後の船など調達できれば渡海も容易であろう、四国からも船を仕立てて攻めよ、と督励している。以上は『吾妻鏡』同年正月六日付の範頼宛の頼朝の指示だが、同時に、九州の御家人に次のような下文を発し、参加協力を求めている。

下す鎮西九国の住人等
早く鎌倉殿の御家人として、且《かつ》は本所に安堵し、且は三河守の下知に随い同心合力、朝敵平家を追討すべき事
右彼国々の輩に仰せて、朝敵を追討すべきの由、院宣先ず畢《おわ》んぬ、よって鎌倉殿の御代官両人上洛するの処、参河守九国に向い、九郎（義経）判官を以て四国に使わされる所なり、ここに平家、たとい四国に在りと雖も、九国に着くと雖も、各、且は院宣の旨を守り、且は参河守の下知に随いて同心合力せしめ、件の賊徒を追討すべきなり、てえれば、九国の官兵宜しく承知し、不日勲功の賞を全くせよ矣、以て下す
元暦二年正月日

それでも事態は深刻化するばかりで、「参州（範頼）、周防国より赤間関に到り、平家を攻めんが為、その所より渡海せんと欲するの処、粮絶えて船無く、不慮の逗留数日に及ぶ。東国の輩、すこぶる退屈の意あり、多く本国を恋う」という士気最低の状態で、侍所別当「和田小太郎義盛の如きも、猶ひそかに鎌倉に帰参せんと擬す、何ぞいわんやその外の族においてや」（同上、正月一二日条）、というて

いたらくであった。平氏が依然制海権をしっかりと掌握していたことの証明である。

ところが好転のきざしがみえてきた。

臼杵二郎惟隆《これたか》・緒方三郎惟栄《これよし》兄弟が、かねてから源氏に志を寄せているとの風聞があり、兄弟の水軍力、船舶を召して豊後に渡海、博多に攻め入ることを評定、範頼の命を含んだ使者（土肥実平または梶原景時か）の交渉により、兵船提供が実現した。八二艘という兵船は、渡海には十分である。また、周防の宇佐那木上七遠隆《うさなぎかみしち》は兵粮米を献上した。

かねて頼朝は範頼に、土肥実平と梶原景時と評議し、九州の武士に召集を働きかけ、帰伏の形勢が読みとれたら、九州へ渡れ、そうでなかったら、鎮西の武士団と合戦してはならない、その前に四国に渡り平氏を攻撃せよ、と指令していた。

両者の奔走で九州勢の源氏与同の可能性は高くなったが、安全に渡海できる保証はなかった。山鹿・松浦などの鎮西沿岸の平氏方水軍は強力であり、平氏の拠点は屋島とともに、新中納言知盛が九州の武士団をひきいて、門司の関を固め、彦島を本営として源氏軍を相待って備えているという（同上、二月一四日条）、のが現実であるから、護衛水軍がないかぎり、源氏船団は無力であった。

臼杵・緒方兄弟の豊後水軍は、これら平氏水軍に十分対応しうるものであった。

兄弟の船舶提供には、豊後水軍の源氏への参加という大きな意味があったのである。この動きが、四国の屋島攻めを促進し、壇の浦決戦へとつながってゆく。

豊後勢のこの動きは源氏の士気を高めた。千葉介常胤は老衰の身を荒波をものともせず渡海、加藤次景廉《かげかど》も病身を忘れて従い、下河辺庄司行平《しもこうべ》は甲冑とひきかえに小船を買いとり、先頭を漕いだ。

人々は甲冑を着けずに大将軍の前を進むのは、命を全うできると思ってのことか、と怪しむのに対し、命は惜しいとは思わない、ただ、進退自由の船にのり、先登になりたいだけである、と先駆けの決意を示した。

三浦義澄も、九州と京都・鎌倉の連絡役として、周防の後方部隊として留守を命じられるが「意を先登に懸くるの処、いたづらにこの地に留まらば、何をもって功を立てんや」と、不満を述べている。

国東半島《くにさきはんとう》西岸に上陸、渡海直後、北条義時・下河辺行平・渋谷重国・品川三郎らは、筑前葦屋浦で、大宰少弐原田種直・子息賀摩《かま》兵衛尉らと交戦、重国らの勇戦により散々射かけて敗退させ、行平は、美気三郎胤種を誅した。

緒方惟栄《これよし》は、一一八一（養和元）年、反平氏の挙兵のとき、関を固めて海陸往還を止めた。さらに四年後、源氏への兵船献上・豊後上陸への協力は、緒方氏の国衙《こくが》機構掌握によるもので、国衙領支配と不可分の関係にあったからだといわれる[*1]。

豊後の国衙領には国埼《くにさき》津・勢家《せいけ》津・佐賀関など、海陸交通の要所が存在する。緒方荘・臼杵荘を拠点とする兄弟は、これら河川・海上の支配者であり、知行国主藤原頼輔・目代藤原頼経らとの連携、京都との政治的パイプももっていた[*2]。頼朝が「豊後の船たにもあらば、やすき事なり」と範頼に書き送っているのは、すでに高度な政治的次元での見通しが、京都を媒介としてあったからであろう。

5　屋島の合戦

九州渡海の目途《めど》が立つのと並行して、四国渡海が決行された。

四国渡海の総司令官は、源義経である。一の谷の合戦の行なわれた前年二月、義経は京都の貴族に

＊1　海老沢衷「鎌倉時代における豊後国の国衙領について」［西南地域史研究 3］文献出版 1980年、＊2　渡辺澄夫『源平の雄・緒方三郎惟栄』第一法規出版、1981年。

はおおむね評判がよく、三月には平氏追討に出発する予定であった。しかし、どういうわけか延期された。九条兼実は「九郎、平氏を追討せんため来月（三月）一日西国に向うべきの由、議あり、しかるに忽ち延引すと云々、何の故か知らず」（『玉葉』寿永三年二月二九日条）と不審がっているが、三種の神器と安徳天皇・建礼門院の帰洛の噂を伝えている。既述のように、院の平氏に対する態度にはあいまいさがあり、和平に期待をかけた平氏は源氏に一の谷で奇襲をうけ惨敗し、院への不信がいっきょに高まったので、和平策への期待は消えていたが、頼朝の方で和戦両様の院の姿勢を忖度《そんたく》して、出征延期になったもののようである。

義経は以後頼朝代官として、任官の推薦からもれたことも不満をあらわさず、平氏残党の追討（伊賀平氏兼衡・信衡・兼時を誅殺）、高野山領の寂楽寺押領の調停など、検断訴訟の面で「心利きたる鎌倉の代行人」*の役目を忠実に果たした。

ところが、八月に任官問題がおこり頼朝を激怒させた。「所望の限りにあらずといえども、度々の勲功黙止《もだ》され難きによって、自然の朝恩たるの由、仰せ下さるるの間、固辞すること能《あた》わず」（『吾妻鏡』元暦元年八月一七日）、去る六日、左衛門少尉《しょうじょう》に任じ、検非違使の宣旨《せんじ》を蒙むったというのである。戦闘の才よりも、全国の武士の家人化が天下征覇の大命題の頼朝の基本方針の前には、弟とはいえ、義経の振舞は許されなかった。

義経は、鶴岡若宮造営の折、大工の馬を引くことは御家人の役目であり弟である自分の役柄ではないと拒み、はげしい頼朝の激怒をまねいている。

このことにかかわらず、すでに頼朝は、範頼を八月、平氏追討使に任命、八日に鎌倉を出発させた。二七日京都着、追討使の官符をうけ、九月一日、西海に出発した。

＊　渡辺保『源義経』吉川弘文館、1966 年。

義経は京都の留守役として、西海派遣軍を見送った。そのあと一八日、義経は従五位下に昇叙され、一〇月一五日正式に拝賀の式を挙げ、八葉の車に駕し、扈従《こじゅう》の衛府三人、共侍二〇人（各騎馬）、庭上にて舞踏し、劔笏を撥《かきあ》げて殿上に参じたことが、大江広元から、頼朝に報告された（同上、元暦元年一〇月二四日条）。

義経の行動は頼朝から忌避されるところとなったが、頼朝個人の感情とばかりいえず、京都の貴族がいかなる術策を弄する人々であるかを知っている、公家出身の大江広元らの意向でもあった。義経の側にも、功績を意図的に無視するかのような鎌倉の姿勢に、しだいに反発する気持が強くなってきたものだろう。

両者の溝がしだいに深まる懸念《けねん》をはらみながらも、平氏打倒の大目的のためには、義経に四国攻撃の出動を命ずるほかなかった。

(1) 渡辺津《わたなべ》──渡辺党

義経は一一八五（元暦二）年正月一〇日出京、二月一六日、摂津渡辺津より四国屋島に向けて渡海する準備が完了した。

渡辺津は古来、大江渡《おおえのわたり》ともいわれ、また国府《こう》の渡、窪津《くぼのつ》ともよばれた淀川河口の要地である。後代まで熊野参詣のコースであり、陸路の起点となったところである。水と陸との交通の要所であり、熊野をはじめとする当時の信仰に深くかかわった地で、渡辺の地を基盤として成長してくる武士団の性格に大きく投影されてくる。*

渡辺党が「渡辺惣官《わたなべそうかん》」として、在地の支配権をもっていた摂津国衙に関係し、田文などの作成にも

＊ 加地宏江・中原俊章『中世の大阪〜水の里の兵たち』松籟社、1984年。

あたっていた。* 鬼同丸を退治した頼光四天王の一人渡辺綱《つな》（『古今著聞集《ここんちょもんじゅう》』・『源平盛衰記』）は、嵯峨源氏六代で、その子孫が渡辺党である。代々一字名を称したので「渡辺一文字の輩」といわれた。綱の子の久が九州に基盤をつくり松浦氏の祖となった。その子安が滝口の武士として院に奉仕し、満《みつる》・昵《むつる》らは弓射の芸にすぐれていたという。渡辺氏の一族に遠藤氏がいる。遠藤氏の祖は藤原忠文とする。

渡辺氏より早く遠藤氏が渡辺に住み、窪津大夫と呼ばれ、一文字の輩渡辺氏と姻戚関係を結んだ。遠藤武者盛遠が、のち文覚上人となり、渡辺党の一員であると主張するのは、すでに述べたとおりである（第4章1—(7)文覚と伊豆）。

保元の乱で源頼政に従った渡辺党に、省播磨《はぶく》次郎・授薩摩《さずく》兵衛・連《つらぬ》源太・与《あたう》右馬允・競《きおう》滝口・丁七唱《となう》を始めとして（『保元物語』）とあり、頼政軍の主力をなしていた。

平治の乱では、頼政は日和見の態度をとり六条河原に陣をとり、六波羅邸に攻めかけた義朝軍に加わらなかった。義朝の長子悪源太義平は怒って、頼政軍の中にかけ込めば、「渡辺の一字名乗の者共、一人として百騎千騎にもあわなんといいけれども、悪源太にかけたてられ、よせて組む者一人もなし」と散々であったと記されているが、弓射と弁舌にすぐれた渡辺党は勇者である。

一一七七年（安元三）年四月、延暦寺僧徒の強訴に対し、頼政は三〇〇騎を、平重盛は三千騎を従えて出陣した。頼政の守る北の門、縫殿の陣にまともに押し寄せられては防ぎようがない。渡辺唱《となう》は使者に立ち、次のように僧徒らを説得する。僧徒の要求（加賀国司近藤師高の流罪）はもっともであるが、神輿を宮中に入れれば勅命違反となり、抵抗すれば仏罰を蒙むる、と頼政の苦衷を訴えると同時に、無勢の門から入るのは、延暦寺の名折れとして京童《きょうわらべ》の噂になるであろうから、大軍の平重盛の陣から堂々とお入れなされと、自尊心をくすぐりけしかける。けっきょく重盛の待賢門に向かった僧徒らは、

＊ 三浦圭一『中世民衆生活史の研究』思文閣出版、1981年。

撃退されてしまう（『平家物語』巻一、神輿振）。

競《きおう》の武者ぶりも伝えられる。競は頼政郎党であり、平宗盛へも兼参の者でもあった。頼政は挙兵後三井寺《みいでら》へ入ったが、遅れてしまった競は、三井寺攻撃に軍功を立てるためと称し、宗盛秘蔵の馬をせしめ、頼政のこもる三井寺に入り渡辺党の面々を安心させたという（同上、巻四・競）。

宇治川の合戦で頼政が切腹すると唱はその首を打ち落し、石をくくりつけて、平氏に奪われないため宇治川に沈めた。勧《すすむ》・唱《となう》・副《そうる》・加《くわう》らは、宇治合戦のあと捕えられ首を切られた（『山塊記』）。競は自害した。渡辺党は頼政の郎党として殉じたが、源平合戦にはもちろん源氏与党として活躍する。

渡辺党は弓射の芸に秀れていたことは、渡辺昵《むつる》が、鳥羽上皇の前で、魚をとらえ去る鳥の足を射切り、魚鳥ともに死なさなかった妙技（『古今著聞集』、巻九）に示され、三井寺に入った競《きおう》は「すぐれたる強弓の精兵で、矢つぎ早に射る名人、大力の豪傑、二十四本さしたる矢で二十四人は射殺す」といわれた（『平家物語』巻四・競）。『玉葉《ぎょくよう》』にも競の所従が一矢で狐を仕止めたことを記している。『古今著聞集』巻九の弓箭の部に収められている九篇の説話中、武士の弓矢の芸に関するものが六話あり、そのうち弓矢の芸を称揚する四話は、いずれも渡辺党関係であることが指摘されている。[*1]

渡辺源五馬允昵《むつる》は『古今著聞集《ここんちょもんじゅう》』の泥であり、親《したし》（『尊卑分脈』・『渡辺諸系図』）と記される人物で、[*2]壇の浦合戦で建礼門院を海中から引き上げたことで知られる（『平家物語』巻十一・能登殿最期）。その子番《つがう》が救ったとも伝えられる（『源平盛衰記』）。番は、義経が頼朝と対立し西国落ちをする時、立寄った義経従者の緩《ゆるう》をあわれみ見送ったことを咎められ、鎌倉に召喚され梶原景時に預けられた。番の妹は、有力御家人天野遠景の妻であった。遠景は頼朝にとりなそうとしたが、番は緩を見逃したことで幽閉されるのは恥にあらずとて拒否した。のち奥州攻めで軍功をあげ、許されて十数年ぶりに渡辺に帰っ

＊1　小林美和「中世武勇伝承とその基層～中世渡辺家伝」[立命館文学・435/436] 1981年、
＊2　加地宏江・中原俊章『中世の大阪～水の里の兵たち』松籟社、1984年。

たという（『古今著聞集』巻九・武勇）。

義経一行が大物浦《だいもつのうら》（尼崎市）の沖の合戦後、陸に上り、解散したあと、義経は静御前を伴い、渡辺に着き、ついで渡辺氏の関与する別宮住江殿の守衛の兵士役をつとめる住吉へ赴いたこと（『義経記』巻四・大物住吉二カ所合戦）、などの物語もあり、渡辺党と源氏のかかわりの深さが随所にみられる。

渡辺党は「水の武士団」である。滝口《たきぐち》につきしたがう武士であったことはすでに述べたが、滝口《たきぐち》の武士とは御所清涼殿東殿北方にあった御溝水《みかわみず》の落ち口の近くに詰所があったことからくる名称である。滝口は、祟り神（モノノケ）としての水神の脅威から天皇を守りつつ、他方水の恩沢を享受せしめる、一種の濾過装置《ろかそうち》としての武士の辟邪性《へきじゃ》の役割を期待されたのかもしれない、そして祈雨・止雨のための丹生《にう》・貴船奉幣使《きふねほうべいし》への随身《ずいじん》、氷魚使《ひおのつかい》・御船公役《みふねのくやく》・八十島祭使《やそしまつりのつかい》といった滝口の武士の諸役との関連が指摘されている。

それゆえに、渡辺津を本拠とする水の武士団、たぐいまれな武的能力に裏打ちされた渡辺党が歴代滝口に祗候したのだともいわれる。*1

渡辺は、七瀬祓《ななせはらい》（天皇に付着した穢《けがれ》を負わせた人形を七カ所の河岸に流す祓）や、天皇の在位中、一度これと同趣旨の神事を大規模に行なう八十島祭の祭場である難波の海をひかえたところで、京都で祓われたすべての穢が、淀川によって流れこむ津であって、渡辺党は、その「呪的武威」によってケガレを祓うことが任務でもあったという。*2

(2) 逆櫓論《さかろ》

源氏軍の出陣の行粧を視察にやってきた、院近臣高階泰経《たかしなやすつね》は、義経に「大将軍たる者は、未だ必ず

＊1　高橋昌明「よごれの京都・御霊会・武士」［新しい歴史学のために・199］1981年、
＊2　野口実『武家の棟梁の条件』中公新書、1994年。

しも一陣を競わざるか、先ず、次将を遣わさるべきや」と諫めたのに対し、義経は一殊に存念あり、一陣において命を棄てんと欲す」（『吾妻鏡』元暦二年二月一六日条）、と毅然といい放った。

高階泰経は、後白河の寵臣で、下級の家柄であったが、従三位（非参議）に叙位され公卿に列していた。壇の浦の合戦後、頼朝・義経の離間の一つとして頼朝追討宣旨に関し、後白河の勅許を伝える役割を果たし、頼朝から、貴卿こそ「日本国第一の大天狗」と非難された人物である。一般にいわれる大天狗は後白河法皇ではないという見解が示されている。* 頼朝が向ける朝廷（後白河）へのスケープゴートにされたらしい。

大将たるものが、先陣に立つとはいかなることか、というのに対し、思うことがあって陣中に一命を棄てる覚悟なりと義経は答える。義経のこの言動は、一御家人の感覚で、総司令官としての立場をわきまえたものではない。

九条兼実は、泰経の下向の目的を、義経の発向を制止するためと記している。京都に武士が不在となり、用心のためという。義経は承知しなかった。「泰経はすでに公卿たり、かくのごとき小事によって、たやすく義経の許に向かうは、はなはだ見苦し」（『玉葉』元暦二年二月一六日条）、とはきすてている。

それにしても、すでに渡辺津で出港直前の源氏軍に、院の命令とはいえ足止めをかけることは不自然である。屋島出撃には、源氏勝利への不安があり、平氏の京都奪回を朝廷は予想したものであろうか。泰経も義経も渡辺津での振舞は、分を忘れたものであった。

侍所所司で侍大将・軍目付（軍監）である梶原景時と、義経はことごとく対立する。逆櫓論争と、

＊　河内祥輔『頼朝の時代』平凡社、1990年。

単独出航問題である。

景時「今度の合戦には、舟に逆櫓をたて候ばや、」
義経「さかろとは何ぞ」
景時「馬はかけんと思えば、弓手《ゆんで》（左手）へも馬手《めて》（右手）へもまわしやすし、舟は急度押し戻すが大事に候、艫《とも》・舳《へさき》に櫓をたてちがえ、脇梶を入れて、何方へもやすう押すようにし候ばや」
義経「いくさというものは、一ひきも引かじと思うだにも、あわい（間）悪しければ引くは常の習いなり、もとより逃げ設《もう》けしては何の良かろうぞ、まず門出の悪しさよ、逆櫓を立てようとも、返様《かえしさま》の櫓を立てようとも、殿原の船には百丁千丁も立て給え、義経は元の（ままの）櫓で候わん」
景時「良き大将軍と申すは、駆くべきところは駆け、引くべき処をば引いて、身を全うして、敵を滅すをもって良き大将軍とはする候、かたおもむきなるをば、猪武者《いのししむしゃ》とてよきにはせず」
義経「猪のしし鹿のししはしらず、いくさはただひらぜ（平攻）めにせめて勝《かち》たるぞ心地はよき」

進退自由のため、船の前後に櫓をつけたいと景時の提案であるが、義経は、一歩も後退すまいと覚悟していても敵に後をみせてしまうものであり、はじめから後退の準備をしてしまえば気持まで逃げ支度になってしまうものである、ただひたすら攻めに徹して勝利を得ることこそ気持ちのよいものだ、と反ばくする。『平家物語』・『源平盛衰記』などの諸本を総合すると以下のような場面になる。

「君はなお若気にて加様には仰せらるる」、

とたしなめるが義経の語気は鋭い。景時は鎌倉軍の実権者である。景時は大勢の前で恥をかかされ赤面する。軍談義にどのような意見でも述べるのが兵法の習、良きをとり悪しきを捨て、全力をつくして平氏を滅すべきが最終目的なのに、景時にかような恥を与えるとは、

「此君を大将軍としては、軍は得せじとぞ」

とつぶやく。このとき以来、景時は義経に恨みを抱き、ついに讒言《ざんげん》して義経を滅亡に追い込んだと、記されている。

義経は、「若党共、景時を敢て引き落せ」と命じれば、伊勢三郎義盛・片岡八郎・武蔵坊弁慶らは景時を取り押えにかかる。

景時は「義経殿は鎌倉殿（頼朝）のためには不忠の人である。貴殿は本来、手勢を持たない孤の人なのに、今指揮官としてこの場に出てきたのは不思議なことよ」と義経につめよる。

父の後にひかえた源太景季《かげすえ》・三男景茂《かげもち》ら一の谷の合戦で勇名を轟かせた武者もそうはさせじと前に出る。

腹を立てた義経が刀に手をかけるのを三浦義澄が、景時を畠山重忠が、景季を土肥実平が、景茂を多々良五郎義春が抱きかかえるように制止してこの場はおさまった。

命を惜しむ者は都に帰り給え、敵と組んで死なんと思う者は義経についてき給え、と義経が叫べば、畠山重忠・和田義盛・熊谷直実・平山季重・渋谷重国・土肥実平・佐々木高綱・金子家忠・渡辺源五馬允昵・鎌田光政・佐藤継信・忠信兄弟・片岡八郎・弁慶らが従った。景時一党は範頼に従った。

この対立のパターンは、一の谷合戦のときからみられる。鎌倉の大本営での評定では、義経の侍大

梶原景時父子レリーフ（清水市高源寺）

将には景時を、範頼の侍大将には土肥実平をと決められていたが、実平は凡将範頼をきらい、景時は義経から離れて、それぞれお互いが入れかわった。

畠山重忠は景時が頼朝の威を笠に「兵衛佐殿の気色誇《きしょくぼこ》り」をするのを嫌い、武士たちの上に君臨し我儘にふるまうのが気に入らず、景時の命令をうけたくないとて、五百余騎をひきいて義経の許についた（『源平盛衰記』）。

義経と景時の「同士戦《どしいくさ》」の場面は、壇の浦決戦の直前にもくり返される。

景時「今日の先陣をば、景時にたび候へ」
義経「義経なくばこそ」
景時「まさなう候、殿は大将軍にてこそましまし候へ」
義経「おもいもよらず、鎌倉殿こそ大将軍よ、義経は奉行をうけ給たる身なれば、ただ殿原とおなじ事ぞ」
景時「天性この殿は侍の主にはなり難し」
義経「日本一のおこの物かな」
景時「鎌倉殿の外に主をもたぬ物を」

と、両者とも最後は、口にすべきではないせりふを相手に投げつけ、刀に手をかけ同士戦寸前となり、義経には三浦義澄が、景時には土肥実平が抱きかかえ、大事を前に何事でござるやの制止の前に両者共冷静になったが、以来、景時は義経を憎み「ついに讒言して失ないける」、死に追いやったと『平家物語』は記している。

逆櫓論は『平家物語』や『源平盛衰記』にみられるエピソードであって、鎌倉幕府正史である『吾妻鏡』には、両者の対立については記されていない。先陣争いも同様である。上横手雅敬氏の指摘しているように、『平家物語』の作者が、両者の対立を劇的に構成しようとした脚色、なのである。*

二月三日、義経・範頼ともに出京、範頼は摂津神崎より船揃えして山陽方面に出航したと『平家物語』は述べているが、正しくない。範頼は二月一日には豊後国に渡り、葦屋浦で大宰少弐原田種直らと戦闘中であり、一六日の頃わざわざ帰京してふたたび九州へ向かう必要があったとは思えない。範頼は土肥実平と景時によく評定して追討をすすめることを、頼朝から念を押されている。「蒲冠者《かばのかじゃ》の軍将の様は、九郎御曹司には雲泥を論じて劣り給えり」（『源平盛衰記』巻三十六、源氏勢汰事）というのが当代の見方であった。土肥実平がつねに侍大将・軍監としてつき添っていた。そのまま九州進攻を続行した。

景時はあくまでも義経の侍大将であり軍監であった。景時の存在がなければ、屋島・壇の浦の華々しい義経の武将ぶりはありえなかった。

景時は、京都と周防・長門・九州の西国勢との連絡調整に当っていたと思われる。

一一八日出航の予定が嵐のため、おさまるのを今か今かと待機中に、しかも一部、船は破損して混乱しているときに、逆櫓のようなことで論争し同士戦にいたるような険悪な対立をしている余裕はな

* 上横手雅敬『平家物語の虚構と真実』講談社、1973年。

いはずで、合理主義者景時が、このような珍案で不合理な論争をするはずがなく、そこには景時をピエロ化しょうとする、両人の宿命的対立をモティーフとした創作の可能性が高い、という鳥養直樹氏の見方には説得力がある。[*1]

真面目な景時に対し、義経は真面目にとりあわず、馬鹿にした調子で応侍し、青二才が生意気な態度を見せる。読者が義経に味方するだろうことを計算に入れた作者の意地の悪さである。「梶原におそれてたかくはわらわねど、目ひきはなひききらめきあえり」「満座トヨミテ笑ケリ、梶原ヨシナキ事ヲ申出シテ、トヨミタテラレテ、赤面シテソヽロキテソ見エケル」（『長門本』）と周囲は、義経に味方する。

結果は荒天を強行出航した義経の屋島奇襲に凱歌《がいか》があがる。平氏が屋島から去ったあとに姿をあらわした景時に対し「会《え》にあわぬ花、六日の菖蒲《しょうぶ》、いさかいはてのちぎりかな」と間抜けぶりを作者は嘲笑《わら》う。

「目ひきはなひききらめきあえ」る武者どもを「自分の意見は持たず、狡猾で、卑怯で、無責任で、多数の側についておれば絶対に傷つくことがない」タイプの、「衆の力をたのんで少数論を圧殺嘲笑する」「嫌悪感を禁じ得ない」人々と、現代の歴史家はいきどおる。[*2]『平家物語』の作者にはやりきれない非合理的サディスティックな面がある。ここで嘲笑《ちょうしょう》揶揄《やゆ》されているのは景時なのである。イジメには当事者のほかに「傍観者」というイジメ集団が必ず存在する。かれらは陪審員であり、加害者として加担者であるが責任をとらされることがない。

＊1　寒川町役場町史編纂室『寒川町史』資料編［古代／中世／近世Ⅰ］1990年、＊2　上横手雅敬『平家物語の虚構と真実』講談社、1973年。

(3)　屋島渡海の謎

『吾妻鏡』の記事〔甲〕、一八日条をみてみよう。

Ⓐ　昨日渡部《わたなべ》より渡海せんと欲するのところ暴風にわかに起り、舟船多く破損す、士卒の船等一艘として纜《ともづな》を解かず

Ⓑ　ここに廷尉《ていい》（義経）云う、朝敵の追討使として、暫時逗留せば、その怖れあるべし、風波の難を顧みるべからず

Ⓒ　よって丑剋（一八日午前二時）、まず舟五艘を出し、卯剋（午前六時）、阿波国椿浦（常の行程三ヶ日なり）に着く、すなわち百五十余騎を率いて上陸し、

Ⓓ　当国の住人近藤七親家を召して仕承（案内）となし、屋島に発向す路次桂浦において、桜庭介良遠（散位成良の弟）を攻むるのところ、良遠城を辞して逐電《ちくでん》すと云々

昨日一七日、渡辺津より出航しようとしたところ暴風がおこり、船船は多く破損した。一艘も出発できなかった。義経は一日でも遅れれば、追討の成果が得られなくなる心配がある、嵐などをおそれためらっているときではない、とて、丑、午前二時、暴風のおさまらないうちに、船五艘、一五〇騎で、四時間後の午前六時に四国阿波椿浦に上陸し、住人近藤七親家を案内として屋島に向けて進撃した。

その途中の桂浦の田口民部大夫成良の弟良遠の桜庭城を攻め追い落した。

次に一九日条をみてみよう。

Ⓔ　廷尉（義経）昨日（一八日）終夜、阿波国と讃岐国との境の中山を越え、今辰剋（午前八時）、屋島内裏《だいり》（安徳帝）の向浦に至りて、牟礼《むれ》高松の民家を焼き払う。

Ⓕ　これによって先帝内裏を出でしめたまう。前内府又（平氏）一族等を相率いて海上に浮ぶ。

義経軍は、一八日終夜をかけて中山峠を越え、屋島の安徳帝内裏の向浦に入って牟礼《むれ》の民家を焼き払った。平宗盛は帝と一族をともない海上にのがれた。

その後のことは、田代冠者信綱・金子十郎家忠・余一近則兄弟・伊勢三郎能盛（義盛）らと海岸に馳せ向かい、岸辺と船上とで矢戦を行ない、佐藤継信《つぐのぶ》兄弟・後藤実基・基清らは、内裏・平氏屋舎などを焼打ちした。

継信は討死し、義経は奥州から影のようにより添ってきた家臣の死を悲しみ、秘蔵の愛馬大夫黒《たいふぐろ》を供養のために僧に与えた。継信戦死は、当時鎌倉にも聞こえた勇士の在るべき名誉だったのだろう。

屋島古戦場

那須の余一の扇の的の話は、『平家物語』で語られるばかりで、例によって『吾妻鏡』には記されていない。

以上の『吾妻鏡』Ⓐ~Ⓕの記事をまとめると、一八日出航、四時間余で大阪から徳島にわたり、一九日、徹夜で大坂（中山）越えをして牟礼・高松（古高松）を焼き払った。その間、計三〇時間である。まさに神出鬼没の奇襲にふさわしい。

ところが、同じ『吾妻鏡』の記事でも、義経が、直接鎌倉へ報告したものがあって〔乙〕、〔甲〕とは日時が一日ずれる。その記事を検討してみよう。

(ア) 元暦二年三月八日辛卯、源廷尉義経飛脚、西国より参着、申して云う、

(イ) 去る十七日、僅かに百五十騎を率い、暴風を凌ぎ、渡部より纜を解く、

(ウ) 翌日（一八日）卯剋（午前六時）、阿波国に着く、すなわち合戦を遂ぐ、平家の従兵あるいは誅せられ、あるいは逃亡す、

(エ) よって十九日、廷尉屋島に向かわれおわんぬ、この使その左右を待たずして馳せ参ず、而《しか》るに播磨《はりま》国において、後を顧《かえり》みるのところ、屋島の方黒煙天にそびゆ、合戦すでにおわりて、内裏以下焼亡その疑いなしと云々

以上まとめると、

一七日　渡部出航
一八日　阿波到着
一九日　屋島に向かう

とすれば、〔乙〕は、出航時刻には触れていないが、〔甲〕と同じ午前二時と考えて、到着も卯の刻、午前六時ないが、〔乙〕と二四時間、つまり一昼夜のちがいがある。

一昼夜のちがいなど、とるに足りない重箱のスミを楊子《ようじ》でほじくるようなものと思われるかもしれないが、正しい歴史を構築してゆくためには、依拠《いきょ》する史料を正確に読みとらねばならない。邪馬台国《やまたいこく》がどこに存在したかなども、その位置確定によって、古代国家、アジア社会の成立過程があきらかにされてゆくのである。テキスト・クリティク（本文批判）にかかわる問題を、屋島合戦は提供している。

〔甲〕説をとる平田俊春氏は、次のように論理を展開された。

『玉葉』三月四日条に記された、義経の朝廷への奏状

①　隆職《たかもと》が追討間の事を注送した、義経よりの申状に云う、
②　去月（二月）十六日解纜《かいらん》、十七日阿波国に着す、
③　十八日、屋島へ寄せ、凶党を追落しおわんぬ、しかれども平家をいまだ伐取らず、

に注目、さらに二月二七日条に、

④　伝聞く、九郎（義経）去る一六日解纜、無為に阿波国に着しおわんぬ、

⑤　件日住吉神鏑《かぶら》の鳴日《なるひ》なり、厳重と謂うべし、

とあることによって〔甲〕の確実なことは明瞭であると述べられている。鳴鏑《なりかぶら》は、義経の渡海にあたって、住吉大社の神威霊験のあることを予言するもので、出航の一六日としてこそ、その霊験の掲焉《けちえん》（あきらかなさま）なことが仰がれるという。

さらに平田氏は、日付境界に言及し、院政時代までの日付境界時は、丑と寅の間、すなわち現在の午前三時であったから、

一六日、午前二時出航（午前三時には一七日となる）
一七日、午前六時阿波着

実質上、一七日午前二時～六時、正味四時間で、四国上陸、翌一八日朝、屋島攻略という驚異的スピードの奇襲となり、一九日屋島攻撃という従来の（それでも四時間で上陸が通説ではあるが）説より一日早める結果となった。

『平家物語』は、

夜もすがらはしる程に、三日にわたるところをただ三時（六時間）ばかりにわたりけり、二月十六日の丑の剋に渡部・福島をいでて、あくる卯の剋に阿波の地へふきつけたれ、

とあるが、平田説に従えば一七日となる。『平家物語』は『玉葉』を史料としているが、平田氏は、『玉葉』よりも『吉記《きっき》』（吉田経房・民部卿・大納言——の日記）を史料としているのであり、『吉記』を抄記（抜

き書き）した『百練抄《ひゃくれんしょう》』の〝鳴鏑《なりかぶら》〟が一六日にあったこと、その日に渡部を解纜（事実上は一七日）したことは正しい、と論じている。

『平家物語』の史料的価値については、石母田正氏が、一の谷合戦では、能登守教経戦死のことを除いては『吾妻鏡』と一致していると論じたが、屋島渡海記事も同様とも考えられ、平田説の一つの補強となっている。

〔乙〕説──スケジュールどおりとみる代表的な論者は、安田元久氏である。

① 現在の定期航路でも五時間かかる距離を、当時の常識で三日間のところを、四時間ないし、六時間で走破できるか、

② 船一艘に、約三〇人の軍兵のほか、馬や兵糧も積んでいる。

③『吾妻鏡』〔甲〕の記事、一八日条は、一七日と一八日がまじりあった杜撰《ずさん》な記事である。

④ 一六日に出航（酉の剋、午後六時）しょうとしたが、俄かの暴風で一時延期し、一七日丑の剋（午前二時）に風波をおかして出航を強行し、一八日の卯の剋（午前六時）に阿波に到着した。

発表の順は、安田氏が先であるから、平田氏は安田説も十分に承知の上での新説である。両説とも説得力は大きい。

第三者としてこれらをのりこえるためには、論拠とする史料が、どちらが真実に近いかで選択をしなければならない。

幕府の側の記録がまずより近い。そのうち義経からの飛脚のもたらした〔乙〕、三月八日『吾妻鏡』

の記事をまず典拠とすべきであろう。

四時間（または六時間）で、渡部津から阿波まで渡れるのか。

現在この航行距離は関西汽船の営業キロで一〇五キロある。二月一七日は現在の三月二七日になる。

春一番という言葉が、昔から西日本の漁民の間で用いられている。二月から三月にかけて、日本海に発達した低気圧が東進する場合に、その低気圧の中心から南にのびる寒冷前線の前面で、南西の強い風が起きる。この春一番の風が吹いた直後、つまり寒冷前線が通過した直後には、風向は北西に変わって非常に強いことが多い。

この両方を含めて漁師の人々は海難に備えるために、春一番という言葉を使った。早くは節分の少し前に起きることがある。南西の風とともに俄か雨をともなうこともある。西日本では多く雷雨をともなうことがある。

風速は二〇メートル以上もある。

以上は気象庁天気相談所の説明である。

この時期、大阪から友ケ島《ともがしま》水道を南流する潮流の最強時の速度は、二・七ノットくらいで、岸和田《きしわだ》寄り（関西空港方面）では一・一ノットくらいである。これは海上保安庁水路部の説明である。

春一番の風に吹かれて、南流の潮流に乗ったと仮定したとき、一〇五キロを四時間として計算すると、一四ノット時速二六キロになる。現在のフェリーの速度で一八ノットという。六時間の計算なら九・五ノットになる。

一九世紀でも、一八四六年アメリカ快速帆船シーウィッチ号の二四時間航走距離の最高記録は、平均速力一四・九ノットだった。その後一八五一年フライング・クラウドは一八・五ノット、一八五四年サブリン・オブ・ザ・シーズ（二四二〇トン）は二二ノットであったという。最高最新の帆船の記録である。

義経の出航は「暴風」・「北風」が「木を折ってはげしう吹」き「舟船多く破損」したほどの俄かにおこった春一番のおさまらないときである。修理のため、この風をおそれて「士卒の船等一艘として纜《ともつな》を解かなかった」のは、水手の立場からして当然である。

義経がみずから鎌倉へ報告した内容には、「百五十騎」をひきいたとある。二百余艘の船団のうち五艘に乗った（『平家物語』）。義経・田代冠者信綱・後藤兵衛実基・基清父子・金子家忠・淀の江内忠俊らである（同上）。それぞれ三〇騎の手兵をひきいたことになるが、そのほか馬、若干の従者・水手を加えると、五〇人は楽に運べる規模の船ということになる。

「蒙古襲来絵詞《もうこしゅうらいえことば》」でみるかぎり、「当時の日本軍中でも最大級に属する兵船」でも二〇〇石積級（二〇〜三〇トン前後か）である。準構造船で、刳船《くりぶね》式底部に幅広い舷側板をつけているが、平時は輸送船である。水手は船から横につき出したセガイの上で漕ぐ。この程度の船なら八〜一〇人を必要とする。一三世紀頃の兵船が平時の輸送船をそのまま使用しているところをみれば、源平時代も同様と考えられるから、兵船に転用しただけで軍船の機能は備えていない。

また、手漕ぎでの航走は、強風の中不可能であろう。帆走に頼ったということになるが、ムシロ帆であるから、風波の中で水分を含んで転覆のおそれがあるし、「おととい、渡辺・福島をいずるとて、其夜大浪にゆられてまどろまず」（『平家物語』）というのは、大風が吹けば波が高くなり、櫓は漕げないし、帆走したとしても、船体がもたない。すでに出航前に多くの船が破損している。デコボコ道を猛スピードで自動車を走らせるようなものである、とは船を生活手段とする人たちの経験からくる実感である。

「船いくさの様はいまだ調練せず、いかがあるべき」（『平家物語』）という源氏水軍の仕立様であるから、五艘の水手たちは相当に熟練した特殊な集団にちがいない。その点、淀の江内忠俊は、「舟奉行」であった。その名のとおり淀川に基盤をもつ水の武士団であったろうし、渡辺党の一人であったかもしれない。渡辺昵《むつる》は一の谷から壇の浦にいたるまで義経に従ったようであるし、鳴鏑《なりかぶら》の住吉大社は渡辺党がかかわったところであるから、出陣の演出であった。渡辺水軍の協力によって義経軍の出航が支えられたことは考えられる。

屋島六万寺　安徳天皇仮行在所

しかし、四時間渡海は現実的ではない。奇跡も時によりけりであろう。一日と四時間が自然な理解である。それでも通常三日がかりのところを、半分の時間でたどり着いたのだから、常識を超えていたことは確かであり、義経にとって不名誉ではあるまい。

屋島は、古代白村江の敗戦後、対馬の金田城、筑紫の大野城とともに、屋島城が置かれたという水軍城にふさわしい立地条件をもっている。

周囲一五キロほどで半島のつけ根のところが古高松であるが、つけ根に流れる川が相引川で、昔は海峡であった。現在も潮流が東西につながっている。源平合戦の頃は、つけ根の一帯は干潟の多い海であった。

安徳天皇の内裏は六万寺にあった。屋島と向かい合う五剣山の山麓にあったが、義経軍が徳島方面から進撃するに及び、屋島の麓相引川西岸、現在の安徳天皇社辺に移動した。

平氏はあくまでも源氏が海上から攻撃してくるものと推定していた。それゆえ、屋島を中心として、讃岐から阿波にかけて浦々島々に軍勢を配置している。庵治湾《あじわん》には船隠《ふなかくし》なる地名が今に残っている。長門の知行国主は、新中納言知盛で、目代は紀伊刑部大夫道資であり、紀一族阿波成良の一党であろう。

二月中旬、阿波教能にひきいられた平氏軍三千騎が、伊予の河野通信を攻撃するために出陣した。そのため屋島には千騎に足りない兵しかいなかった。教能は義経軍の襲撃の頃は屋島に戻っているが、屋島の平氏軍は四、五千騎くらいともいわれている（『平家物語』）。

義経軍は阿波から讃岐を騎馬で徹夜で駆け抜け、平氏の陣の背後にまわり、牟礼《むれ》高松の家を焼き払い、海からの攻撃を予想した平氏を狼狽《ろうばい》させた。焼き打ちの煙は遠望すれば大軍のようにみえるのである。しかし冷静さをとり戻すと源氏軍は意外と少数である。海上にのがれた武士も再上陸して戦いだした。

能登守教経の強弓に狙われた義経の身代りになった佐藤継信《つぐのぶ》の討死も、陸上でのことである。

義経軍が屋島に到着したことによって、源氏に馳せ加わる武士が増え、三〇〇騎ほどになった。那須《なす》の余一《よいち》の扇の的の物語のように、平氏は海上にひきあげ、海と陸のにらみ合いになった。平氏も情勢をもっと冷静に判断できたなら、軍事力の面で海上のみならず陸上でも義経軍を上まわっていたのだから、総反撃をすれば、勝利の機会はあったのだが、時の勢いの差で、戦闘意欲に欠けていた。

それでも平氏の軍船は志度《しど》の浜に向かい、背後を衝《つ》こうとしたが、これを知った義経はただちに志度寺に向かい八〇騎をもって上陸を阻止した。その上阿波（田口）教能（良）をたくみに誘引、説得して降人とした。阿波氏が味方になったということは、制海権の源氏への転換を意味する。父の成良は平氏本軍として壇の浦まで抵抗しているのだから、阿波氏の降服は、平氏に自信を失わせたことであろう。

屋島の合戦は海上戦ではないが、海を舞台に展開された。海の平氏が、陸の源氏にかわられた分岐点の合戦であったといえよう。

(4)出航を強行した意図

逆櫓論争で誇張されたように、慎重派の梶原景時と、積極派の義経は出航をめぐって、逆櫓論以上に対立したものであろう。源平の命運がかかっているからである。逆櫓論は、出航をめぐる対立の雰囲気から潤色《じゅんしょく》された創作にすぎない。

平氏の主戦力は、安徳天皇を擁している権威とともに屋島にあった。屋島の勝敗の結果は九州方面に大きな影響を与える。

義経は出発を急ぐのはもちろんであったが、四国到着に関心があり、義経の飛脚は、屋島攻撃の結果を（焼亡その疑いなし）と確認しないうちに、とにかく四国上陸を果たしたことで源氏の四国平氏追討作戦の緒口がつかめたことを、寸刻を惜しんで、しかも義経の決死行を、鎌倉に報告している。「先駆《さきが》け」にのみ義経の関心は向けられていたといってよい。むしろ「抜《ぬ》け駆《が》け」に近い。

義経一行は三日間は不眠不休で、「昨日阿波勝浦にていくさして、夜もすがらなか山ごえ、けふ又一日たたかいくらしたりければ、みなつかれはてて――」眠りこけたが、義経と伊勢三郎は不寝番でいたため、平氏の夜討ちに隙《すき》を与えなかった（『平家物語』弓流し）。

屋島からの追撃も急で、九条兼実は、次のように記している。「伝え聞く、平家讃岐国塩飽《しあく》荘にあり、しこうして九郎襲い攻むるの間、合戦に及ばず引き退き、安芸国厳島《いつくしま》に着く、その時わずかに百艘ばかり——」（『玉葉』）。後世の書だが『南海通記』の叙述をかりれば、「平氏、屋島を出て西海におもむきたまう時、塩飽島《しあくじま》に舟がかりして、島の長《おさ》を呼び出し、婦女嬰児《えいじ》を留め置くべきかくれ家を求む、島長憐愍《しまおされんびん》してその旨に応じ、讃州綾の松山の下の海隅に人の知らざる曲浦《まがりうら》あり、これに導きて婦女嬰児を残し置かしむ、その所を乃生《のう》という。ここに平氏の後裔相続して存せり、それより平家は追風を敵かとおそれ、後をはばかりて、夜を日に継いで急ぎつつ、長門卑島（彦島）へ下りける」。

塩飽諸島の中心は本島であるが、甲生浦《こうしょううら》に徳玉《とくたま》神社があり、安徳天皇を奉祭し、平家伝説を残している。源氏軍というより、義経その人による追討というイメージを平氏方は抱いたようである。どうみても四国方面軍最高司令官という立場を自覚した行動ではない。軍監としての梶原景時との溝が深まるのは当然である。孤立化した裸の大将義経の悲劇の第二幕である。

兄頼朝と弟義経の立場の峻別、院による任官の位討《くらいう》ち*、一族郎党という手勢を持たない虚勢の大将、これらが一そう虚空をつかむ思いに追い込み、つねに行動しなければ満たされない衝動があったのではないか。

(5)上陸地点の問題——得意の迂回策

なぜ阿波からの上陸なのか。渡部津からどこを経由して屋島に向かう作戦であったかは、結果でしかわからない。

＊　一方を引き立てることによって内部分裂をはかる得意の手段

常識的に考えれば、源氏主力軍は、大阪からなら明石《あかし》海峡――播磨灘――小豆島東側から志度・屋島というコースをたどるだろうし、一隊は淡路の福良《ふくら》から鳴門海峡を経て屋島に向かう。梶原景時は福良湾に源氏水軍の基地を置いていたことからもうなずける。景時は播磨・淡路の追捕使権を握っていたし、土肥実平は備三国の追捕使権を握っていた。義経の奇襲コースを源氏本隊がとった場合、平氏はかえって直接、摂津・難波へ逆攻勢をしかけかねない。景時はその点心得ていた。

屋島総攻撃は二二日頃予定されていたのではないか。その間隙をついて奇襲を成功させるためには、阿波上陸しかコースはない。鵯越《ひよどりごえ》の四国版である。多分熊野水軍の合流も計算に入っていたのかもしれない。「熊野別当湛増《たんぞう》、廷尉（義経）の引汲《いんきゅう》（勧誘）により追討使を承わる。去比《さるころ》、讃岐国に渡る」（『吾妻鏡』元暦二年三月九日条）と伝えられるように、義経とのかかわりが深い。

二一日、平氏は志度寺に籠る。義経は八〇騎でこれを攻め、平氏家人田内《でんない》左衛門尉（阿波教能）を帰服させた。伊予の豪族河野通信は三〇艘の兵船をひきいて参加、熊野別当湛増もまた、源氏に合力するため四国に渡ったとの噂が京都中に流れた（『吾妻鏡』同日条）。

二二日、梶原景時以下の東国勢が四〇艘の船団で屋島に到着した。「会《え》にあわぬ花」と『平家物語』は記すが、平氏は、阿波水軍の戦意喪失、熊野水軍・伊予水軍・源氏梶原水軍の合流に敵しえないと判断、全面決戦を避けて、彦島へ移動したとみるべきだろう。

第6章　源平・海の武士団

1　壇の浦合戦——浪の下の都

(1)兵船献上

屋島の勝利から一カ月後、源平合戦は大詰の段階に入った。

一一八五（文治元）年三月二一日、周防《すおう》在庁の舟船奉行、船所《ふなどころ》五郎正利によって、数十艘の献上があった。義経は書付を正利に与え、鎌倉殿御家人たることを保証した。この日は壇の浦発向のところ、雨によって延引した。大風の中を渡部津から強行出航した義経にしては、解《げ》せないところであるが、奇襲の必要がなく正攻法の決戦予定だったからであろうか。

五郎正利の兵船献上には謎がある。雨の日義経は周防海上で船団を集結させ、作戦を練っていた。正利はそれを知り兵船献上を申し出ている。範頼軍が周防で船がなくて九州渡海ができず苦慮していたときに、その気配はまったくなかった。形勢が源氏に有利に傾いてきたこと、平氏へのおそれがなくなってきたこと、そして、周防在庁の大内氏の協力があったことなどの条件が影響した。*

当主大内盛房は権介《ごんのすけ》として在庁の筆頭であったが、大陸との交易に実力をもっていたらしく、日宋貿易をめぐって清盛と対立があったのではないかとみられているが、そのことも作用してか、平氏時

＊　三坂圭治『山口県の歴史』山川出版社、1971 年。

代、常陸に流されていた（『玉葉』）。子の弘盛は下野へ、その弟多々良盛保は伊豆へと流され、一一七八（治承二）年許されて帰国している。

ライバルの厚東《こうとう》氏が親源氏の立場であったことも、慎重な姿勢の理由であったにちがいない。『河野家文書』には「周防大内介・伊予河野四郎（通信）、この両人は惣じて西国居住の輩と一列の仁にあらず」と源氏方から一目おかれていた。*

在庁の協力は、惣追捕使《そうついぶし》としての土肥実平や梶原景時らの現地軍の努力と、京都のなんらかの働きかけなどが効を奏したものであろう。屋島以来一カ月間は、そのような水面下の工作の期間でもあった。

二二日、昨日から船団を集め作戦を練っていた義経が出航したことを知った三浦介義澄《みうらのすけよしずみ》が、周防大島津にて合流した。範頼軍の九州渡海のとき、周防の固めとして、後方連絡に留め置かれた義澄に、義経は「門司関《もじせき》をよく知る者」として、案内の先登役を命じた。九州方面軍司令官である範頼の指令は、無視されている。

壇の浦奥津辺（満珠島の別名）まで、長門国串崎《くしざき》の水手たち一二艘の先導で、平氏軍三十余町にまで接近した。串崎の船頭たちは、このときの奉仕の功により、義経から、平氏追討の後、日本国中の津泊の公役を免除するという自筆の下文を与えられた（『梅松論《ばいしょうろん》』）。

平氏はこれを聞き、彦島を出航、赤間関を過ぎ、豊前田の浦に進んだ。

二三日、源平両方とも、相手を目前にして、全軍の結集、軍議に費したものだろうか。

＊　景浦勉編・解説『善応寺文書』［伊予史料集成、55 頁以下］。

⑵決　戦

二四日、決戦の当日である。
義経と景時の先陣争いの険悪な場面が展開される。

長門国赤間関壇浦の海上において、源平相逢い、各三町を隔てて舟船を艚《こ》ぎ向う、平家五百余艘を三手に分け、山峨《やまが》兵藤次秀遠、ならびに松浦党等をもって大将軍となし、源氏の将帥と挑戦す、
午剋に及びて、平氏終に敗傾す、
二品禅尼（清盛の未亡人）宝剣を持し、按察局《あぜちのつぼね》、先帝（安徳天皇・春秋八歳）を抱き奉り、共に以て海底に没す、
建礼門院（藤重の御衣）入水し給うの処、渡部党源五馬允《うまのじょう》、熊手をもって之を取り奉る。
按察の局同じく存命す、但し、先帝は終に浮ばしめ給わず（下略）

卯の刻（午前六時）、赤間関の海上で合戦が開始された（『平家物語』）。
午刻（午前一二時）になって、平氏の敗北は決定的となった。

門司・赤間・壇の浦は、たぎって落つる塩なれば、源氏の舟は塩に向かうて、心ならず、押し落さる。平家の船は塩にお（負）うてぞいできたる
沖は塩のはやければ、みぎわ（汀）について、梶原敵の舟のゆきちがう処に、熊手をうちかけて、

親子主従十四五人のりうつり、うち物ぬいて、ともへ（艫舳）にさん〴〵な（薙）いでまわる（『平家物語』）

『源平盛衰記』もほぼ同じ叙述であるが「流布本」（元和七年刊本）には、

平家ノ舟ハ、心ナラス塩ニ向テ押落ケル、源氏ノ舟ハ自ラ塩ニ追テソ出来ル

とあり、潮の流れの利用は源平反対の叙述になっている。同じ状況の表現なら誤写であろう。ただ『玉葉』の記事のように、午刻から申刻（昼から午後四時）というのもあって一定しない。合戦の常識からいえば早朝だろうから、後半の戦局の説明だろうか。「たぎりて落つる潮」との戦いでもあった。そこで古くから「潮流論」が学界をにぎわしてきた。

(3) 潮流論

潮のエネルギーは想像をはるかに越える。潮流との調和・利用は海上を世界とする人々の常識である。軍事力としても当然その利を生かすように工夫するのは自然の発想である。壇の浦では、源氏はうまく利用しえたのが勝敗を分けたと従来からいわれてきた。

当日の潮流の変化はどうであったのだろうか。

陰暦三月一五日（当時の宣明暦《せんみょうれき》）は、月食《げっしょく》があって、満月の日、俗に大潮という日がわかっており、次のような高潮・落潮・低潮・張潮《たぎり》のそれぞれの時間が黒板勝美・荒川秀俊の両博士によって提示

された（表1・2）。

潮流	表1（黒坂勝美）	表2（荒川秀俊）
張潮 西流開始	（三時頃） 一五時頃 （速度○）	○時一一分 一三時二七分
高潮 西流最強	五時一○分頃 一七時一○分頃	四時一三分　三・六ノット 一五時五四分　○・六ノット
落潮 東流開始	八時三○分頃 （速度○） 二○時三○分頃	八時二五分 一七時三九分
低潮 東流最強	一一時一○分頃（八マイル） 七ノット 二三時一○分頃（八マイル） 七ノット	一○時二六分　○・八ノット 二二時四三分　三・五ノット

黒板説（『義経伝』）は*、

高潮　　　　　　　　　　　　　　午前　五時一○分頃
落潮（内海へ東流——源氏側へ）　午前　八時三○分頃より（潮流最も緩なり、速度○）
低潮　　　　　　　　　　　　　　午前一一時一○分頃（潮流最も急、速度八哩《マイル》）
張潮（外洋へ西流——平氏側へ）　午後　三時　○分頃（潮流最も緩、速度○）

＊　黒板勝美『義経伝』中公文庫、1991 年（初版 1914 年）。

下関海峡（壇の浦より）

高潮　午後　五時一〇分頃
最急潮流　午後　五時四五分頃
落潮（内海へ東流）　午後　八時三〇分頃（潮流最も緩、速度〇）
低潮　午後一一時一〇分頃（潮流最も急、速度八哩《マイル》）

潮の流れは、関門海峡の東口には、中央水道・南水道・北水道の本流のほか、渦《うず》流・湍《たん（たぎり）》流（急流）があり、全体が単純に一方向に流れるわけではない。

早朝五時一〇分頃高潮後、三時間二〇分過ぎの午前八時半頃、張潮が方向を変えて落潮となり、内海に向かって東流する。この方向転換のとき、速度は〇となり、次第に加速し、午前一一時一〇分頃最速となる。

午後は、次第に緩流となり、午後三時頃落潮・張潮に転じ、外洋に向かって西へ流れようとするとき速度〇となり、次第に加速し、夕方五時頃最速となる。「遊園地のシーソー」を想定すればわかりやすい。

荒川説（『お天気日本史』*）は、黒板博士が、潮汐（朝夕）は一日二回繰り返すことを前提にし、丁度一二時間おきに起こると仮定した

＊　荒川秀俊『お天気日本史』文芸春秋、1970年。

大ざっぱな推定にすぎず、月齢二四日に八ノット（黒板博士は哩と混同、八マイルとしても七ノット）ものの激流があるという無茶な推定と批判しつつも、表のように、一〇時半頃、東へ〇・八ノット程度の弱いものでしかなかった、と修正し、午後一時半頃まったくなくなって、四時頃になると、逆に東から西に向かう潮流が〇・六ノットに達し、この潮流が積極的に攻め立てる源氏軍に有利に作用したにちがいない、と述べて、黒板博士の旧日本海軍水路部調査にもとづく潮流論は非常に粗雑なものではあったが、だいたいの方向性においてまちがいないと結論づけた。

平氏は、早朝、西に向かって流れる潮流をさかのぼるようにして、彦島から赤間関を過ぎ、豊前田の浦に集結、同時にもっとも激流の北水道が長門寄りなので、流れに従って源氏軍を満珠・干珠島の辺に圧倒するのに都合が良いと考え、落潮が漲潮に変らぬうちに勝負を決しようとの計画であった。

知盛は、田の浦の湍潮《せしお》（急流）を利用した。南水道の激流から一部は田の浦の前面で回流して、岸辺のところはまったく反対方向となる。知盛は全軍を三手に分けて、九州勢（山鹿・松浦）を先陣として、一門の船（知盛・教経）を中堅として、四国勢（田口）を後陣として、この湍潮を利用して、三方から源氏軍を包囲（鶴翼の陣）して全滅させようとした、というのが、黒板博士の説明である。

不利な形勢になった源氏軍は、水手・梶取を狙い撃ちして、平氏軍船の進退自由を奪い、漂流する船を陸地から射立てたり、熊手にひきよせたりして耐え抜いた。午後、次第に潮流が緩やかになり、三時前後西流となり源氏有利となった。『玉葉』が、正午から夕刻まで合戦したと記しているのは、荒川説からみれば正しいといえよう。荒川説の弱点は、関門海峡の中央部の潮流のデータであって、岸辺の湍流は一切考慮されていない。

源氏もこのくらいの知識はもっていたはずである。決戦前日軍議を重ねたのもこのためであろうし、

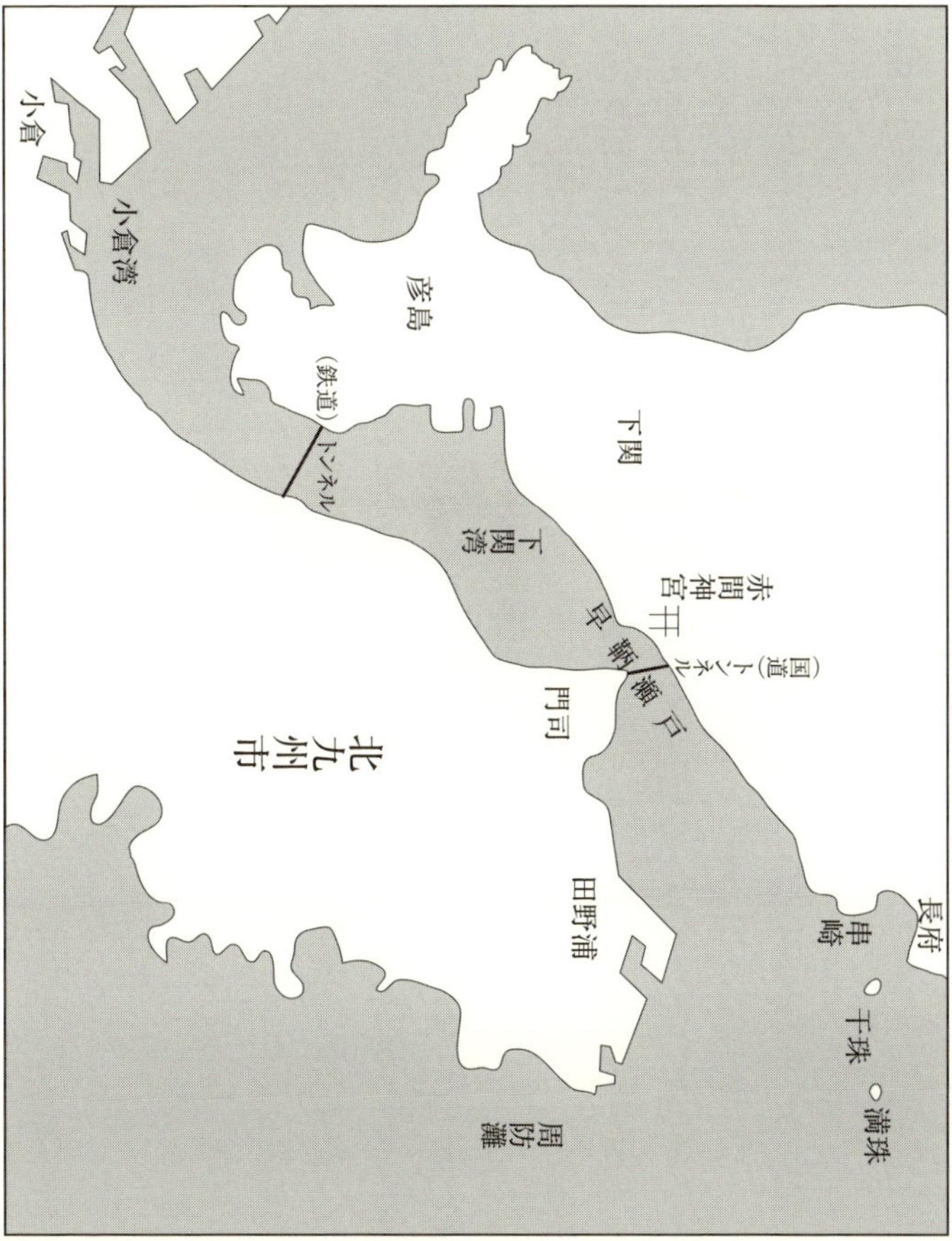
小倉
小倉湾
彦島
(鉄道)トンネル
下関
下関湾
赤間神宮
(国道)トンネル
早鞆瀬戸
門司
北九州市
田野浦
長府
串崎
干珠
満珠
周防灘

図10・壇の浦図

三浦義澄に先登を命じたのも、義澄が範頼本軍の後方部隊として周防に滞在中に海の武士団として現地の海を調べ尽していることを評価していたからであろう。豊前田の浦は、臼杵・緒方氏の領海である。また、長門串崎の船頭が一二艘で水先案内をつとめている。

(4) 潮流説批判

金指《かねざし》正三氏[*1]は、黒板説の急潮は、早鞆《はやとも》瀬戸（赤間神宮側）の話であって、合戦の行なわれた壇の浦は、それより東北、長府串崎の満珠島にいたる海域で、小潮期を過ぎた当日の潮流は、きわめて微弱でしかなかったとして、「要するに、壇の浦の合戦に勝利をもたらした要因は、従来の説のように、潮流の利用いかんにあったわけではなく、船舶の構造上、無防備のところにいた漕手をまず倒して船の機動力を失わせ、戦列の混乱に乗じて攻撃した一種の奇襲戦法にある」と結論した。海上保安大学校教授として瀬戸内海を熟知している海事史家としての立場からの批判である。[*2]

石井謙治氏はさらに徹底して、潮流の速度が両軍にそれぞれ有利に展開したときに潮流説は意味があるので、本来相対的な対水速度のみ問題となる海上戦闘では、潮流はまったく無関係で、つまり、走っている同一の乗り物にのっている二人が、その上を走る場合、進行方向に走っている者も、反対方向に走っている者も、お互いの間の速さは、乗り物の速さとはまったく関係がない、つまり静止しているときと同じである、というのである。[*3] 潮流が決定的でないことは、激流にあらずとした荒川説や金指説が参考になろう。

勝敗を分けた理由は何か。

金指説の水手・梶取ら非戦闘員を狙い撃ちしたということも、源氏の一方的行為といいきれない。

＊1　金指正三、1914 〜 1989、歴史家（法制史、海事史）、　＊2　「壇の浦合戦と潮流」[海事史研究・12 号]、　＊3　石井謙二『図説・和船史話』至誠堂、1983。

平氏も当然応射したことであろうし、決め手にはならない。石井説は、田口氏ら味方の裏切りにあったという。田口成良は最後まで平氏方として生捕られている矛盾はあるが、裏切りの事実は否定できないという。

それぞれ一理あるが、私はそれらがすべて否定できない要因であると考えている。

潮流の利を最初から無視して臨んだとは、海上で決戦する海の武士団の自殺行為である。人力に限度があり、〇・八ノットの潮流といえど、乗るのと遡《さかのぼ》るのとでは大きな違いがある。今までの戦局の成りゆきから、源氏は東から、平氏は西から船を進めなければならない。平氏は午前中に全力を集中、勝機をつかもうとした。源氏は、午前中何とか耐え抜けば午後は有利に展開できょうと計算できたはずである。源氏はそのため非戦闘員である漕ぎ手を射るという撹乱戦法を用いた。平氏は当初面喰ったが、応戦することで源氏も同じ被害をこうむるようになった。

田口氏の裏切り、または戦意喪失は当初から予想されていたことであり、平氏にとっては意外ではない。

源氏の勝因は、義経と梶原氏の先陣争いにみられる勝利へのこだわり、また、軍監の立場から景時のように、一の谷・屋島の合戦を通して常に海上へ逃げられ機を逸してきた残念な思いがあり、そのため徹底した決戦準備（船舶の徴収・水手梶取の動員）、また、平氏が安徳帝・一族女性・神器・兵力にならない貴族（宗盛のような）をかかえながらの合戦で、不安定要素が多かったのに比べ、源氏軍が精強の武士団であったことなどが、相乗的効果をあげたことによる。

攻めと守りのちがいは、態度を決めかねていた中立の武士団に大きく作用する。その一例が、周防在庁五郎正利の兵船献上、熊野別当湛増の参加を促すことにあらわれた。

戦闘の流れは参加と離反が極端になる。山鹿・松浦・原田氏らも勝敗のみきわめられる時点で戦線を離脱していったものであろう。

同時にこの海戦は、九州（西海）水軍と紀伊・四国（南海）水軍の決戦でもあった。

船　団

彦島から出撃した平氏船団は五〇〇艘（『吾妻鏡』）（『平家物語』は千艘）を三手に分けた。

第一軍　山鹿党（山鹿秀遠）　三〇〇艘
第二軍　松浦党　一〇〇艘
第三軍　平氏本隊（知盛・教経）　一〇〇艘
第四軍　後備（宗盛・田口成良ら）彦島待機
源氏　八百余艘（『平家物語』は三千余艘）

『平家物語』は例によって誇張した数字だが『吾妻鏡』はほぼ実数であろう。平氏には「唐船少々相まじれり」と、大陸風の日宋貿易の名残りを示す大船もあった。

源氏八〇〇余艘を分析してみよう

源氏本隊（梶原景時）　一四〇艘（他に義経水軍あり）

河野通信（伊予水軍）　三〇艘（『平家物語』は一五〇艘）
周防船所五郎正利　数十（五〇）艘
臼杵・緒方兄弟献上分　八二艘（直属水軍は別）
熊野別当湛増　一〇〇艘？

源氏は、河野水軍は松浦党や臼杵・緒方勢なみの規模とすればもっと実数は増えようし、臼杵・緒方氏は献上船とは別に手勢があったろうし、熊野水軍も同様である。範頼・義経直属軍、宇佐那木そのほか沿岸部の源氏与同水軍も想定されるから、八百余は誇張ではない。一三〇〇の船が紅白の幟《のぼり》をひるがえして狭い海上でせめぎあうさまは、悲壮な中にも華麗な絵巻でもあった。

坂東武者は船戦では「魚の木にのぼったようなもの」（『平家物語』）と上総悪七兵衛景清《かずさあくしちびょうえかげきよ》から嘲笑されるが、源氏は船戦の常識に欠けていた義経ゆえに、水手・船頭らの非戦闘員を狙いうちするという思いがけない戦法がなしえた。

合戦場面は、やはり『平家物語』があざやかである。

新中納言知盛卿《とももりきょう》、舟の屋形にたちいで、大音声をあげての給いけるは、
いくさは今日ぞかぎり、物ども、すこしもしりぞく心あるべからず。天竺《てんじく》・震旦《しんたん》にも日本我朝にもならびなき名将勇士といへども、運命つきぬれば力及ばず、
されど名こそおしけれ、東国の物共に弱気見ゆな、いつのために命をばおしむべき、是のみぞ思う事

源氏は数こそまされるが、ばらばらに射かけるので威力がない。平氏は真先に進み出て戦う義経目がけて矢を集中する。楯や鎧で防ぎきれず、射すくめられるのをみて、平氏は勝ち戦とて、攻め鼓をうち、ときの声をそろえる。和田義盛は汀《みぎわ》から三町の距離を、はずさず弓を射た。遠くまで届いた矢を知盛がとってみると、矢尻のところに「和田小太郎平義盛」とうるしでサインがしてある。遠矢を射る者は平氏にありとて、伊予の住人仁井（橘氏）の紀四郎親清が、その矢を射返す。義盛の後方にいた三浦の石田左近太郎の左腕につきささった。三浦の連中は、自分より遠矢を射られる者がいないと自負していた義盛が恥をかかされたいい気味よ、とあざ笑った。怒った義盛は小船にとびのり、散々に射かけまくった。

義経の船に親清の名のある矢がとんできた。義経は、この矢を射返せる者は誰か、と後藤兵衛実基にたずねる。実基は弓馬の芸の開祖藤原秀郷《ひでさと》の子孫である。甲斐源氏の阿佐里（浅利）与一こそ、と答える。与一はその矢をみて、この矢はしなり具合などから私の弓には弱そうだからとて、自分の矢で親清に射放つ。親清はたまらず船底に転げ落ちる。

伯仲の戦いの最中、白雲のような一流の白旗が源氏の船の舳先に下ってきた。八幡大菩薩があらわれ給えりとて、義経は手水うがいをして拝した。また、多数のいるかがあらわれ、源氏側から平氏の陣営に向かってきた。宗盛はこれを陰陽師《おんみようじ》安倍晴信《はるのぶ》に問えば、源氏の方へ反転すれば味方の勝ち、味方の舟底を通過すれば、平氏の不利との宣告、いるかはそのまま通過、天下の形勢はもう最後かと、宗盛は落胆した。

さるほどに、四国・鎮西の兵ども、みな平家をそむいて源氏につく。いままでしたがいついたりし者どもも、君にむかって弓をひき、主に対して太刀をぬく。

かの岸に着かんとすれば、浪たかくしてかないがたし。このみぎわによらんとすれば、敵失さきをそろえてまちかけたり。

源平の国あらそい、今日をかぎりとぞ見えたりける。

(5) 先帝身投げ

源氏の武士は平氏の船にのりこみ、水手梶取を射殺し斬り殺せば、船は漂《ただよ》いはじめる。知盛は、安徳帝の御座船にのりうつり、「世の中はいまはこうと見えて候、見苦しからん物ども、みな海へ入れさせ給え」と最後の指示を与える。みずからくまなく船の中を掃除してまわる。女房たちは、いくさはいかにいかに、と口々に問えば「めづらしきあづま男をこそ御覧ぜられ候わんずらめ、まもなく珍しき東男をみることができようぞ」、とからから笑えば、この場に及んで何という冗談を、と声々におめき叫ぶ。

覚悟をきめた二位の尼は、神璽《しんじ》を脇にはさみ、宝剣を腰にさし、孫、八歳の安徳帝を抱きよせる。

尼ぜ、われをばいづちへ具してゆかんとするぞ、
この国は心うきさかいにてさぶらえば、極楽浄土とてめでたき処へぐしまいらせさぶらうぞ、
ちいさくうつくしき御手をあわせ、まず東をふしおがみ、伊勢大神宮に御いとま申させ給い、その後、西にむかわせ給いて、御念仏ありしかば、二位殿やがていだき奉り
浪の下にも都のさぶらうぞ

壇の浦海戦絵巻
（安徳天皇縁起絵図，赤間神宮蔵）

となぐさめたてまつって、
千尋《ちひろ》の底へそいり給う。

「雲上の龍くだって、海底の魚となり給う」安徳帝の玉体は今もって海の彼方の世界におわす。按《あ》察局《ぜちのつぼね》が抱き、二位の尼が宝剣を持したと『吾妻鏡』は記しているが、心情からすれば、祖母に抱かれたのが自然だろう。

瀬戸内海には、ある潮の流れがあって、永遠に投身者の遺体があがらないことがある、という。四国、愛媛県川之江の切山《きりやま》や、祖谷《いや》地方に隠れ住んだという伝説もある。

生母建礼門院徳子《けんれいもんいんとくこ》は、石や硯を衣のたもとに入れ、海中へ身を躍らせる。渡辺党源五馬允昵《うまのじょうむつる》（『尊卑分脈』では、したし）は、誰とは知らぬまま、髪を熊手にかけて引き上げる。女房たちは「女院にてわたらせ給うぞ」と口々に叫べば、義経は急いで、御所の船へ保護した。三種の神器の一つ、神鏡は、大納言の局（重衡の妻）が、唐櫃《からびつ》のまま脇に抱き、海に入ろうとしたところ、袴のすそを舟ばたに射つけられ倒れたため、源氏の武士がとりあげ無事であった。宝剣は失われついに発見されなかった。

教盛・経盛兄弟（清盛の弟）は鎧の上に錨を背負いて手をとり合って入水《じゅすい》、重盛の子資盛・有盛兄弟・いとこの行盛は三人手をとり合って入水、宗盛父子はためらっているので、侍たちによって海へ突き落された。

教経《のりつね》は当るをさいわい源氏の将兵を薙《な》ぎまわり、義経も追われて、舟から舟へ逃げ渡った。いわゆる「八艘とび」である。安芸太郎・次郎兄弟を両脇に抱え、猛将も海中に沈んだ。

知盛は、平氏軍の最高指揮官として、冷静沈着に振舞ったが「見るべき程の事は見つ、いまは自害せん」とて、乳母子の伊賀平左衛門家長と鎧を重ね着して海中に没した。

赤間神社
（安徳帝をまつる。前方壇の浦）

宗盛・時忠らは生捕りされた。宗盛は「究竟《くっきょう》の水練」の達者で、浮かんでいるうち、伊勢三郎義盛に捕えられた。のち鎌倉へ護送され、京都に帰される途中、近江野洲《やす》町で斬られた。

海上には赤旗あかじるしなげすて、かなぐりすてたれば、竜田川の紅葉ばを嵐の吹きちらしたるがことし。汀《みぎわ》によする白浪も、うすくれないにぞなりにける。
主もなきむなしき船は、塩にひかれ、風にしたがって、いづくをさすともなく、ゆられてゆくこそ悲しけれ。

安徳天皇・二位の尼時子・建礼門院徳子ら天皇・女性らを入水（死）に追いやる、戦場の狂気のなせる異常さのうちに＊、関東・北陸・瀬戸内海・四国・九州にまたがる足かけ五年の源平合戦の歴史劇は幕を閉じた。

(6) 報　告

四月四日、義経の使者が三日夜、平氏滅亡の報を京都へもたらし、今日また、源兵衛尉弘綱をもって死傷者・捕虜の交名《きょうみょう》を、院に奏る。

翌五日、勅使大夫尉《ちょくしだいふのじょう》信盛、宝物（神器）など無事かどうかの指示のため長門国へ出発、

一一日、鎌倉へ義経からの報告が届いた。頼朝は南御堂《みなみみどう》（勝長寿院《しょうちょうじゅいん》）の柱立の行事で、その場にいた。藤判官代邦通が読み上げた。読み終ったあと、頼朝は巻物を手にし、鶴岡八幡宮の方角に向かって無言のまま座りつづけた。自邸に帰ったあと、改めて使者を呼び詳しく合戦のようすをたずねた。

二一日、梶原景時の飛脚が、報告を献上した。この報告は、「始に合戦の次第を申し、終に廷尉不義事を訴う」とあり、義経讒言《ざんげん》の書といわれるものである。

長さをいとわず、読んでみよう。

> 西海御合戦の間、吉瑞《きつずい（きちずい）》し、御平安の事、兼ねて神明の祥《きざし》を示す所なり、所以《ゆえん》は何ぞ、先ず三月二十日、景時の郎従海太成光の夢想に、浄衣の男、立文を捧げて来る、これは石清水の御使かと覚えて披見するの処、平家は、未《ひつじ》の日死すべしと載せたり、
> 覚むるの後、彼男相語る、仍《よ》って未の日、相構えて勝負を決すべきの由、存じ思うの処、果し

＊　河内祥輔『頼朝の時代』平凡社、1990年。

て旨の如し、

又、屋島を攻め落す戦場の時、御方《みかた》の軍兵幾《いく》ばくならず、而《しか》るに数万の勢まば《(ぼ)》ろしに出現して、敵人に見ゆと云々、

次に去々年長門国の合戦の時、大亀一つ出来りて、始は海上に浮び、後には陸に昇る、仍って海人これを怪しみ、参河守殿（範頼）の御前に持参す、六人力を以てなお持ち煩うの程なり、時にその甲を放つべきの由、相議するの処、これより先夢の告あり、たちまち思い合わすとて、参河守殿制禁を加え、あまつさえ簡《ふだ》を付けて放ち遣わされおわんぬ、

しかして、平氏の最後に臨みて、件の亀再び源氏の御船《ふね》の前（簡を以て之を知る）に浮び出ず、

次に白鳩二羽、船の屋形の上に翻舞す、

その時に当りて、平氏の宗の人々、海底に入る、次に周防国の合戦の時、白旗一流中虚《なかそら》に出現して、暫く御方の軍士の眼前に見え、終に雲膚（雲井）に収りおわんぬ、

合戦にのぞんで、吉瑞がいろいろあった。石清水八幡（源氏の氏神）の立文に、未の日（二四日）平氏滅亡とお告げがあった。屋島の合戦では僅かの味方に、数万の兵がまぼろしとなってあらわれた。先年長門合戦の時助けた大亀が、壇の浦にあらわれた。白鳩（源氏の白を象徴）があらわれた。白旗が一本、味方の眼前に出現し、中空高く舞上り雲間に消えた。と書きならべ、

また曰く、

判官殿は、君の御代官として、御家人等を副え遣わされ、合戦を遂げられおわんぬ、しかるに、し

きりに一身の功の由を存ぜらるるといえども、ひとえに多勢の合力によるか、いわゆる多勢、人毎に判官殿を思わず、志、君（頼朝）を仰ぎ奉るの故、同心の勲功を励ましおわんぬ、
　よって平家討滅の後、判官殿の形勢、ほとんど日来の儀に超過せり、士卒の所存、皆薄氷の踏むが如く、あえて真実和順の志なし、
　なかんずく、景時は御所の近士として、なまじいに厳命の趣をうかがい知るの間、彼の非拠を見る毎に、関東の御気色《みけしき》に違うべきかの由、諫め申すの処、調詞かえって身の讎《あだ》となり、ややもすれば刑を招く者なり、
　合戦無為の今、祗候《しこう》拠る所なし、早く御免を蒙むり、帰参せんと欲すと云々、

　義経君《ぎみ》、お代官として合戦の指揮をとってこられたが、多くの御家人の協力の結果の勝利であるにもかかわらず、自分一人の功のように思っている。大多数の武士は頼朝公への忠誠のため勲功の志を励ましているのであって、義経君に対して快よく思っていない、
　平氏滅亡後の今、義経君の態度は、日頃のようではなく、尊大になってきた。武士たちは皆薄氷を踏むような気持で、心から義経君に従おうとは思っていない、
　とくに、私（景時）は頼朝公に近侍してきて、お心のほどをよく理解しているだけに、けしからぬ振舞をみるにつけ、頼朝公の御意志に反すると、諫言申し上げるが、かえって恨まれるもとになり、下手をすれば処刑されかねない、合戦も無事勝利に終った今、義経君に仕えている理由はなくなった、早く鎌倉へ帰還したい、
　さらに、続く、

およそ和田小太郎義盛と、梶原平三景時とは、侍（所）別当・所司なり、よって舎弟両将を西海に発遣せらるるの時、軍士等の事奉行せしめんが為、義盛を参州に付せられ、景時を廷尉に付せらるるの処、参州は、本より武衛の仰にそむかざるに依りて、大小の事、（千葉）常胤・義盛等に示し合わす、廷尉は、自専の慮をはさみ、かつて御旨を守らず、ひとえに雅意に任せ、自由の張行を致すの間、人々恨みをなすこと、景時にかぎらず、と云々

和田義盛は侍所別当（長官）、景時は所司（次官）なので、範頼には義盛を、義経には景時を軍監として差し添えられたのである。範頼君は、頼朝公の仰せに忠実に従っているので、千葉介常胤のような元老、義盛の助言をうけ相談しながら戦を進めてきた。義経君は、そのようなことはなく、独断で勝手にすすめるので、諸将皆恨んでいる。景時一人ではないと、景時の思いのたけがこめられている。一〇日前の義経の報告は、帝・一門の入水・捕虜の交名という、事実のみにかぎり、最後に

宗《むね》たる分の交名《きょうみょう》、且かく如し、このほか男女生取《いけどり》の事、追って注し申すべし、又、内侍所神璽《ないしどころしんじ》は御坐《おわ》しますといえども、宝剣は紛失す、愚慮の覃《およ》ぶところ、これを捜し求め奉る。

と結んでいる。

かつて、木曾義仲討伐の報告がもっとも正確で「景時の思慮、猶神妙」（『吾妻鏡』寿永三年正月二七日条）と、頼朝を感心させた冷静さはなく、吉瑞をならべ、義経に対する中傷の記事に満ちている。一

の谷の合戦前に義経をきらって範頼につき、渡辺津では逆櫓論争を、屋島では「会《え》にあわぬ花」と面目を失い、壇の浦では先陣を争い、ことごとく対立してきた。

『平家物語』にはかなり虚構があるが、壇の浦の報告は『吾妻鏡』所載である。虚構があるとは思いたくないが、壇の浦以後は、義経対頼朝の対立となる、義経自滅の伏線として、景時の讒言《ざんげん》を通して義経の横暴をうきあがらせ、やがて讒言者景時の印象を増幅させ、景時失脚へとみちびいてゆく筋書きの序章なのだろうか。

義経は、京都の社会では評判がよい。平氏滅亡三日後の二七日には

伝聞、平氏長門国にて伐《う》たれおわんぬ、九郎の功と云々、実否いまだ聞かず（『玉葉』）

と、風聞が届いており、翌二八日には

平氏伐《う》たれおわんぬの由、此の間風聞、是佐々木三郎と申す武士の説と云々、しかれども、義経の飛脚いまだまいらず、不審なお残ると云々（同上）

四月四日、高階泰経《たかしなやすつね》によって、「義経、平家を伐つの由、言上」された。「追討大将軍義経」こそ最大の功労者であるというのが、京都のイメージである。景時を通じて言上された鎌倉での印象とは大きなちがいがある。

2　平氏水軍

(1)山鹿《やまが》氏

平氏第一軍山鹿秀遠《やまがひでとお》は「九国一番の勢兵」（参考『源平盛衰記』巻四十三）とうたわれた。一〇一九（寛仁三）年、沿海州女真族の侵攻（刀伊《とい》の入寇）を撃退した大宰権帥《だざいごんのそち》藤原隆家の子孫で、筑前の豪族である。平氏との関係は、正盛の受領《ずりょう》時代からといわれる。忠盛も「西海に勢いある者」ということで、二度も海賊討伐を命じられている。皇室領肥前神崎《かんざき》荘の預所《あづかりどころ》として管理にあたり、大宰府に無断で密貿易を行なった。清盛も大宰大弐、弟頼盛も同職に赴任している。貿易の利益は「無比の温職」であり、筑前など平氏知行国で、平氏家人が受領・目代となって在庁官人や郡司層にいたるまで把握した。

平氏の貿易積極主義は、在地豪族層も歓迎するところであった。

山鹿氏は、大宰府の大監（三等官）などの職を世襲し、秀遠の父粥田経遠《かいだ》は筑豊で千町歩の広大な領地を有し、その土地（粥田荘）を鳥羽上皇に寄進、そのつながりで鳥羽の武者所も務めた有勢の者であった。秀遠は一一八三（寿永二）年、大宰府を緒方惟栄《これよし》らに追われた平氏一門や帝を、山鹿城へ迎え入れている。

山鹿荘は、遠賀川《おんががわ》をはさんで芦屋と相対し、海外交通・貿易の拠点であり、遠賀川流域の外港であった。大宰府の庁官、平氏知行国の目代として、古代的権威を背景としてきた伝統的海の武士団として平氏に殉じた。

(2)原田氏

範頼軍が九州上陸後交戦したのは大宰少弐原田種直・その子賀摩《かま》兵衛尉のひきいる原田党であった。壇の浦の敗北後、「岩門少卿《いわとしょうけい》種直跡三千七百町歩」（『続群書類従』「武藤系図」）といわれる、ぼう大な所領を失ったところをみると、平氏を支えた大きな力であった。種直妻は頼盛の女であったし、所領筑後三原荘は、頼盛家領である。

原田氏の祖は、大蔵春実《はるざね》である。九四〇（天慶三）年、藤原純友の乱に追討使主典《さかん》として下向（『扶桑略記《ふそうりゃくき》』）、海上博多に向かい「戦い酣《たけなわ》に、裸袒乱髪《らたんらんぱつ》にて短兵を取り、振い呼ばわりて賊中に入る」（『本朝世紀』）活躍をみせた豪勇の士である。乱平定後は大宰府庁官として、筑前国怡土《いと》郡を中心に開発経営をすすめた。山鹿党とはライバルであったらしく、平氏大宰府落ちのときは大軍をひきいて迎えに出たが、山鹿氏も出迎えるということを問いて引き返している（『源平盛衰記』）。

一族の板井氏も戦後所領没収の憂き目にあった。壇の浦の海戦では山鹿・松浦党しか平氏側水軍に名が出てこないが、平氏水軍として参加したことはまちがいない。『源平盛衰記』には、「肥後国住人菊池次郎高直、原田大夫種直等ハ平家ニ相従タリケレハ、三百余艘先陣ニ漕向へ、弓ノ上手大矢共ヲソロエテ、散々ニ射ケレハ源氏ノ兵多ク討レテ」とある。

(3)松浦党《まつらとう》

源頼光四天王の一人渡辺綱の孫久《ひさし》が一一二〇（保安元）年、肥前国検非違使として松浦郡御厨に入部して以来四郡を支配し、その一党が各地に進出した。久の養子松浦太郎高俊は平氏全盛時代清盛の信任を得て側近にいた（『平家物語』・『平治物語』など）。阿倍宗任祖先説は、小値賀島《おぢかしま》に流された宗任が松浦氏女と婚したことによる伝承である。

蒙古襲来のとき、モンゴル軍の直接の矢面に立った海の武士団である。東松浦半島全域を含む広大な松浦荘を中心に勢力を張った。肥前神崎荘は、平忠盛によって宋との貿易が行なわれ（『長秋記《ちょうしゅうき》』）、平安時代は松浦党も平氏の勢力下におかれていた。一二二六（嘉禄二）年「鎮西の凶党等、松浦党と号す、数十艘の兵船を構え」て資財を掠取、合戦、民家を焼亡するという乱暴さえ、高麗で働いている（『高麗史』高宗一三年）。一二三二（貞永元）年、鏡《かがみ》社領の住人らが高麗に渡海、夜討を企て幾多の珍宝を盗み取って帰っている。

「三島《さんとう》の賊」として壱岐《いき》・対馬《つしま》とならび称された、倭寇の本拠地として知られ、申叔舟《しんしゅくしゅう》の『海東諸国紀《かいとうしょこくき》』には、呼子《よぶこ》・波多島・鴨打佐志ら二十数氏または四八家といわれたくらい、一族の一揆契諾《いっきけいだく》の結束で有名であった。

⑷菊池氏

原田種直とともに戦った武士に「肥後国住人菊池次郎」の名がみえる（『源平盛衰記』）。山鹿兵藤次秀遠とともに「菊池（ママ）三郎孝康」の名もみえる（長門本『平家物語』）。山鹿氏と同じ藤原医家の子孫と伝えられてきたが、近年の研究では、医家とともに刀伊入寇を撃退した、大宰府の府営藤原蔵規《まさのり》の子孫であることがあきらかになった。その子孫は南北朝時代、征西将軍宮懐良《かねよし》（かねなが）親王を奉じて活躍した菊池勤皇党として名を馳せた。

⑸田口氏

義経軍が阿波に上陸、阿波田口氏桜庭（間）介良遠の城を落し、さらに伊勢三郎義盛の調略により、田口田内《でんない》左衛門尉教良《のりよし》を降伏させた。

教良の父成良《しげよし》は、吉野川下流南岸の桜間城を根拠に、徳島平野に勢力を張り、平氏の家人として、摂津福原に経ケ島《きょうがしま》を築き（『平家物語』経ケ島）、平氏打倒をはかった阿波在庁を襲い、藤原広長を討ち取った。広長の父阿波在庁左衛門尉藤原師光《もろみつ》は、平治の乱の中心人物信西《しんぜい》入道に仕え、のち入道して西光《さいこう》と名のった。鹿《しし》ケ谷事件の首謀者の一人である。義経が椿浦に上陸したとき、これを迎え先導となった近藤七親家は西光の七男である。広良は四男、良遠は成良の弟である。

西光一門は反平氏の立場から、田口氏は親平氏の立場から、阿波を二分して、源平の軍事（水軍）力をになった。

田口成良《しげよし》は、安徳天皇・平氏一門を屋島に迎え行宮《あんぐう》を造営するなど貢献度抜群であったので、阿波守に任ぜられた「賢きつわもの」（『六代勝事記《ろくだいしょうじき》』）であった。

しかし、屋島の敗戦から、知盛は田口氏を信用しなくなった。積極的に抗戦しての挙句の帰服ならともかく、寝返りともとられかねない戦意喪失であるから、平氏本軍に詰めている成良に疑惑の目が向けられた。

阿波民部重能（成良）は、この三カ年があいだ、平家によくよく忠をつくし、度々の合戦に命をおしまずふせぎたたかいけるが、子息田内左衛門（教良）をいけどりにせられて、いかにもかなわじとおもいけん、たちまちに心がわりして、源氏に同心してんげり、平家の方にははかりごとに、よき人をぱ兵船にのせ、雑人どもをば唐船《とうせん》にのせて、源氏心にくさに唐船をせめば、なかにとりこめてうたんとしたくせられたりけれども、阿波民部がかえりちう（返忠）の上は、唐船には目をかけず、大将軍のやつしのり給へる兵船をぞせめたりける。

平氏の貴人を唐船から兵船に移し、源氏の攻撃の目からそらそうとしたが、源氏は見破り兵船を目標にしたのは、田口氏の源氏への内通のためだという。知盛は、決戦を前にして、今日は武者たちの士気は高まっているのに、成良は心変わりしたようにみえる、首を斬らんと叫ぶのを、宗盛は証拠もないのにどうしてできようか、ましてたいへんな忠節の者ではないか、となだめる。成良には、今日は元気がないが臆したか、そうでなければ四国の兵に勇み戦えと下知せよ、臆すな、と励ます。知盛は成良をにらみすえるのみである。

あとで「やすからぬ、重能（成良）めをきってすつべかりつる物をちたび後悔せられけれどもかなわず」と地団駄ふんだ。『源平盛衰記』では

成良も成直（教良）生捕《いけどら》れぬと聞えしかば、浦々島々に着きたれども、肝も心も身にそわず、我子の行末をぞ悲みける。四国の輩これを見て進まず、所々の軍も、平家は成良を副将軍とも頼《たのみ》たりけれ共、四国の輩進まねば、次第にすいてぞ見えたりける

と描写している。阿波水軍が消極的であったことによって、四国・鎮西の裏切りを招いたという印象

を与えたのは、事実であろう。田口氏の平氏への過去の忠誠も、最後の段階で不名誉のレッテルを貼られてしまった。

このような日和見的態度は田口氏のみではなかろう。熊野水軍とて同様であった。

3　熊野水軍

(1)湛　増

緒方・臼杵・河野・渡辺・周防在庁らを味方にくりこみ、陸の源氏は海の源氏に変身した。なかでも熊野水軍の参加は大きな衝撃となった。

「熊野別当湛増《たんぞう》、源氏に合力の為、同じく渡るの由、今日洛中に風聞す」（『吾妻鏡』）とあるように、義経が志度《しど》道場に平氏を阻止せんためにまわった頃、熊野水軍の阿波への渡海の噂が立った。田口氏の帰服も、湛増の参加の噂が左右したものだろうか。義経の阿波強行にはそのような計算もあった可能性がある。湛増は「廷尉《ていい》の引汲《いんきゅう》による」とは、幕府も後年認めているところである。

熊野水軍は四国軍義経の麾下に入るべきなのが、九州軍範頼の管轄にまで割りこんでくるようでは、九州軍に勇士なきかの印象を与え、士気や面目にかかわると、九州渡海の噂に対し、範頼は頼朝に訴えている。事実無根という鎌倉からの返答によって安堵されたが、義経軍の軍事的背景（水軍力）に、熊野の存在がうかがわれよう。

熊野水軍の参加の物語は何といっても『平家物語』の「鶏合壇浦合戦《とりあわせ》」の闘鶏が圧巻である。

熊野別当湛増は、平家へやまいるべき、源氏へやまいるべきとて、田なべの新熊野《いまくまの》にて御神楽

闘鶏神社（田辺市）

奏して権現に祈誓したてまつる。白旗につけと仰せけるを、猶《なお》うたがいをなして、白い鶏七つ赤き鶏七つ、是をもって権現の御まえにて勝負をせさす、赤き鳥一もかたず、みなまけてにげけり。さてこそ、源氏へまいらんとおもいさだめけれ、一門の物どもあいもよおし、都合その勢二千余人、二百余艘の舟にのりつれて、若王子《にゃくおうじ》（天照大神）の御正体を船にのせまいらせ、旗のよこがみには、金剛童子をかきたてまつって、壇の浦へよするを見て、源氏も平家もともにおがむ。

されども源氏の方へつきければ、平家はけうさめ（興醒）てぞおもわれける。

源平いずれに味方すべきか。田辺の新熊野（闘鶏神社）の境内で、紅白の鶏を闘かわせ、勝った側の色、赤なら平氏、白なら源氏へ味方すると占った。赤鶏が皆負けたので源氏へ味方するため、田辺の浜から船出をした。闘鶏の催しは一種の演出で、当初から源氏加担の意志を固めていた。田辺は〝口熊野〟ともいわれ、熊野三山の拠点として、湛増の父湛快によって三所権現を勧請したのが闘鶏《とうけい》神社である。

本宮《ほんぐう》・新宮《しんぐう》・那智《なち》、いわゆる熊野三山は、院の信仰を集め、白河—鳥羽—後白河三上皇の参詣だけでも一〇〇回以上に及び、供奉《ぐぶ》の人数や、供物《くもつ》の費用のみでも莫大な出費となり、天下の貴賤、南山（三山）に競営、国家の衰弊またこのことにあり、という貴族の嘆きとなる。熊野の宗教的権威は上皇権力と結びつくことによって、経営上の豊かさをもたらし、熊野の水軍軍事力の強化につながった。

平氏は伊賀・伊勢に勢力を拡大し、正盛・忠盛時代は、白河・鳥羽の信任厚く、知行国主としても、南海に地盤を固めた。「南海道は、当時、平相国禅門虜掠《りょりゃく》の地也」（『吾妻鏡』養和元年正月二一日条）といわれたほどであった。

紀伊国は清盛の義弟池大納言頼盛の知行国であった。その子為盛は紀伊国守であった。同じく清盛弟薩摩守忠度《ただのり》の母は、熊野神官の女で、院の女房にあがっていた女性であった。忠度の妻は、行快僧《そう》都《ず》の前妻であった湛快の女・湛増の妹である。

忠度が一の谷で討死後、所領三河国竹谷《たけのや》・蒲形《かまがた》両荘（蒲郡《がまごおり》市）が平氏没官領となったので、未亡人は、先夫行快の息子に譲渡したいので、回復して欲しいと仲介を訴えた。行快の奔走により、鎌倉の所領妥堵の書付を得た。行快は行範の息子で源為義の外孫になる（『続群書類従』「熊野別当系図」）。「行快と謂《い》うは、行範の一男、六条廷尉禅門為義の外孫たり」。源氏とは「その好《よし》み、他に異なる」ので、即刻その訴えを認めた。

湛快の息子が湛増であり、忠度未亡人とは兄妹である。

平治の乱のとき、清盛は熊野参詣中で、日高の切目《きりめ》にいた。源義朝の挙兵を聞き、四国へ落ちて勢力回復をはかろうかという清盛に、湛快らは、湯浅宗重とともに励まし、鎧七領と弓矢などを贈り、京へ馳せ帰らせた（『愚管抄』）。

「熊野別当湛増が田辺《たなべ》に在《あ》りけるに、使を立て給へば、兵二十騎奉る。湯浅権守宗重三十騎にて馳せ

熊野新宮速玉大社

参れば、彼此百騎になりけり」（『平治物語』）とあり、平氏と熊野別当との関係のより深いことを物語っている。

資盛（重盛の子）と神官玉置家の関係、平長茂と頼朝の師の尊南坊僧都足任との対面、頼盛の子保盛と那智の神官潮崎家との関係、潮時家は、平氏の祈祷坊である尊勝院の坊等々。

湛増は日頃平氏に志を寄せていた。新宮十郎源行家（義朝の弟・頼朝の叔父）が、以仁王《もちひとおう》の令旨《りょうじ》を賜わって美濃・尾張の源氏を触れ催している噂をきき、那智・新宮の反乱者どもに一矢射かけて、平氏に報告せんとて、新宮湊へ進撃、三日間戦ったが、負傷者も多く自分も傷ついたので命からがら逃げ帰った（『平家物語』・『源氏揃』）。

そのような平氏寄りの湛増が、源氏に加担したのだから、壇の浦に船団があらわれたときは「源氏も平家もともにおがむ」心強さを覚えたのであるが、源氏方とわかると「平家は興醒《きょうざ》め」し、期待はずれに戦意を喪失したのは当然であろう。

湛増の平氏離反の理由は、熊野神領をめぐる所職の争いではないかと思われる。一一八〇（治承四）年一〇月六日「熊野前別当湛増謀反、彼の山常住等に仰せて追討すべきの由、宣下す」（『百練抄』）「熊野山前権別当湛増、去年十月頃、舎弟法眼湛覚を殺害せんと欲するの由、言上せしむるにより、真偽を決せんためその身を召すといえど、猥《みだ》りに城郭を構え、参洛の心なし」

「あるいは権門勢家領を焼き払い、あるいは諸国往反船を掠取り、罪科の至り前後重畳す」「彼山別当法印範智已下常住輩に仰せて、宜しくかの湛増の身を召し進ぜよ」（『北院御室日次記』）とあるように、前別当湛増と現別当範智の所職にからむトラブルがあった。

『熊野代々記』（『続群書類従』）には、湛増の別当補佐は一一八七（文治三）年で、壇の浦の合戦から二年後である。範智は、一一八二（寿永元）年の頃まで就任しているから、湛増の実権掌握はその後であろう。

一一八一（治承五）年正月、「熊野山湛増の従類と号して、伊雑宮《いぞうのみや》に乱入、御殿を鑽《き》り破り、神宝を犯用」する乱暴が、伊勢国から大中臣能親《おおなかとみよしちか》の報告として鎌倉へ伝えられている。また、宇治・山田の両郷を襲い民家を焼き、資財を掠奪した（『吾妻鏡』同年三月六日条）。九条兼実は「熊野辺、武勇の者等、五十艘ばかり、伊勢国に打ち入り、官兵を射取《うちと》る。三百余人、なお国内に居住す。有二別湯《べっとう》（当）一、住二彼島一」（『玉葉』同年正月十一日条）と記している。別当は湛増で、どこかの島を指命所としていたのだろう。

『吾妻鏡』の同年正月の記事に、

熊野山の悪僧等、去る五日以後、伊勢・志摩両国に乱入して、合戦度々に及び、十九日に至りて、浦七カ所皆ことごとく民屋を追捕す、平家の家人、彼の為に、あるいは要害の地を捨て逃亡し、あるいは誅に伏し……平氏の一族関出羽守信兼（中略）防戦す、

＊　長谷克久『熊野中世史研究』白浜文化センター、1978年。

とあり、悪僧の張本戒光は信兼の矢に当り、衆徒は引き退いた。南海道は清盛が虜掠したので、熊野山は源氏の繁栄を祈念するため、平氏の方人を亡ぼすため、この挙に出たという（『吾妻鏡』）。

源氏の為というが、「天照大神鎮座以来、千百余歳、皇御孫垂迹《すいじゃく》の後、六百余年、未だ此の如き例あらず、当時源家再興の世なり、もっとも謹慎の儀あるべし」というところなのに、湛増は御方《みかた》に候して、この企てあること殊に（頼朝は）驚き、敬神の為御立願《ごりゅうがん》あるように指示した（同上）。

このとおりだとすれば、頼朝挙兵後まもない時期に源氏側に立っていたことになり、『平家物語』の述べていることとは反対となる。闘鶏でいずれに決めようかなどということはありえない。『歴代皇紀』（巻四）、治承四年一二月の記事に、「能野僧等謀反」とあり、早くから、熊野が反平氏の動きをみせていたことがうかがわれる。

おそらく、源氏与同は見せかけで、自分の勢力拡張の口実にしたものだろうか。湛増のしたたかさがうかがわれる。

熊野水軍の侵略は阿波にまで広がり、在家雑物資財米穀などを一物も残さず捜取り、略奪している（『玉葉』同年二月一七日条）。伊勢から阿波にいたる南海の制海権を熊野が握っていた。

三山には、宗教上の権威を持つ検校《けんぎょう》と、経営の実務権を持つ別当がいる。別当は世襲の妻帯僧である。別当家は、本宮系の田辺と、新宮に分流し、湛快ののち交代で出すようになったが、このことが抗争の原因となった。

湛増は、湛快と源為義の女丹鶴《たんかく》姫（鳥居禅尼）との間に生まれた。* 為義は、院の熊野御幸《ごこう》の随行の折に、新宮田津浦の神官鈴木重忠の女に生ませたのが、新宮十郎行家である。

熊野水軍は「義経の引汲」によるものであったが、湛増と義経を結びつけたのは行家であった。以《もち》

＊　『日本地名大辞典』［和歌山県］角川書店、1985 年。

仁王《ひとおう》の令旨《りょうじ》を諸国の源氏に触れた陰の立役者であった（『吾妻鏡』文治二年五月二五日条）。

⑵源行家と熊野

行家は令旨を甥頼朝に北条館で手渡した。保元《ほうげん》の乱で、為義の子供たちは処刑されたが、かろうじて生きのびてきた。おそらく熊野の庇護で平氏の追及の手からのがれてきたものであろう。

一一八一（治承五）年、三河・尾張の武士を結集し、三月、墨俣《すのまた》川で重衡・維盛の平氏軍と戦い惨敗するが、この前後、湛増指揮下の熊野水軍は、伊勢・阿波で猛威を振っていた。行家の煽動によるところが多かったと思われる。行家の墨俣敗戦は、平氏にとっては一応の安定、源氏にすれば手痛いものとなった。行家は戦闘下手で、一一八三（寿永二）年の播磨・室山でも平氏に敗北し、「水島・室山の大勝」と平氏を誇らせている。

義仲が比叡山に布陣、京都をうかがうのに呼応し、近江・伊賀・大和に入り京都をうかがい、平氏を京都から追い出した。「頼朝第一、義仲第二、行家第三」とその行賞が行なわれた（『玉葉』）。義仲が院から見離されると、行家は対抗馬として利用され、両者の反目は決定的となり、義仲が西国から帰京し、法住寺殿《ほうじゅうじどの》焼打ちを行ない朝敵の烙印《らくいん》を押されると、反義仲の兵を挙げた。

平氏滅亡後は、頼朝と反目した義経と手を握り、頼朝追討の宣旨《せんじ》を得るや挙兵に踏み切った。九州諸国の地頭に任命された義経とともに、四国の地頭に任命された行家は、味方になる勢力の少ないことに落胆し、義経とともに、大物浦《だいもつのうら》から船出し西国に落ちのびようとしたが、大風に押し戻され失敗、頼朝から追捕《ついぶ》される身となった。鎌倉にとっては守護・地頭設置の大義名分となった。

大物浦—吉野—大峰《おおみね》—多武峰《とうのみね》—熊野川上流の十津川《とつがわ》の山間部へと、義経とともに姿をくらました。

義経はさらに、延暦寺《えんりやくじ》—興福寺《こうふくじ》—鞍馬寺《くらまでら》—仁和寺《にんなじ》—上皇御所—藤原基通邸宅などに隠れ住み、最後は、北陸加賀方面から奥州平泉藤原秀衡《ひでひら》のもとに身を寄せた。

行家は、山間部まで義経と一緒であったであろう。むしろ熊野に縁の深い行家が逃亡の先導役ではなかったか。しかし、一一八六（文治二）年五月、一男光家とともに和泉《いずみ》国で捕えられ、北条時定によって首を斬られ、鎌倉に送られた（『吾妻鏡』文治二年五月二五日条）。

京都では両人の行方不明は不安であったらしく、このニュースに「天下之運報、いまだ尽きず、悦《よろこ》ぶべし悦ぶべし」（『玉葉』同月一五日条）と反応している。

行家は情報蒐集能力・伝達能力・弁舌の才・変り身の早さは、近畿育ちの敏感さであり、煽動者《アジテーター》・組織者《オーガナイザー》であり、革命時にあらわれる典型的な人物で、最後は非業《ひごう》の死を迎える点も共通している。義仲・義経の軍事能力をうまく活用する雅量があれば、頼朝を凌《しの》いだ恐るべき政治家になっていただろうが、小才《こさい》と、叔父というプライドでかれらの前にはだかつて、院に乗ぜられる隙をつくってしまい自滅した。

行家の個性はまさに情報蒐集能力にあった。行家が八条院蔵人《はちじょういんくろうど》（『吾妻鏡』治承四年五月二五日条）として院に近く、令旨《りょうじ》の伝達者に選ばれたのは、熊野詣《くまのもうで》が盛んになり、熊野先達《せんだつ》の活躍が活発になるとともに、各地の情報を得、地方のようすに明るかったからといわれる。[*1] 蔵人《くろうど》任命は、一一八〇（治承四）年四月九日で、以仁王《もちひとおう》挙兵の直前である。

八条院は、母美福門院《びふくもんいん》（鳥羽の后・近衛の母、保元の乱の火種をまいた）の遺領二三〇カ所を継承した。[*2] 以仁王の挙兵は八条院の了解のもとに行なわれ、八条院がその財源の役割を果したのではないかという考え方もなされてきた。[*3]

＊1　竹内理三『武士の登場』［日本の歴史6］中央公論社、1973年、　＊2　石井進「源平争乱期の八条院周辺〜八条院庁文書をてがかりに」石井進編『中世の人と政治』吉川弘文館、1988年、　＊3　中村直勝「以仁王の挙兵と八条院領」『鎌倉時代野研究』星野書店、1925年。

全国に散在した所領の用務ということで、八条院蔵人という地位を利用して、平氏の警戒の目をのがれたが、熊野の陸上・海上交通の便によるところも大きかったのではないか。

　九郎法（判）官・十郎蔵人謀反の時、紀州の輩大略属さざるなし、よって（湯浅）宗重法師、独り群を抜いて（平氏に）奉公の道理を存した（『崎山文書』、頼朝下文案）

とある。この文書は疑わしいが、紀伊が義経・行家の命令に従う与党であり、熊野の意向であったからであろう。長谷克久氏は、文治元年（一一八五）から二、三年は、熊野は義経方についた可能性は高い、とみているが、納得がゆく*。

『吾妻鏡』文治五（一一八九）年九月一八日条に、

　（藤原）秀衡《ひでひら》の四男本吉冠者高衡《たかひら》、降人となる。下河辺行平《しもこうべゆきひら》之を召進す。泰衡《やすひら》の一方の後見熊野別当は、上総介《かずさのすけ》義兼之を召進す、
　凡そ残党悉《ごとごと》く以て今日之を獲給《とらえたも》うなり、

同じく一〇月二日条に

　囚人佐藤庄司、名取郡司、熊野別当は、厚免を蒙りて各本所に帰る

＊　長谷克久『熊野中世史研究』白浜文化センター、1978年。

とある。この年の四月、衣川《ころもがわ》の館で義経・弁慶主従は、藤原泰衡の背信によって討死、八月には、頼朝の平泉攻めで藤原四代は終止符をうった。熊野別当らの残党逮捕は、奥州征伐の総仕上げである。そしてまもなく「厚免《こうめん》」された。熊野別当が誰なのかはわからない。補任年代からみれば湛増であるが、源平合戦のキーマンをこの程度の記事で扱っているのは奇異である。「泰衡の後見」と記しているところをみれば、湛増クラスともいえる。召進者が上総介足利義兼という有力御家人であることも一つの地位の重さを物語っている。

義経が黄瀬川《きせがわ》で頼朝と対面したとき、随行してきた佐藤継信・忠信兄弟は藤原秀衡の「近親」の者（『吾妻鏡』文治二年九月二二日条）、といわれていたように、藤原氏―義経―行家―熊野とつながる。義経の参加は、源氏にとって天才的指揮官を得たことのほかに、藤原氏・熊野の勢力を、中立または軍事力の活用という利用価値にあったといえようか。四国方面軍の総司令官であったことは、熊野を含めた南海道の勢力の掌握という大きな軍事構想からなのだろうか。そうであるならば、義経の源氏軍における位置づけは想像以上に大きかったといわねばならない。

それにしても『平家物語』の闘鶏の占いはどういうことになるのだろうか。源平合戦の去就が定かでないので、双方に振子のようにゆれ動いて、一方のみに全山の運命を賭けるにいたらなかったものだろうか。

⑶三浦氏と熊野

熊野は鎌倉幕府にとって要警戒地であった。三浦佐原十郎義連は、紀伊と和泉の守護であった。*1 守護の配置箇所として有田《ありた》の湯浅《ゆあさ》と、西牟婁《むろ》郡の日置《ひき》がある。*2 鎌倉時代の紀伊の守護は佐原・三浦・

＊1　佐藤進一『鎌倉幕府守護制度の研究』東京大学出版会、1984年（増訂版）、＊2　児玉幸多編『標準日本史地図』吉川弘文館。

豊島《としま》・北条の四氏が列記されているが、関東の水軍豪族らである。[*1]

湯浅の地は湯浅湾を中心に湯浅氏の本拠である。紀《き》ノ川《かわ》河口から有田《ありだ》川河口にかけて分布する津・浦・浜に住みつき、漁業・廻船業に従事する海人らをその領主制下に包摂しており、「海人型」「水軍型」領主の性格を兼ね備えていた。[*2] 守護はこれら在地水軍豪族、海の武士団を、その配下に統率した。

日置《ひき》は、熊野本宮《ほんぐう》より流れる日置《ひき》川が熊野灘に注ぐところで、安宅《あたぎ》水軍で知られた安宅氏や、周参見《すさみ》氏などの本拠地である。新宮・那智と、田辺とを海陸ともに分断しうる軍事的要衝でもある。枯木灘《かれきなだ》という航海の難所の入口で、周参見氏の祖藤原信清の支配地であった。守護所を置くには格好の地であった。

日置川中流域の市鹿野《いちかの》には、三浦氏末裔が室町時代に来住し、その下流には「中門」という屋号の家があり、後に大阪の陣に加わって滅んだ。

そのときの当主は、奥熊野にある三浦に逃れた。そこにはかつて三浦平六兵衛の子孫が源平合戦（三浦合戦か）の後、落人として来住し、近くの海賊七十余人を討って、賞として関所設置の権限を与えられたという言い伝えがある。[*3]

この地の近くに太地《たいじ》という小字があり、那智の近くの鯨で有名な太地に共通し、三浦氏の朝比奈三郎義秀（和田義盛の子）が落人として来住したと伝えられている。

一二一三（建保元）年、鎌倉で北条氏に挑発されて、和田義盛が挙兵し（和田合戦）、宗家三浦氏は見殺しにし、和田氏は滅亡した。「三浦の犬は友を食う」（『古今著聞集《ここんちょもんじゅう》』、巻十五）と千葉氏から評された。

朝比奈三郎と和田朝盛（義盛の孫）は鎌倉を脱出した。

＊1　竹内理三編『日本歴史地図』［日本歴史大辞典・別巻］全国図書教育、1956 年、＊2　吉良国光「紀州国領主制と杣」『日本中世史論考』1987 年、＊3　長谷克久『熊野中世史研究』白浜文化センター、1978 年。

熊野灘　白浜

以下張本七人共に誅に伏す、朝夷奈三郎義秀（三八）ならびに数卒等、海浜に出て船に棹さし、安房に赴く、その勢五百騎、船六艘と云々

又、新左衛門尉常盛（四二）―中略―以上大将軍六人、戦場を遁《のが》れて逐電《ちくでん》す、この輩ことごとく敗北するの間、世上無為に属す（『吾妻鏡』建保元年五月三日条）

熊野太地《くまのたいじ》の『和田宗家系図』にも同様のことが記され、安房国に行き、浪々の身となり、国々を漂泊して熊野太地保に蟄居《ちっきょ》し、道通と号した、とあり、同分家系図には、安房から越前国若林を経て太地に落着き、和田・朝夷名と名のり、のち朝鮮に渡った、とある。

旧家太地覚右衛門・和田金右衛門ら一族九軒の人々は皆、義秀の子孫と号し、一四世和田忠兵衛頼光が熊野捕鯨の創始者ということになっている。それゆえ、先祖義秀を捕鯨の元祖にまつりあげたものであろう。

江戸時代、滝沢馬琴《たきざわばきん》（一七六五―一八四八）の小説に『朝夷巡嶋記《あさいなしまめぐりのき》』という作品がある。和田義盛を父に、かつての義仲の愛妾であった巴御前《ともえごぜん》を母に、豪傑三郎は和田合戦の後、大海に姿をくらました。高麗に渡り活躍をしたという伝説をもとにしたものである。松浦水軍に加わり、高麗に渡り釜山《プサン》で死ぬが、牧島というところに三郎義秀を祠った小祠を調べたという報告（『日本海外神社考』）、谷川士清《たにがわことすが》（一七〇九―七六）の『倭訓栞《わくんしおり》』という国語辞典に「朝夷奈三郎義秀は、和田義盛の子、幕府を攻めし時、安房に走り、更に高麗に赴くと、延宝年中（一六七三―八一）、朝鮮に質《ただ》せしに報じていう、朝鮮釜山浦絶影島《ぜつえいとう》に、義秀の祠在す。土人時に祭るとぞ」と記している。同様のことが『対馬紀事《つしまきじ》』・『草梁雑話《そうりょうざつわ》』、林羅山《らざん》『本朝神社考』にも記されているとのことである。

高麗で猛虎を取押え、その豪勇ぶりが高麗人に畏仰されたというが、高麗渡海の理由はわからない。安房から伊豆の諸島を巡って、紀伊太地の浦に居住、捕鯨を創業し、のち松浦へ移り住んだ。加藤武雄という作家は『国難』という小説で、「高麗弥平次」として義秀を変身させ、松浦党の客将として高麗の動静をさぐり、蒙古襲来のあることを日蓮上人に予告する、という。

熊野捕鯨の守護神夷比須《えびす》神は、熊野漁民の信仰する神であるが、義秀が姓の一字「夷《えびす》」の神を自分の守護神にしたからだともいう。

義秀に従って松浦へ移住した熊野漁民が捕鯨漁を伝えたという。『松浦風土記』には、寺沢広高が唐津に入城の文禄年間、鯨漁師がいないため熊野に漁師派遣・雇いを依頼した書状があり技術導入の事実を伝えている。義秀―捕鯨―熊野―松浦（呼子《よぶこ》）の関係、呼子一帯の「夷《えびす》の神」は義秀を祭神とする伝え、壱岐・対馬・韓国にその伝承があるということは、たいへんおもしろい*。

為朝伝説も似たようなところがある。一種の落人伝説・貴種流離譚《るりたん》で、倭寇活動の世界、捕鯨技術の伝播、三浦―安房―伊豆諸島―紀伊―北九州―壱岐―対馬―朝鮮という海上ルートの拡大・または延長線で物語りが展開する。

＊　呼子丈太朗『歴史呼子港』呼子町役場、1959年、同『倭寇史考』新人物往来社、1971年。

(4) 承久《じょうきゅう》の乱と熊野・三浦和田氏

一二一九（承久元）年正月、三代将軍実朝は、右大臣拝賀の鶴岡《つるがおか》八幡宮社参のとき、甥の公暁《くぎょう》（頼家の子）によって殺害された。同時に熊野衆徒が伊勢に侵入、乱暴を働いた（百錬抄《ひゃくれんしょう》、承久元・正・九）。伊勢神宮別宮伊雑宮《いぞうのみや》への狼藉が心配された。伊雑宮襲撃のパターンは、源氏挙兵時の湛増らの襲撃事件と同じである。政変はすばやく熊野に反応する。その情報伝達の速さは注目に価する。

二年後、承久の乱がおこる。乱の発端は、後鳥羽上皇寵愛の白拍子亀菊（伊賀局）に与えた摂津長江荘・倉橋荘に対し、不満をもった地頭が乱暴を働くので、これを改易しようとしたが、幕府は御家人保護の基本原則から拒否した。後鳥羽上皇は怒りにまかせ、執権北条義時追討の令を発した。

『一往ノイハレバカリニテ（必然性がなく）追討セラレンハ、上（朝廷）ノ御トガ（軽率）トヤ申スベキ」と、後年北畠親房《きたばたけちかふさ》が『神皇正統記《じんのうしょうとうき》』で批判したように、意味のない「天ノユルサヌ」戦いであった。

もともと後鳥羽上皇には、討幕の計画があり、天台座主慈円《ざすじえん》（九条兼実弟）は、無謀な挙であること、皇室の神慮に違背すること、清盛・義仲が後白河法皇に対して取った先例によると、討幕の遂行が、上皇の将来の運命に重大な影響を及ぼすかもしれないことを、あきらかにするため、『愚管抄《ぐかんしょう》』を書いたといわれる*。

一四カ国千七百余人がさっそく召に応じた（『承久軍物語』）。幕府は大軍をもって、北条泰時を大将として西上し、上皇軍を撃破した。

上皇軍は宇治・瀬田に二万五千騎を配した。宇治橋警固の佐々木中納言有雅の軍中に、熊野別当軍が加わった。

* 三浦周行「愚管抄の研究」『日本史の研究』岩波書店、1922年。

田辺法印快実（湛増の孫）・その子千王禅師、法橋《ほうきょう》湛勝・法眼《ほうげん》湛全・法橋湛秀兄弟（田辺系）、法印尋快・その子長王禅師・鳥居法橋行忠・十万法橋・万却《まんごう》禅師（新宮系）（『承久記』）

他の資料では、岩田別当行盛の名もみえるそうだが*、田辺とその近郷、および新宮の別当一族が主力となっている。宇治《うじ》・瀬田《せた》の合戦は敗退し、都は幕府軍によって占領された。熊野に対する戦後の処分は、南部《みなべ》荘・田辺一円、富田《とんだ》川流域・野中・近露《ちかつゆ》・新宮などに及び、新補《しんぽ》地頭が入部、新しい領主となった。

これによって熊野別当一族の勢力が後退し、熊野水軍の組織は解体した。新たに新補地頭と結びついた小規模の水軍構成がみられてくるようになる。愛洲《あいす》氏・和田氏らの水軍がそれである。南朝水軍を構成するのは、これらの諸氏である。

一二二七（安貞元）年正月二八日、二位尊長《そんちょう》法印らが、吉野奥十津川《おくとつがわ》に集結し、甲州にひそむ和田新兵衛朝盛らと、前三山検校長厳の弟子らが連絡をとり、熊野の本宮など襲撃、甲冑など武器を奪い、阿波に渡り、配流の土御門《つちみかど》上皇（土佐から阿波へ移さる）を奪還しようとしたが、この計画は密告によって失敗した（『明月記《めいげつき》』安貞元年正月二八日条）。

三月一五日、再度計画が立てられ実行された。兵船三〇艘で阿波に渡り、御所前で合戦となった。守護小笠原氏が急を聞き馳せ下ったが、すでに合戦は守護代以下の奮戦で、熊野衆を撃退したあとだった。一九日には、熊野の海上を往来する船は強奪され、陸では城郭を築き、石弓を設けるなどの戦闘体制を整えたという情報が流れ、南海の地頭などは警備を厳重にした（『明月記』）。

承久の乱の中心人物でもあり、今回の事件の首謀者でもある尊長は、京都にのがれ、潜伏中、六波

* 長谷克久『熊野中世史研究』白浜文化センター、1978年。

羅探題に襲われ、肥前房の邸内で自殺、和田朝盛も逮捕されて、熊野の抵抗も一件落着した（『吾妻鏡』安貞元年六月一四日条）。和田朝盛（義盛の孫）は、和田合戦のとき、朝比奈義秀らとともに安房へ逃亡した一人である。

同年二月の騒動は六波羅から鎌倉に報告されているが、平井法眼の党といっている。衆徒が蜂起し神輿を奉じて上洛することがあれば、京畿の御家人を総動員して、途中で阻止させるよう評定の結論として六波羅に伝えさせた（同上、三月一日）。

また、鎌倉で大地震があり、門扉築地が倒れ、地割れしたことを、去る建暦三（建保元）年、和田義盛の乱のときもこのような大地震があったと、古老の談をのせ、熊野の騒動と和田氏の乱との関係を暗示する書き方をしている（同上、七日）。

承久の乱は、後遺症として熊野の残存勢力と和田氏の結びつきを露呈したが、のち、熊野衆は、反幕勢力として南北朝時代を迎える。

古代から院の崇敬を集め、平氏のような権門と深い関係をもってきたが、その権益がおびやかされるようになると、平氏に背き、幕府にも抵抗した。農本主義・陸中心の政策は海民世界と直結する三山とは利害関係がことなる。北条氏系地頭の配置は、熊野の既得権益をおかす場合があったにちがいない。アウトロー的方向に傾斜し、北条執権時代になると「熊野海賊」の動きは激しくなり、やがて南朝を支える勢力になってゆく。

(5) 熊野と伊豆

永岡治氏は、熊野と伊豆の関係を、熊野信仰の面から、各村落ごとに熊野神社が勧請《かんじょう》されるようになったのは、南北朝以後であると説明している。*全国に多い鈴木姓は、ほとんど熊野鈴木氏から発しているとのことで、那智勝浦に住む古代以来の水軍氏族の鈴木氏が、熊野信仰布教のため、海上交通のルートで各地に移住し、「熊野神あるところに鈴木あり、鈴木の住むところ熊野神あり」といわれるほど、各地に広がったという。

その中の一支族が、鎌倉中期の頃から紀北の藤白《ふじしろ》（海南市）に居を構えていたが、一三三一（元弘元）年、元弘の変のとき、藤白鈴木左京大夫繁伴《しげとも》は、熊野に来た大塔宮護長親王《おおとうのみやもりなが(もりよし)》と戦った。後醍醐天皇の建武新政実現で、鎌倉方に立っていた鈴木氏は窮地におちいり、やむなく一族三十余人とともに、一三三三（元弘三）年、海路伊豆にやってきた。

一三五一（観応二）年、足利尊氏と直義兄弟の対立、いわゆる観応《かんのう》の擾乱《じょうらん》で、両者が駿河の薩埵峠《さった》で戦ったとき、繁伴《しげとも》は直義方に属して、敗れた後はふたたび伊豆の江梨《えなし》に住みつき、江梨や大瀬崎《おおせざき》の入江を根拠地として勢力を伸ばし、伊豆守護上杉憲顕《のりあき》に属して、江梨を中心に久料《くりょう》・足保《あしぼ》・古宇《こう》・立保《たてぼ》など、西伊豆北部を領した。一三六七（貞治六）年には、関東管領足利氏満より伊豆相模の船大将に任命されたと『伊豆勝覧』という江戸時代の記録に載っていることを、永岡治氏は紹介されている。

往昔《おうせき》、足利氏満、当村（江梨）の鈴木兵庫允（繁伴）を召し、遭儺《ついな》の式を行なわしむ。兵庫允すなわち山伏木島とともにこれを行なう。けだし、遭儺の例、久しく廃せし故、この挙ありしならむと。

* 永岡治『伊豆水軍物語』中公新書、1982年。

繁伴は熊野の祈祷師を兼ねていたので、遣儺《ついな》式を執行していたのである。

そのほかでは、岩科《いわしな》（松崎町）の佐藤氏（岩科八木山の熊野神社は同氏の建立とされる）、西伊豆町の山本氏・椿氏、戸田《へだ》村の塩崎・野田・高田各氏、伊東の浜野氏らが、熊野から移住の氏と伝えられている。

一四六二（寛正三）年、伊豆の豪族遠藤・渡辺氏らの那智大社参詣の記録がある（『熊野那智大社文書』）。熊野神領と海運、修験道と熊野信仰が各地に信仰を拡大するものとなったことは、伊豆にかぎらず、津軽の安東（藤）氏の場合にもよく知られている（『米良《めら》文書』）。

4　河野水軍

(1)河野氏の出自

河野《こうの》氏の祖は、物部氏の系譜（『国造本紀』）をもつ伊予越智郡の小市国造から令制後、越智郡司となった越智《おち》氏で、風早郡河野郷を根拠として河野氏を名のった。

七九二（延暦一一）年、それまでの律令軍団に代る健児《こんでい》の制の設置によって、伊予国でも健児が置かれ、国府などの警備に当った。健児は郡司や富豪層の子弟から選抜されたので、越智氏からも当然多くの健児が選任された。

伊予国は五〇人であった（類聚三代格《るいじゅうさんだいきゃく》十八、健児事）。大和・阿波・土佐などは三〇人であるから、讃岐の五〇人とともに多い方である。

貞観年間、八六七（同九）年、伊予国宮崎（越智郡波方《なみかた》町）のあたりで海賊の暴行記事（『三代実録』）がみられるようになり、九三四（承平四）年には、喜多郡衙《きたぐんが》が襲われ、不動倉の米三千石が掠奪された（『扶桑略記《ふそうりゃくき》』）。

これらの海賊横行により一時内海交通に支障が生じ、その対策として、朝廷は山陽・南海両道の海賊追捕《ついぶ》を命じ、鎮圧の祈願をさせている。追捕の実力行為として国司・郡司の中から、才智・武勇にすぐれたものを押領使《おうりょうし》に任命し、追捕にあたらせた。

承平《じょうへい》・天慶《てんぎょう》の乱では、日振島《ひぶりしま》に拠る藤原純友軍に対し、紀淑人《きのよしひと》・小野好古《おののよしふる》・源経基らをそれぞれ伊予守・追捕南海道使、追捕使長官・次官に任命して討伐にあたらせた。好古らは、南海・山陽道沿岸の在地豪族に協力を求め、海賊に帰順をすすめ、強力な討伐軍を編成した。

越智押領使越智好方は、部下の舟師三〇〇余艘をひきいて討伐軍に加わった（『予章記《よしょうき》』）。越智氏が古くから、古代水軍として朝廷の外征や内乱の時奉仕してきたことは、各種の伝承からうかがわれるところである。

九四八（天暦二）年、越智用忠は海賊平定の功により叙位（『貞信公記《ていしんこうき》』）されている。官職は多分「追捕使《ついぶし》」ではないかといわれている。*乱の平定の功の評価と、在地の水軍力を国家体制の枠に組み込むことの一石二鳥の効果を狙ったものであろう。越智興利《おきとし》が樹下押領使、好方が越智押領使、好峰が野間押領使に任命された（『予章記』・『予陽河野家譜』など）。

九五四（天暦八）	越智直安材	伊予権少目正六位上	（『魚魯愚抄』）
九九〇（永祚二）	〃　隆盛	伊予掾	（『魚魯愚』別録）
一〇〇二（長保四）	〃　為保	伊予追捕使	（『権記』）
一〇二三（治安三）	〃　宿禰助時	伊予掾正六位上	（『除目大成抄』）

＊　長山源雄「武士発生過程より見た河野氏」［伊予史談・124］1950年。

一〇四九（永承四）　〃　国秀　伊予掾　（『魚魯愚抄』）
一〇五〇（〃　五）　友近　〃　（　〃　）
一〇八二（永保二）　〃宿禰時任　伊予大目従七位上　（『江家次第』）
一一一七（永久五）　〃　貞吉　伊予大掾　（『除目大成抄』）
（愛媛県史・古代Ⅱ・中世、一二一八頁）

伊予における在地豪族としての越智氏の成長ぶりがうかがわれる。

越智氏の系譜をひくのが河野氏というのが一般のうけとめ方であるが、『予章記』・『予陽河野家譜』など所載の河野系図には、まったく見あたらないことから、河野氏祖として別系統の越智氏が存在した、という見解が、景浦勉氏から提示されている（『善応寺《ぜんのうじ》文書』解説編＊）。

景浦氏は、本来の越智氏の勢力を背景としたものではなく、「むしろ新興のものであり、また風早郡河野郷に住みつき、豪族としての確固とした武家集団を形成したのも、比較的に新しく、平安時代末期」であった、と推測している。

ただ同氏も認めているように、まったく無関係であったのではなく、両者の間には緊密な同族的な観念が存在し、越智氏から出自したのではないにしても、みずから越智氏を称していることは、かれらが在庁官人となり、さらに武士化する上で有利であったから、といえるからである。あるいは、越智氏の方から、強大化した在地武士団河野氏に接近し同族的観念が芽生えていったと推定されよう。

「伊予国在庁川名大夫通清」（『吉記《きっき》』）、「伊予国住人河野四郎、越智通清、平家に背かんが為、軍兵を率いて、当国を押領」（『吾妻鏡』養和元年閏二月一二日条）、その他一二八五（弘安八）年、将軍家政所《まんどころ》

＊　景浦勉編・解説『善応寺文書』伊予史料集成。

下文《くだしぶみ》に「越智通有」と河野通有の宛名が記されている。[*1] 一三三五（建武二）年一〇月四日、神崎荘安堵の太政官符に「越智通盛」ともある。[*2]

越智氏が本拠地越智郡から風早郡に移住したのは、親経の子親清が河野郷に移り、河野氏と称したときのこととされている（『予陽河野家譜』）。一二世紀前半の頃である。

河野氏の本拠は風早郡河野郷高縄《たかなわ》山城（愛媛県北条市）で、親清の子通清・通信父子が源氏挙兵に加担したときここに拠り、河野城とも高縄城ともいわれ、背後の高縄山は道前・道後の境九八六メートルあり、瀬戸内海・斎灘《いつきなだ》が広がり、忽那《くつな》七島・道後平野など一望のもとにみおろせる。高縄城は城砦《じょうさい》としては適当であるが、日常の中心は、山麓の善応寺の存在する地域であった。

善応寺は、建武年間、河野通盛が道後温泉（松山市）の地域に湯築《ゆずき》城を築き、本拠を移したとき、館であった土居館を、京都東福寺に模した寺院として造営し、善応寺と名づけた。当時は一三の塔頭《たっちゅう》があり、壮観を呈していたという。

(2)源平合戦と河野氏

平氏全盛時代、一門のうち伊予国司になる者多く、時望・伊望・随時《よりとき》・重盛・維盛の名がみられる。正盛は備前・因幡・讃岐の守に、忠盛は播磨・備前の守に、清盛は肥後・安芸・播磨の守に、維盛は安芸の守、敦盛は淡路の守、知盛が長門の守、忠度が薩摩の守、行盛が播磨の守、宗盛が淡路・美作《みまさか》の守に任じられている。これらは平氏知行国であり、国の守は遥任《ようにん》であり、現地には目代が派遣され、山陽・南海道の大部分は平氏の支配領域であった。

源氏と伊予の関係についても、伊予守に任じられた者が多い。頼光・隆国・頼義・義仲・義経らの

＊1　山城淀稲葉家文書、肥前国神崎荘内小崎郷領知［鎌倉遺文・15612］　＊2　臼杵稲葉河野文書［南北朝遺文・中国四国編・171］

名がみられる。

河野氏は親経に継嗣がないため、頼義の子（または孫）の親清を迎えて後嗣にしたと伝えられる（『予章記』・『予陽河野家譜』）。ただ頼義・義家の子に親清という人物はいないから、事実ではない。『予章記』に、頼義の伊予国司在任中に

高縄山　善応寺（愛媛県北条市）

親経同志ニテ、国中四十九ケ所ノ薬師堂、八ケ所八幡宮建立セラル、毎事知己ナリ

と見えて、源氏との深い関係を強調している。これに対照的に、平氏に対しては失意の時代であった。

そもそも河野通清は、去る平治年中、左典厩《さてんきゅう》（左馬頭）義朝夭亡《ようぼう》の後、源氏家族相伝の家領たるをもって、多くは平家の為に得替され、わずかに河野一郷を領掌され、以来しきりに欝憤《うっぷん》の志ありといえどもかの一族すでに四海の権をとり、竜鳳《りょうほう》の威を振う間、空しく二十余年の星霜を積むと云々（『予陽河野家譜』）。

頼朝挙兵の前年、一一七九（治承三）年一〇月、河野通信

に密書を送り援助を請うたことが、高野山金剛三昧院《こんこうさんまいいん》什宝として存在する。*

さい（西）国にハそれよりした（親）しき人も候ハす候、この春申ごとく、偏《ひとえ》に頼入申候、あハちくわんしや（淡路冠者）にハ定て物語候ハんと心やすく候、

こなたさまにハおもふようすしたためて候、近き程思ひたつへく候、又心やすく候ハ、、したしき人ひとり給候ハ、、くハしきむね申たき事候也、そなたの一門たちハ何とか申候ハん覚束なく候、さて色々の物給候、返々御さしょろこひ入候、恐惶謹言、

十月二日　頼朝

河野四郎（通信）殿

西国には親しき者もいないので、頼りにしている、という内容だが、後世、それも文面の表現、署判の位置からみても江戸時代頃の創作かと思われる。ただ、このようなものが文書として伝えられているのは、河野氏が源氏の有力な支持者であったという誇りが語りつがれてきたからであろう。

源氏挙兵に応じたのは、一一八一（治承五・養和元）年閏二月という（『吾妻鏡』）。「平氏にそむき、軍兵をひきいて当国を押領《おうりょう》するの由、その聞えあり」とあるのが最初である。前年の治承四年ともいうが（『源平盛衰記』・『平家物語』）、挙兵からそう遠くない時期に源氏に応じたことは確かである。西国勢は平氏の力におされて、源氏参加に踏みきれなかったときであるから、大胆な選択といえよう。

その動機は、後白河法皇の院宣《いんぜん》による、という説もあるが、余り信用できない。むしろ平氏に対する不満というのが自然であろうし、競合勢力であった新居氏へ優勢な力を飛躍させたかったからであ

＊　景浦勉編・解説『善応寺文書』［伊予史料集成、46頁］。

ろう。

平教経の六カ度《ろっかど》の軍（『平家物語』巻九）では、叔父の沼田次郎が戦線を離脱したあとも、通信は抵抗をあきらめなかった。

通清は介であり、通信とともに伊予国府の在庁官人であった。高縄山に拠った通清軍は、子通教に平縫盛の目代館を襲撃させ、敗走した目代軍を赤滝城（周桑郡桜木村）に追い、さらに文台（同郡中川村）・大熊（桜木村）を攻め、討ちとった。

通信は、肥後の菊池隆直、豊後の緒方惟栄《おがたこれよし》らを援助するため九州に渡り、平氏方の拠点大宰府原田種直を攻めた。菊池氏はこのあと、都落ちしてきた平氏の討伐軍に鎮圧され、平氏方となり、屋島・壇の浦で水軍として戦っている。

その留守に反河野勢力の阿波民部大夫田口成良《しげよし》・教皇《のりよし》父子、備後鞆《とも》の浦の奴可《ぬか》（額）入道西寂《さいじゃく》（高信）軍が、高縄城を攻撃してきた。防戦の甲斐なく、放火・落城・河野通清は討死した。子の通信は、西寂《さいじゃく》を伊予波方《なみかた》に襲って討取り、伊予の旧領を回復、義経の西下に対して兵糧補給などの協力を惜しまず、義経は、河野氏に対し、とくに謝意を示した。

「周防大内介と伊予の河野四郎、この両人は惣じて西国居住の輩と一列の仁にあらず、なかんずく、河野は、最初より平家に背き合戦の志といい、又、先祖親昵《しんじつ》の内儀と云い、かたがたもって、御芳志あるべくの由、追って仰せらるるところなり」と、軍監梶原景時から、義経陣中へそのことを理解しておくことを通知（奉書として）、兵糧・酒肴などへの義経からの礼状が存在する（『予軍記』）。

阿波水軍田口氏は、教良を大将として屋島から伊予に侵入、喜多郡七志城（比志城＝大洲《おおず》市周辺）に迎えうった通信と激戦を展開、阿波軍は多大の損害をうけて潰走した。この伊予出兵の留守中に、義経軍が阿波に上陸した（『平家物語』）。たぶん、田口教良は源氏軍上陸、叔父桜庭介良遠の敗北の知らせをうけ、撤退したものだろう。『予陽河野家譜』など伊予側の見方は割引いてみなければなるまい。

河野通信は、兵船三〇艘をひきいて田口軍につけ入るように屋島に急行、義経軍に合流して、平氏追い落しに一役買っている。戦闘に直接どのように参加したかどうかは、史料からはうかがえない。ほかに熊野水軍、梶原景時ひきいる源氏本軍の屋島合流の情報が伝えられているから、四方からの包囲をおそれた平氏は決戦を避け屋島を棄てたのだろう。

河野氏と田口氏は四国を二分する水軍としてライバルであり、田口氏が終始平氏のよき家人でいるかぎり、対抗上河野氏は源氏与同でなければ、将来の発展の道はなかった。

壇の浦の海戦では、地理的位置からみても源氏水軍の先鋒でなければならなかった。一二五〇艘（『平家物語』）をひきいた。

この海戦が事実上平氏の息の根を止め、幕府成立の基礎が確立したのであるから、河野水軍の軍事上の功績は特筆されなければならない。だが論功行賞は、それほど厚くない。

河野氏は伊予道後七郡守護職に任命された。道前守護は佐々木盛綱（『予章記』）である。『吾妻鏡』は盛綱を伊予守護と記している（建仁三年四月六日条）。一説には、義経の逃亡に関して河野氏に疑惑の目が向けられ、喜多郡（地頭か）が梶原景時に、一国守護を盛綱に補任したという（『予章記』）。河野氏の道前半国守護はなかったろう。

幕府御家人として、奥州征伐に従軍し、頼朝は通信に土器を持たせ、毎度食事にこれを使用したことが、榛谷《はんがや》重朝が乗馬を洗うこととともに噂になったほどである（『吾妻鏡』文治五年一〇月一日条）。

河野氏の家紋は、傍折敷《そばおしき》三文字といい、供物盆（折敷）の形に三の字の特徴のあるデザインである。

その由来は、頼朝の前で第三席につらなったからと伝えられている（『予陽河野家譜』）。

伊予国御家人河野四郎通信、幕下将軍（頼朝）の御時より以降、殊に奉公の忠節を抽《ぬき》んずるの間、当国守護人佐々木三郎兵衛尉盛綱法師の奉行にかかわらず、別して勤厚を致すべし。かねては又、もとのごとく国中の近親ならびに郎従を相従わしむべきの由、御教書を給う。平民部丞盛時これを奉行す、

通信、年来鎌倉にあるのところ、たまたま身の暇を賜わり、明日帰国すべきの由、御前に召してこの御教書を給う（『吾妻鏡』建仁三年四月六日条）。

右のように頼朝と特別な関係が正史にも特記されるが、守護佐々木氏の指揮に入らず一族郎党をもって奉公せよ、とわざわざ帰国にあたって、頼朝から御教書を与えている。

二年後の一二〇五（元久二）年、通信の勲功は他と異なるので、伊予御家人三二人は守護から通信に沙汰権を移したので、通信の命令で御家人役を奉仕せよとの、三二人の名を記した将軍御判の書を与えた。三善善信の奉行するところであった（同上、元久二年七月二九日条）[*1]。三二人とは、浅海《あさなみ》・浮穴《うけな》・田窪・白石《しらいし》・高野・埴生《はぶ》・井門・大内・余戸《あまるべ》・久万《くま》・吉木《よしき》・日吉・別宮《べつく》・三島大祝《おおほうり》・弥・藤・江・紀・寺町・主等、姓・居住地をかねた伊予郡以東から越智郡以西まで、高縄半島周辺の各地の村落に散在する武士たちであったと推定される[*2]。

開発領主であるとともに海上を活動の場とするこれら海上民は、血縁関係とともに長い年月の中でつちかわれた海民としての連帯意識が、行政上の外部からの新支配者である守護の管理を受け入れず、

＊1　伊予大山積神社文書、関東下知状［鎌倉遺文・1570］（偽文書説もあり。鎌倉後期の作成か、『愛媛県史』［古代中世Ⅱ］127頁）、　＊2　田中稔『鎌倉幕府御家人制度の研究』［第三編第三］吉川弘文館、1992。

従来からの河野氏を盟主とする現実の生活があったからであろう。佐々木氏の守護職補任は、東国御家人を主とする頼朝政権にとっては自然のことであった。挙兵以来の佐々木一族の貢献は他の御家人に勝るとも劣らぬものがあり、義仲追討の宇治川の先陣争い、備前児島の藤戸《ふじと》合戦の名誉などを考えれば、頼朝の信頼の厚かったゆえに、西国のおさえとしておきたかったのであろう。

両者とも、功労者であって、軍事上の実力者であるがゆえに、お互いに牽制《けんせい》させる方針であったのかもしれない。

河野氏は、通信の子通政・孫の秀通らは、かつて西面の武士として院庁に仕えた。後年の承久の乱にはそれゆえに院方の中心勢力として参加、敗戦、所領没収による没落の運命を迎えるようになるが、院や平氏（知行国主・国司）時代の在庁役人であったから、平氏亡きあとは、その不満が鎌倉へ向けられないという保証はない。北条氏との関係もうまくなく、その不信感もあった。[*1]

(3)承久の乱と河野氏

承久の乱には、後鳥羽上皇の召に応じて高陽院《かやのいん》に参上した。通信・通政父子は五百余騎にて京都郊外の広瀬口を守ったが敗北（『承久記』）、伊予に帰り、通政の弟通末・通俊ら一族挙げて高縄山城で反抗した。もっとも通信はそのとき京都にはいず、伊予で戦い捕われ、三善康継・康連らに伴われて上洛した。[*2] 軍事行動の主体は伊予国であったという山内譲氏の指摘がある。通信にとって承久の乱は、朝幕間の問題であるよりも先に伊予国支配の問題であったという。[*3] 京都と伊予と同時に戦われたか、京都から伊予に移行したものか、解釈しだいではどちらにも結論が導かれるが、省く。

幕府命令による伊予御家人・三善氏ら備後勢の応援の討伐軍によって、通俊は討死、通信は負傷し

＊1　景浦稚桃『伊予史精義』伊予史籍刊行会出版部、1924年、景浦勉（17）解説、田中歳雄『愛媛県史』山川出版社、1973年。　＊2　吾妻鏡承久元年六月二八日条。備後国太田荘地頭太田康継、同康連連署陳状案［鎌倉遺文・3180］、　＊3　山内譲「承久の乱と伊予河野氏の動向」［日本歴史・413］1982年。

一遍上人寄進の河野一族供養塔（大山祇神社）

捕えられ、奥州極楽寺に配流された。一二二三（貞応二）年、六八歳で没した。岩手県北上市に「ひじり塚」として跡をとどめている。嫡男通政は、信濃国葉広（伊那市）にて斬られ、二男通末《みちすえ》は、同国伴野《ともの》荘（佐久市）に流された。通政の子政氏は、常陸国久慈《くじ》東郡に配流、政氏弟通行は流浪となった。

通俊は庶子の故をもって、桑原郡得能《とくのう》（周桑郡丹原《しゅうそうぐんたんばら》町）の領有を許され、子孫は得能氏を称し、南北朝時代に活躍する。四男通久は、母が北条時政女であったことから幕府軍に参加、戦後、阿波富田荘を与えられたのち、希望によって、伊予温泉郡石井郷（松山市）の領有を認められた。その子継経―通有―通成と継承され、通成は孫九郎と称した。これがのちの土居氏で、得能氏とともに南朝水軍の主力となった。

しかし、一三世紀初頭通信時代、新居郡西条荘を、甥通盛は大内郷を与えられるなど、その支配勢力は「当国他国領所五十三ケ所、公田六十町、一族百四十余人所領」（『予陽河野家譜』）と伝えられた、全盛の面影はまったくなくなった。

(4) 一遍《いっぺん》上人

河野一族から出た名僧に、遊行上人《ゆぎょうしょうにん》一遍智真*がいる。通信四男通広（如仏）の第二子として、一二三九（延応元）年、奥谷（松山市）に生まれた。幼名松寿丸。没落の中一〇歳で母（新居玉氏女）を失い、一三歳で得度《とくど》、随縁《ずいえん》と名のった。天台宗の四教義を学び、大宰府で聖達の門下となり浄土宗を学び、やがて智真

＊　一遍　鎌倉時代中期の僧。時宗の開祖。一遍上人（いっぺんしょうにん）、遊行上人（ゆぎょうしょうにん）、捨聖（すてひじり）と尊称される。

と称した。三〇歳で信濃善光寺に詣で、伊予に帰り、松山窪寺に庵を結び、称名念仏にすごし、浄土信仰に徹した。石清水八幡・宇佐八幡・大山祇神社などに参籠、熊野本宮証誠殿の参籠では、神勅をこうむり神勅賦算《しんちょくふさん》（南無阿弥陀仏の札くばり）の神詞を感得し、他力念仏の確保を深めた。

信州伴野《ともの》での歳末別時念仏に「紫雲はじめてたち侍りけり」とて踊念仏《おどりねんぶつ》が行なわれた。伴野は伯父通末の流されていたところである。奥州江刺では祖父通信の没した訪れる人もない墓所の「荊棘《けいきょく》をはらい、追孝報恩のつとめをいたし、墳墓をめぐりて転経念仏の功をつみ」（一遍聖絵《いっぺんひじりえ》）、さらに相模藤沢から鎌倉入りせんとしたが、入府を拒まれ、藤沢「片瀬《かたせ》の浜の御堂」で道俗貴賤に教化を行ない、紫雲の立つ奇瑞などあった。藤沢俣野《またの》からは四代呑海《どんかい》上人、渋谷からは五代安国《あんこく》上人が出生しているのは、このときの化益によるものである。

その後、西に向かい、京都から山陽道・四国をまわり、兵庫和田岬の観音堂で「一代聖経みなつきて南無阿弥陀仏になりはてぬ」と、書写山円教寺《しょしゃざんえんきょうじ》に奉納した一部の聖経以外は一切焼き捨て、眠るがごとく往生した。五一歳。*

一族の滅亡と離散が一遍上人の信仰に大きな影響を与えていたことは、その祖への供養の遍歴の跡からもあきらかである。

*　大橋俊雄『一遍と時宗教団』教育社、1978年、『藤沢市史』［第四巻中世編1章3節］。

佐藤和夫（さとう　かずお）
1932年（昭和7年）福島県白河市生まれ。
1958年（昭和33年）早稲田大学文学部日本史学科卒業。
1964年（昭和39年）同大学大学院文学研究科修士課程修了。
1958年（昭和33年）～1993年（平成5年）私立中学・高校で教壇生活／青森県（東奥義塾）、東京都（京北高校）、横浜市（捜真女学校）。
1991年（平成3年）第16回郷土史研究賞・特別優秀賞受賞（新人物往来社主催）
1993年（平成5年）研究生活に入る。
軍事史学会会員
〔主要著作〕
『日本水軍史』原書房・1985年、『戦国武将の家訓』新人物往来社・1986年、『日本中世水軍の研究～梶原氏とその時代』錦正社・1993年。

水軍《すいぐん》の日本史《にほんし》　上巻《じょうかん》
古代《こだい》から源平合戦《げんぺいがっせん》まで

●

2012年6月28日　新装第1刷

著　者………佐藤和夫《さとうかずお》
発行者………成瀬雅人
発行所………株式会社原書房
〒160-0022 東京都新宿区新宿 1-25-13
電話・代表 03(3354)0685
http//www.harashobo.co.jp
振替・00150-6-151594

本文組版………株式会社西崎印刷
本文印刷………株式会社平河工業社
装幀印刷………株式会社明光社印刷所
製　　本………東京美術紙工協業組合

ISBN978-4-562-04790-1, Printed in Japan
本書は1995年小社刊『海と水軍の日本史』の新装版です。

マハン海上権力史論
アルフレッド・T・マハン　北村謙一訳　戸高一成解説

マハン史論の特徴は、詳細な歴史的な事実の蓄積によって結論を導き出すものである……今日の視点で見ても、〈根拠地〉、〈交通戦〉というマハンが示した海洋戦略の重要性は変わっていない。（解説より）　3360円

ネルソン提督大事典
コリン・ホワイト著　山本史郎訳

偉大な提督のあらゆる側面を網羅した初のレファレンスブック。膨大な資料と最新の研究を反映し、人物・地名・戦い・艦船・神話・女性・記念碑など、200におよぶ項目と150を超える図版を収録した決定版！　12600円

1688年
バロックの世界史像
ジョン・ウィルズ著　別宮貞徳監訳

1688年、元禄元年、地球は絢爛豪華（バロック）だった。人間の生き方を根本から変えられると信じたさまざまな英雄や悪漢たちがひしめく一年を生き生きと活写し、歴史の見方を一変させるユニークな世界史。　2940円

イエズス会の歴史
ウィリアム・バンガート著　上智大学中世思想研究所監修

近代世界に登場したイエズス会の、たんなる修道会の枠を超えて、歴史の中で大きな役割を果たした500年の歩みを跡づける名著。監修者の緻密な校訂と編集による詳細な注、参考文献、地図、図版、索引を収録。　5040円

さむらいウィリアム
三浦按針の生きた時代
ジャイルズ・ミルトン　築地誠子訳

徳川家康の旗本になったイギリス人航海士・三浦按針は大航海時代への日本の入り口となった。東方の未知の文明国で、交易の覇権を争い、宗教対立に暗躍する西欧・南蛮の冒険商人や商館員の豊かな人間模様。　2940円

（価格は税込）